本书由江西省一流本科教育技术学专业、江西省高水平本科教学

信息技术课程教学理论与方法

主编◎孔利华　温小勇　赖晓云

江西高校出版社
JIANGXI UNIVERSITIES AND COLLEGES PRESS

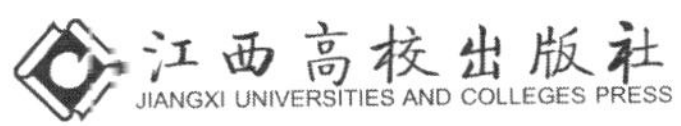

图书在版编目(CIP)数据

信息技术课程教学理论与方法/孔利华,温小勇,赖晓云主编. --南昌:江西高校出版社,2022.10 (2024.9重印)

ISBN 978-7-5762-3397-1

Ⅰ.①信… Ⅱ.①孔… ②温… ③赖… Ⅲ.①信息技术—教学研究 Ⅳ.①TP3-4

中国版本图书馆CIP数据核字(2022)第187733号

出版发行	江西高校出版社
社址	江西省南昌市洪都北大道96号
总编室电话	(0791)88504319
销售电话	(0791)88522516
网址	www.juacp.com
印刷	固安兰星球彩色印刷有限公司
经销	全国新华书店
开本	700mm×1000mm 1/16
印张	14.75
字数	249千字
版次	2022年10月第1版 2024年9月第2次印刷
书号	ISBN 978-7-5762-3397-1
定价	58.00元

赣版权登字-07-2022-1131

前　　言

自2000年11月教育部发布《中小学信息技术课程指导纲要(试行)》,到2022年4月教育部发布《义务教育信息科技课程标准(2022年版)》,我国中小学信息技术教育已经走过了20余年,从偏重技术的"信息技术"升级为科学与技术并重的"信息科学与技术"。从已经发布的义务教育信息技术课程标准和高中信息技术课程标准来看,课程价值取向已经确定,学科核心素养已经形成,课程内容框架已经搭好。但是对于在校的教育技术学专业的师范生和一线的信息技术学科教师而言,课标更新以及课程内涵扩大,所产生的课程教学理念和理论方面的问题仍需进一步梳理和明确。从以往偏重信息技术操作技能和工具应用取向的教学,转变为提升核心素养的跨学科、核心大概念教学,也要求师生在教学方法和学习方法方面进行调整和改进。因此,我们编写了本书,提出了一些对这些问题的思考,希望能够对本领域的教师和学生起到参考作用。

本书主要包括信息技术课程教学设计理论、学习理论、教学方法、评价方法和案例等部分。第一章介绍了最新发布的高中与义务教育课程标准,并论述信息技术课程思政旨在为后续章节的内容确定基调。第二章到第五章,主要介绍与信息技术课程教学相关的有代表性的理论与方法,使读者对本学科教学理论与方法有一个比较全面的认识。第六章有针对性地呈现了一些案例,供读者参考。每一章的开头部分,提出3—4个比较有深度的拓展思考问题,旨在使读者在了解具体理论和方法的过程中保持对深层次问题的思考。由于能力和水平有限,书中难免存在各种不足,敬请读者批评、指正。

在本书编写过程中,赣南师范大学新闻与传播学院的领导和同事们给予了大力的支持;赣南师范大学教育信息化应用与发展研究中心的硕士研究生谭思远、程雪青、张昌辉、胡春桃、曾小锋等同学做了大量的工作,付出了辛勤的劳动;"江西省一流本科教育技术学专业"和"江西省高水平本科教学团队"的建设经费对本书的出版给予了资助。在此,表示深深的感谢!

目　　录

第一章　信息技术课程概述

本章拓展思考问题：

1. 开展信息技术教育的价值何在？价值内涵是什么？
2. 从"信息技术"到"信息科技"，课程价值观和教学理念发生了什么变化？
3. 大概念教学的实质是什么？如何设计？
4. 什么是信息技术（信息科技）课程思政？为什么要设计此课程？如何学习此课程？

第一节　信息技术教育简介

自电子计算机问世以来，信息技术沿着以计算机为核心、到以互联网为核心、再到以数据为核心的发展脉络，深刻影响着社会的经济结构和生产方式，加快了全球范围内的知识更新和技术创新，推动了社会信息化、智能化的建设与发展，催生出现实空间与虚拟空间并存的信息社会，并逐步构建出智慧社会。信息技术的快速发展，重塑了人们沟通交流的时间观念和空间观念，不断改变人们的思维与交往模式，深刻影响人们的生活、工作与学习，已经超越单纯的技术工具价值，为当代社会注入了新的思想与文化内涵。提升中国公民的信息素养，增强个体在信息社会的适应力与创造力，对个人发展、国力增强、社会变革有着十分重大的意义。

一、信息技术

（一）信息的含义

作为信息社会被接受度最高的词汇之一，"信息"（information）一词却没有确定的唯一的定义。对信息的认识比较有代表性的主要有三类：

1. 信息是指消息、情况和知识

在日常生活中，人们所说的"信息"，往往是指包含新知识、新内容的消息。在《现代汉语词典（第7版）》中所解释的信息含义如下：①音信、消息；②信息论中指用符号传送的报道，报道的内容是接收符号者预先不知道的。也有人认为，信息是可以交换的、能够产生价值和满足人们某种需要的知识。

2. 信息是减少或消除事物不确定性的东西

《通信的数学理论》的作者香农认为:信息是用来减少或消除事物不确定性的东西。根据该定义,香农提出了高斯白噪声条件下的连续信道容量的计算公式:

$$C = B\log_2(1 + s/N) = B\log_2(1 + s/n_0B)$$

其中:C 为信道容量(b/s);B 为信道带宽(Hz);s 为信号功率(W);n_0 为噪声功率谱密度(W/Hz);N 为噪声功率(W)。香农提出的理论解决了信息定量测量和信息传输的问题。

3. 信息是关于事物运动状态和规律的表征

控制论的提出者维纳认为:信息就是信息,既不是物质也不是能量。信息就是我们在适应外部世界和控制外部世界的过程中,同外部世界进行交换的内容的总称。这个定义揭示了构成系统的三大要素——物质、能量、信息。那么同外部世界交换的内容到底是什么呢?钟义信在《信息科学原理》中提出,信息是事物的运动状态及其状态变化的方式。由此可以归纳出,信息在本质上是关于事物运动状态与规律的表征。这里的"事物"包括客观世界的物质客体和主观世界的精神现象,"运动"指一切可能的变化,而"状态与规律"则指事物在时空中运动时所呈现的状态和规律。

2 和 3 两种定义已经成为人们对信息含义的主流认识。在信息社会,信息已成为现代生产和生活中的一种重要资源,对社会发展产生了极大的影响。这是因为信息具有知识秉性,而且具有可存储、可传输、可提取、可加工、可共享等特征,对人类生产、交换、生活等活动都极其重要。

(二)信息技术的定义与发展

1. 信息技术的定义

信息技术(information technology,简称 IT)在不同的领域、不同的发展阶段,其定义有所不同,目前没有统一的公认的定义。人们对信息技术的定义,因其使用目的、范围、层次的不同而有不同的表述。

(1)信息技术是指能够扩展人类信息器官功能的一类技术的总称。(强调信息技术与人的本质关系)

(2)信息技术是指采集、传输、存储、加工和表达信息的各种技术的总和。(强调对信息技术的功能与过程的一般理解)

(3)信息技术是指利用计算机、网络、广播电视等各种硬件设备及软件工具与科学方法,对文图声像各种信息进行获取、加工、存储、传输与使用的技术之和。(强调信息技术的现代化与高科技含量)

(4)信息技术主要包括传感技术、计算机技术与智能技术、通信技术和控制技术等。(强调信息技术涉及的技术范围)

高中信息技术教材中,在介绍信息技术的含义时,通常从作为方法的信息技术和作为手段的信息技术这两个层面展开,即信息技术是获取、表示、传输、存储和加工信息的各种技术的总和,包含传感技术、通信技术和计算机技术等。

2. 信息技术的发展

如果把信息技术理解为采集、传输、存储、加工和表达信息的各种技术的总和,那么就可以从广义上把信息技术的发展历程分为六个阶段(如表 1.1 所示)。这六个发展阶段分别对应着人类历史上六次信息革命,每一次信息革命都引发了包括教育领域在内的社会各个领域的变革,对人类的文明进步都产生了非常深远的影响。

表 1.1　信息技术与社会的发展阶段①

发展阶段	信息技术	世界文明发展	教育变革
第一阶段	语言	人类文明开始	家庭教育
第二阶段	文字	文化传承出现	专职教师
第三阶段	印刷术	大规模文化传播	学校班级教学
第四阶段	电报、电话、广播、电视	工业革命	多媒体学习
第五阶段	计算机、互联网、卫星通信	信息社会	远程网络学习
第六阶段	人工智能、虚拟现实、物联网、区块链、云计算、大数据	智慧社会	智慧教育

注:该表参考了李运林对信息技术发展的描述。

从发展阶段来看,信息技术的变革是不断加速的。语言出现在人类社会形成之初,距今 35000—50000 年;文字最早出现在公元前 3000 年左右;印刷技术最早出现在距今 1000 年左右的宋朝;电报、电话、广播、电视出现在 1830 年到 1930 年之间;计算机、互联网、卫星通信技术出现在 1930 年到 1960 年期间;人工智能、虚拟现实、物联网、云计算、区块链、大数据技术则出现于 1950 年到 2010 年之间。各种信息技术的发明时间间隔不断缩短,发展阶段甚至出现重叠。实际上,信息技术从被发明出来,到广泛应用的时间间隔也在不断缩短。

二、信息技术教育的意义与内涵

1. 信息技术教育的意义

信息技术作为当今先进生产力的代表,已经成为我国经济发展的重要支柱

① 李运林. 论“信息化教育”学科:三论“信息化教育”[J]. 电化教育研究,2011(5):9-17,25.

和网络强国的战略支撑。信息技术涵盖了获取、表示、传输、存储和加工信息在内的各种技术。自电子计算机问世以来,信息技术沿着以计算机为核心、到以互联网为核心、再到以数据为核心的发展脉络,深刻影响着社会的经济结构和生产方式,加快了全球范围内的知识更新和技术创新,推动了社会信息化、智能化的建设与发展,催生出现实空间与虚拟空间并存的信息社会,并逐步构建出智慧社会。信息技术的快速发展,重塑了人们沟通交流的时间观念和空间观念,不断改变人们的思维与交往模式,深刻影响人们的生活、工作与学习,已经超越单纯的技术工具价值,为当代社会注入了新的思想与文化内涵。提升中国公民的信息素养,增强个体在信息社会的适应力与创造力,对个人发展、国力增强、社会变革有着十分重大的意义。

2. 信息技术教育的内涵

信息技术教育是指对公民进行与信息技术相关的意识、知识、应用、方法、创新和相关伦理道德等方面内容的教育活动,其目的在于提升公民的信息素养。在最新发布的《普通高中信息技术课程标准(2017 年版 2020 年修订)》和《义务教育信息科技课程标准(2022 年版)》中,都明确提出课程的核心素养为:信息意识、计算思维、数字化学习与创新、信息社会责任。

随着技术的进步和社会需求的发展,信息技术教育的理论内涵不断加入新的内容,至今经历了五个阶段。①

第一阶段:计算机文化论。1981 年,在瑞士洛桑举行的第三届世界计算机教育应用大会上,苏联科学院院士伊尔肖夫提出"程序设计是人类第二文化";他认为"现代人除了传统的读写算意识与能力这些文化知识以外,还应该具有一种可以与之相比拟的程序设计意识与能力"。1980 年,美国心理学家与计算机教育家西蒙·派珀特提出计算机可以具体化形式思维,并强调应该让儿童摆弄计算机,在计算机文化的氛围中去理解现实世界。他们都认为,社会发展到了信息社会以后,所有的文明建立在以计算机为核心的信息技术上,无论人们怎样工作与活动都离不开计算机,因此人类需要一种除了读写算文明以外的新的文明基础,即计算机文化。计算机与人们的思维有着共同的特点:都要对自己的活动进行程序设计。在这一阶段,我国部分中学开始进行计算机基本原理和 BASIC 编程语言教学。

第二阶段:计算机工具论。20 世纪 80 年代中期,有些计算机教育研究人员

① 张进宝,姬凌岩. 中小学信息技术教育定位的嬗变[J]. 电化教育研究,2018(5):108 - 114.

提出,计算机是一种经常使用的信息处理、信息传播工具,应该使学生有一种使用信息工具来帮助自己进行脑力劳动的意识,同时应该培养学生使用这些工具来解决学习与生活中的各种问题。持这种观点的人,建议教学内容应包括计算机与信息技术等基本知识,同时强调还应包括以信息技术的通用工具软件系统为代表的应用方法与操作。这一阶段比较流行的工具软件有文字处理软件 Corel Word Perfect Office、电子表格软件 VisiCalc。

第三阶段:多媒体文化、超媒体文化与网络文化。20 世纪 90 年代,随着多媒体技术和计算机网络技术的出现和快速发展,人们在计算机文化论与工具论的基础上提出了多媒体文化、超媒体文化与网络文化的概念。这三种文化的出现,开启了信息文化论的世界。该阶段强调对学生信息技术使用能力和问题解决能力的培养,教学内容主要以计算机基本知识、多媒体软件和因特网应用知识为主。

第四阶段:信息素养,也有人称为信息文化论。2000 年以后,教育部发布的中小学信息技术课程标准都明确提出信息技术课程的总目标是培养学生的信息素养。"信息素养"一词源于图书检索技能的演变。1974 年,美国信息产业协会主席保罗·泽考斯基率先提出"信息素养"这一概念,并解释为:利用大量的信息工具及主要信息源使问题得到解答的技能。后来信息素养的内涵扩展为文化素养、信息意识和信息技能三个方面。2003 年 2 月,教育部发布的《全日制普通高中信息技术课程标准(审定稿)》中,明确信息素养的内涵包括信息技术、信息文化、信息意识、信息伦理四个方面。2017 年,教育部修订的《普通高中信息技术课程标准(2017 年版)》,信息素养的内涵演变为:信息技术基本知识与技能、信息意识、计算思维、数字化学习与创新、信息社会价值观和责任感。

第五阶段:数字素养与技能。2022 年 4 月,教育部发布的《义务教育信息科技课程标准(2022 年版)》指出,信息科技主要研究以数字形式表达的信息及其应用中的科学原理、思维方法、处理过程和工程实现。信息科技课程要培养的核心素养,主要包括信息意识、计算思维、数字化学习与创新、信息社会责任。这四个方面相互支持,互相渗透,共同促进学生数字素养与技能的提升。数字素养和技能与信息素养的内涵高度相融,强调了数字形式表达的信息及其应用中的科学原理、方法和实现。

三、我国信息技术教育的发展

我国信息技术教育发展从 1978 年起步,至今经历了起步、试点发展、逐步普及、全面普及、普及升级等阶段。①

1. 起步阶段

1978 年,上海部分小学启动了计算机教育作为校外活动,主要内容是 Basic 语言以及简单的程序设计等。

1979 年,北京景山学校尝试进行计算机教育。

小知识:1979 年,国家科学技术委员会(已更名为科学技术部)主任方毅听说景山学校在搞计算机教育,决定把自己出访美国时带回来的一台电脑转赠给景山学校。那是一台由美籍华人虞有澄从英特尔公司辞职后制造的 Video Brain(视脑)牌个人计算机——看起来更像一台打字机。它没有显示器,必须接到电视上才能使用。它又像一台游戏机,因为需要插卡,有特制的 APL 计算机高级语言卡,有游戏卡,配备了手柄,甚至还有供手柄插入的四个接口。这台电脑,成了中国大陆第一台用于中小学计算机教育的电脑。景山学校也因此成立了全国第一个中小学计算机教研组。

2. 试点发展阶段

1981 年,教育部派代表出席在瑞士洛桑举办的第三届世界计算机教育应用大会。

1982 年,在北大附中、清华附中、北师大附中、复旦附中、华东师大附中进行计算机选修课教学试点,开创了校内计算机教育的历史。这是我国中小学信息技术教育的起点。

1986 年,教育部颁布了《普通中学计算机选修课教学大纲(试行)》,其主要的教学内容和教学目标为:(1)初步了解计算机的基本工作原理和它对人类社会的影响;(2)掌握基本的 Basic 语言并初步具备读、写程序和上机调试的能力;(3)逐步培养逻辑思维与分析问题和解决问题的能力。课时要求:45—60 学时,至少保证不少于三分之一的上机操作。

1984 年,邓小平同志做出重要指示"计算机的普及要从娃娃抓起";全国青少年计算机教育工作会议召开;举办首届全国青少年计算机程序设计竞赛。

1986 年,国家教委(已更名为教育部)在福州召开第三次全国中学计算机教育工作会议,修订并印发了《普通中学电子计算机选修课教学大纲(试行)》。

1987 年,国家教委成立"全国中学计算机教育研究中心";《普通中学电子计算机选修课教学大纲(试行)》正式颁布。

1989 年,我国参加第一届国际信息学奥林匹克竞赛。全国青少年计算机程

① 王吉庆. 中小学计算机课程的沿革与反思[J]. 课程·教材·教法,2000(1):58-61.

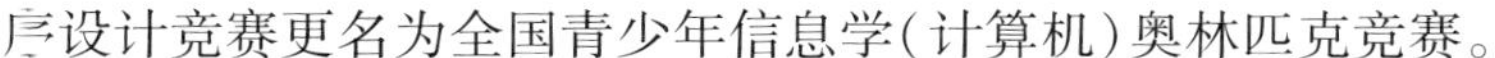

序设计竞赛更名为全国青少年信息学(计算机)奥林匹克竞赛。

小知识:1984 年,第一届全国青少年计算机程序设计竞赛的题目之一是编写一个让计算机和小朋友玩“剪刀、钉锤、布”的游戏。1 代表剪刀,2 代表钉锤,3 代表布。计算机先从 1,2,3 中随便选一个数,然后印出“?”。请小朋友也从 1,2,3 中随便选一个数输入,根据“钉锤赢剪刀,剪刀赢布,布赢钉锤”的规则判定胜负,打印出以下文字:“NIN YING LE”(您赢了)、“NIN SHU LE”(您输了)、“BU YING BU SHU”(不赢不输)。如果小朋友输了,或者不赢不输,就再来一次,一直到小朋友赢了为止。要是小朋友给出的不是 1,2,3 中的数,就提醒他“NIN CUO LE”(您错了),请他重新输入一个数。

3. 逐步普及阶段

1991 年,国家教委召开第四次全国中小学计算机教育工作会议,相关同志做了《积极稳步地发展中小学计算机教育》的总结报告。

1992 年,国家教委颁布《关于加强中小学计算机教育的几点意见》。

1994 年,国家教委颁布《中小学计算机课程指导纲要(试行)》,对中小学计算机课程的地位、性质、目的以及内容做了比较详细的要求,提出计算机课程将逐步成为中小学的一门独立的知识性与技能性相结合的基础性学科。

1996 年,国家教委颁布《中小学计算机教育五年发展纲要(1996—2000 年)》。

1997 年,国家教委颁布《中小学计算机课程指导纲要(修订稿)》,自 1998 年 9 月起实行。

1999 年,教育部发布《关于加快中小学信息技术课程建设指导意见(草案)》。

4. 全面普及阶段

2000 年,全国中小学信息技术教育工作会议召开,教育部部长陈至立做《抓住机遇,加快发展,在中小学大力普及信息技术教育》的报告;教育部颁布《关于在中小学普及信息技术教育的通知》,并印发《中小学信息技术课程指导纲要(试行)》。这标志着在国家层面计算机课程正向信息技术课程转变。

2003 年,教育部颁布《普通高中技术课程标准(实验稿)》,主要包括信息技术和通用技术两个部分。

5. 普及升级阶段

2012 年,中国教育技术协会信息技术教育专业委员会发布《基础教育信息技术课程标准》。

2017 年,教育部颁布《普通高中信息技术课程标准》;浙江省高考改革试点,信息技术科目被列入高考选考科目,其分值与传统选考科目一样,为100分。

2021年,习近平同志强调"要提高全民全社会数字素养和技能,夯实我国数字经济发展社会基础"。

2022年,教育部颁布《义务教育信息科技课程标准》,这标志着信息技术课程将向信息科技课程转变。信息科技课程旨在培养科学精神和科技伦理,提升自主可控意识,培育社会主义核心价值观,树立总体国家安全观,提升数字素养与技能。

第二节　普通高中信息技术课程标准(2017年版2020年修订)①

教育部2017年12月颁布了《普通高中信息技术课程标准》,并于2020年对该课程标准做了修订。以下对该课程标准中的课程性质、课程理念、学科核心素养、课程目标、课程结构、学业质量、教学与评价建议等内容做介绍。

一、课程性质

信息技术作为当今先进生产力的代表,已经成为我国经济发展的重要支柱和网络强国的战略支撑。信息技术涵盖了获取、表示、传输、存储和加工信息在内的各种技术。自电子计算机问世以来,信息技术沿着以计算机为核心、到以互联网为核心、再到以数据为核心的发展脉络,深刻影响着社会的经济结构和生产方式,加快了全球范围内的知识更新和技术创新,推动了社会信息化、智能化的建设与发展,催生出现实空间与虚拟空间并存的信息社会,并逐步构建出智慧社会。信息技术的快速发展,重塑了人们沟通交流的时间观念和空间观念,不断改变人们的思维与交往模式,深刻影响人们的生活、工作与学习,已经超越单纯的技术工具价值,为当代社会注入了新的思想与文化内涵。提升中国公民的信息素养,增强个体在信息社会的适应力与创造力,对个人发展、国力增强、社会变革有着十分重大的意义。

普通高中信息技术课程是一门旨在全面提升学生信息素养,帮助学生掌握信息技术基础知识与技能、增强信息意识、发展计算思维、提高数字化学习与创新能力、树立正确的信息社会价值观和责任感的基础课程。课程围绕高中信息技术学科核心素养,精炼学科大概念,吸纳学科领域的前沿成果,构建具有时代

① 中华人民共和国教育部.普通高中信息技术课程标准:2017年版2020年修订[M].北京:人民教育出版社,2020.

特征的学习内容；课程兼重理论学习和实践应用，通过丰富多样的任务情境，鼓励学生在数字化环境中学习与实践；课程倡导基于项目的学习方式，将知识建构、技能培养与思维发展融入到运用数字化工具解决问题和完成任务的过程中；课程提供学习机会，让学生参与到信息技术支持的沟通、共享、合作与协商中，体验知识的社会性建构，增强信息意识，理解信息技术对人类社会的影响，提高信息社会参与的责任感与行为能力，从而成为具备较高信息素养的中国公民。

二、课程理念

1. 坚持立德树人的课程价值观，培养具备信息素养的中国公民

课程标准面对网络和数字化工具不断普及的现实，培养学生对信息技术发展的敏感度和适应性，帮助学生学会有效利用信息社会中的海量信息、丰富媒体和多样化技术工具，优化自己的学习和生活，提高服务社会的能力。课程标准引导学生理解信息技术应用过程中的个人与社会关系、思考信息技术为人类社会带来的机遇和挑战、履行个人在信息社会中的责任和义务，帮助学生成长为有效的技术使用者、创新的技术设计者和理性的技术反思者。

2. 设置满足学生多元需求的课程结构，促进学生的个性化发展

课程结构遵循高中学生的认知特征和个性化学习需要，体现信息技术课程的层次性、多样性和选择性。课程的必修部分致力于构建我国高中阶段全体学生信息素养的共同基础，关注系统性、实践性和迁移性；选择性必修和选修部分致力于拓展学生的学习兴趣，提升课程内容的广度、深度和问题情境的复杂度，为学科兴趣浓厚、学科专长明显的学生提供挑战性的学习机会。

3. 选择体现时代性和基础性的课程内容，支撑学生信息素养的发展

课程内容紧扣数据、算法、信息系统和信息社会等学科大概念，结合信息技术变革的前沿知识与国际信息技术教育的发展趋势，引导学生学习信息技术的基础知识与技能，感悟信息技术学科方法与学科思想；结合学生已有的学习经验和将要经历的社会生活，在课程中嵌入与信息技术相关的社会现实问题和情境；结合数据加工、问题解决和信息系统操作的真实过程，发展学生的计算思维，增强他们的信息社会责任意识，实现信息技术知识与技能、过程与方法、情感态度与价值观的统一。

4. 培育以学习为中心的教与学关系，在问题解决过程中提升信息素养

课程实施考虑到不同背景和知识基础的学生，倡导多元化教学策略；激发学生开放、合作、协商和注重证据的行动意识，使其积极参与到信息技术支持的交互性、真实性的学习活动中；鼓励学生在不同的问题情境中，运用计算思维形

成解决问题的方案，体验信息技术行业实践者真实的工作模式和思考方式；创造机会使学生感受信息技术所引发的价值冲突，思考个体的信息行为对自然环境与人文环境的影响。

5. 构建基于学科核心素养的评价体系，推动数字化时代的学习创新

课程评价以学科核心素养的分级体系为依据，利用多元方式跟踪学生的学习过程，采集学习数据，及时反馈学生的学习状况，改进学习，优化教学，评估学业成就；注重情境中的评价和整体性评价，评价方式和评价工具应支持学生自主和协作地进行数字化问题解决，促进基于项目的学习；完善标准化纸笔测试和上机测试相结合的学业评价，针对专业能力较强的学生，可引导其完成案例分析报告或研究性论文。

三、学科核心素养

学科核心素养是学科育人价值的集中体现，是学生通过学科学习而逐步形成的正确价值观、必备品格和关键能力。高中信息技术学科核心素养由信息意识、计算思维、数字化学习与创新、信息社会责任四个核心要素组成。它们是高中学生在接受信息技术教育过程中逐步形成的信息技术知识与技能、过程与方法、情感态度与价值观的综合表现。四个核心要素互相支持，互相渗透，共同促进学生信息素养的提升，具体内涵表述如下。

1. 信息意识

信息意识是指个体对信息的敏感度和对信息价值的判断力。具备信息意识的学生能够根据解决问题的需要，自觉、主动地寻求恰当的方式获取与处理信息；能够敏锐感觉到信息的变化，分析数据中所承载的信息，采用有效策略对信息来源的可靠性、内容的准确性、指向的目的性作出合理判断、对信息可能产生的影响进行预期分析，为解决问题提供参考；在合作解决问题的过程中，愿意与团队成员共享信息，实现信息的更大价值。

2 计算思维

计算思维是指个体运用计算机科学领域的思想方法，在形成问题解决方案的过程中产生的一系列思维活动。具备计算思维的学生，在信息活动中能够采用计算机可以处理的方式界定问题、抽象特征、建立结构模型、合理组织数据；通过判断、分析与综合各种信息资源，运用合理的算法形成解决问题的方案；总结利用计算机解决问题的过程与方法，并迁移到与之相关的其他问题解决中。

3. 数字化学习与创新

数字化学习与创新是指个体通过评估并选用常见的数字化资源与工具，有效地管理学习过程与学习资源，创造性地解决问题，从而完成学习任务，形成创

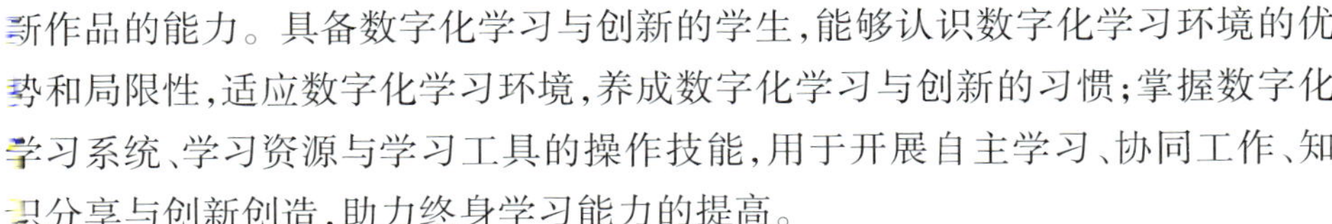

新作品的能力。具备数字化学习与创新的学生,能够认识数字化学习环境的优势和局限性,适应数字化学习环境,养成数字化学习与创新的习惯;掌握数字化学习系统、学习资源与学习工具的操作技能,用于开展自主学习、协同工作、知识分享与创新创造,助力终身学习能力的提高。

4. 信息社会责任

信息社会责任是指信息社会中的个体在文化修养、道德规范和行为自律等方面应尽的责任。具备信息社会责任的学生,具有一定的信息安全意识与能力,能够遵守信息法律法规,信守信息社会的道德与伦理准则,在现实空间和虚拟空间中遵守公共规范,既能有效维护信息活动中个人的合法权益,又能积极维护他人合法权益和公共信息安全;关注信息技术革命所带来的环境问题与人文问题;对于信息技术创新所产生的新观念和新事物,具有积极学习的态度、理性判断和负责行动的能力。

四、课程目标

高中信息技术课程旨在全面提升全体高中学生的信息素养。课程通过提供技术多样、资源丰富的数字化环境,帮助学生掌握数据、算法、信息系统、信息社会等学科大概念,了解信息系统的基本原理。认识信息系统在人类生产与生活中的重要价值,学会运用计算思维识别与分析问题,抽象、建模与设计系统性解决方案,理解信息社会特征,自觉遵循信息社会规范,在数字化学习与创新过程中形成对人与世界的多元理解力,负责、有效地参与到社会共同体中,成为数字化时代的合格中国公民。

五、课程结构

(一)设计依据

1. 以立德树人为课程设计的指导思想

课程设计充分挖掘信息技术学科中的思想、文化内涵和育人因素,引导学生健康的技术价值追求,提高学生在信息社会中生存、发展与创新的能力。

2. 按照普通高中课程方案设置课程结构与内容

依据学分和课时规定,紧扣学科大概念体系,精心架构课程结构,选择课程内容,确保知识体系清晰、难易梯度合理,控制内容负荷,提供适度的认知挑战。

3. 参照国际信息技术教育研究的最新成果

依据我国基础教育的国情,借鉴国际中小学信息技术教育的最新研究成果,参照先进课程体系的设计思想和已有经验,调整和优化信息技术课程内容模块,提高课程标准的前瞻性。

4. 依据信息技术学科的自身发展特征

依据信息技术学科理论性、工具性和实践性并重的特征，设计活动情境，注重学生在项目中学习；依托快速发展与日益更新的信息技术工具，保持对新技术成果的开放性，鼓励师生共同学习。

（二）结构

高中信息技术课程由必修、选择性必修和选修三类课程组成。课程结构如表1.2所示。

表1.2　高中信息技术课程结构

类别	模块设计	
必修	模块1:数据与计算 模块2:信息系统与社会	
选择性必修	模块1:数据与数据结构 模块2:网络基础 模块3:数据管理与分析	模块4:人工智能初步 模块5:三维设计与创意 模块6:开源硬件项目设计
选修	模块1:算法初步 模块2:移动应用设计	

高中信息技术必修课程是全面提升高中学生信息素养的基础，强调信息技术学科核心素养的培养，渗透学科基础知识与技能，是每位高中学生必须修习的课程，是选择性必修和选修课程学习的基础。高中信息技术必修课程包括“数据与计算”和“信息系统与社会”两个模块。

高中信息技术选择性必修课程是根据学生升学、个性化发展需要而设计的，分为升学考试类课程和个性化发展类课程。选择性必修课程旨在为学生将来进入高校继续开展与信息技术相关方向的学习以及应用信息技术进行创新、创造提供条件。选择性必修课程包括“数据与数据结构”“网络基础”“数据管理与分析”“人工智能初步”“三维设计与创意”“开源硬件项目设计”六个模块。其中，“数据与数据结构”“网络基础”“数据管理与分析”三个模块是为学生升学需要而设计的课程，三个模块的内容相互并列；“人工智能初步”“三维设计与创意”“开源硬件项目设计”三个模块是为学生个性化发展而设计的课程，学生可根据自身的发展需要进行选学。

高中信息技术选修课程是为满足学生的兴趣爱好、学业发展、职业选择而设计的自主选修课程，为学校开设信息技术校本课程预留空间。选修课程包括“算法初步”“移动应用设计”以及各高中自行开设的信息技术校本课程。

（三）学分与选课

高中信息技术必修课程的学分为3学分，每学分18课时，共54课时。必修课程是本学科学业水平合格性考试的依据，学生学完必修课程后，可参加高中信息技术学业水平合格性考试。

学生在修满信息技术必修学分的基础上，可根据兴趣爱好、学业发展和职业倾向，学习选择性必修和选修课程，发展个性化的信息技术能力或达到更高的学业水平。选择性必修和选修课程中，每个模块为2学分，每学分18课时，需36课时。

选择性必修课程是对必修课程的拓展与加深，满足学生升学和个性化发展的需要。学生可根据能力、发展需要选学。选择性必修中的“数据与数据结构”“网络基础”“数据管理与分析”是本学科学业水平等级性考试的依据。学生修完这三个模块后，可参加高中信息技术学业水平等级性考试。选择性必修中的“人工智能初步”“三维设计与创意”“开源硬件项目设计”三个模块的修习情况应列为综合素质评价的内容。

选修课程体现了学科的前沿性、应用性，学生可根据自身能力、兴趣或需要进行自主选学。选修课程的修习情况应列为综合素质评价的内容。

六、学业质量

（一）学业质量内涵

学业质量是学生在完成本学科课程学习后的学业成就表现。学业质量标准是以本学科核心素养及其表现水平为主要维度，结合课程内容，对学生学业成就表现的总体刻画。依据不同水平学业成就表现的关键特征，学业质量标准明确将学业质量划分为不同水平，并描述了不同水平学习结果的具体表现。

（二）学业质量水平

高中信息技术学业质量水平是根据问题情境的复杂程度，相关知识和技能的结构化程度，以及思维方式、探究模式或价值观的综合程度等进行划分的。高中信息技术学业质量水平一共有4级，每级水平主要表现为学生整合信息技术学科核心素养，在不同复杂程度的情境中运用各种重要概念、思维、方法和观念解决问题的关键特征。不同水平之间具有由低到高逐渐递进的关系。

1.学业质量水平1级

1-1　依据一定的任务需求，比较不同信息获取方法的优劣，知道数据与信息的关系，确定合适的信息获取方法；认识人工智能在信息社会中的重要作用；对信息系统在人们生活、工作与学习中的重要作用有一定的认识；在信息系统应用过程中，能够判断系统可能存在的信息安全风险，了解规避风险的方法，对于信息系统在社会应用中的优势及局限性有一定的认识。

1－2　针对典型的数据问题，利用软件工具或平台对数据进行整理、组织与计算，通过技术方法对数据进行保护；在数据分析的基础上，能利用合适的统计图表呈现数据分析结果；依据解决问题的需要设计算法，采用流程图的方式描述算法，掌握一种程序设计语言的基本知识，能编写简单程序用以解决问题；了解人工智能技术；通过分析简单的信息系统，知道计算机、移动终端与软件的作用，了解信息系统与外部世界的连接方式，以及网络接入方式、带宽等影响信息系统运行的因素，知道网络应用软件的开发方法。

1－3　了解数字化学习的基本方法，对信息系统在完成学习任务中的作用有一定的认识，能利用信息系统进行协作学习；能对学习过程中所使用的资源与工具进行初步评估；针对特定的问题，能运用合适的数字化工具进行信息处理。

1－4　通过分析典型的信息安全问题，认识在人类信息活动中运用法律法规与伦理道德准则进行约束、管理与调节的必要性；在信息系统应用过程中，能识别和抵制不良行为；具有保护信息安全、尊重知识产权的意识，能自觉遵守相关法律法规和伦理道德准则，具备防治计算机病毒的基本能力；不随意泄露个人信息或获取他人隐私。

2. 学业质量水平 2 级

2－1　依据不同的任务需求，自觉、主动地比较不同的信息源，确定合适的信息获取策略，明晰数据与信息的关系；认识信息系统对人们生活、工作与学习的重要性，在信息系统构建与应用的过程中，能够利用已有经验判断系统可能存在的信息安全风险，主动运用规避风险的思想与方法。

2－2　对于日常生活中常见的问题，利用软件工具或平台准确而有序地对数据进行整理、组织、计算与呈现，并妥善做好数据保护；在对数据进行综合分析的基础上，撰写解决问题的分析报告；依据问题解决的需要设计算法，运用算法描述方法和三种控制结构合理表示算法，利用一种程序设计语言实现简单算法，解决问题；通过构建简单的信息系统，知道信息系统的组成与功能，描述计算机、移动终端与软件的作用，能借助工具或平台开发网络应用软件。

2－3　掌握一定的信息系统应用策略，善于利用信息系统自主学习与协作学习，深入理解信息系统在完成任务中的作用；在解决生活和学习中的问题时，能评估常见的数字化资源与工具对特定学习任务的价值，对其作出合理的选择；针对不同的问题，采用自主或协作方式，运用合适的数字化工具进行信息加工与处理，进而建构知识、表达思想、解决问题。

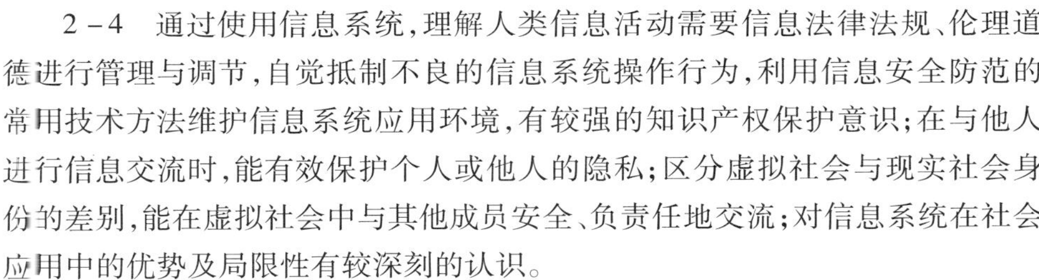

2－4 通过使用信息系统，理解人类信息活动需要信息法律法规、伦理道德进行管理与调节，自觉抵制不良的信息系统操作行为，利用信息安全防范的常用技术方法维护信息系统应用环境，有较强的知识产权保护意识；在与他人进行信息交流时，能有效保护个人或他人的隐私；区分虚拟社会与现实社会身份的差别，能在虚拟社会中与其他成员安全、负责任地交流；对信息系统在社会应用中的优势及局限性有较深刻的认识。

3.学业质量水平3级

3－1 了解数据管理和分析的基本过程与方法，认识数据的有效管理与处理对于提高信息价值的重要意义，能够按照给出的数据分析方法分析数据并进行可视化呈现，提取有用信息，形成结论；知道数据结构对于数据处理的重要性，能够辨别简单的基于线性表的程序设计中的数据组织形式，描述数据的逻辑结构、存储结构和运算；初步认识数据在网络中的传输过程，知道网络的结构、特征和发展过程，了解影响网络传输质量的基本因素；能配置相关参数、构建简单的网络应用环境，具有较强的网络安全意识；理解物联网的概念，认识与物联网相关的应用。

3－2 能够针对特定的业务问题，利用数据管理与分析技术，对既定方案进行评估，发现问题；能够描述数据、数据结构及其相关概念，说明数据对信息社会的重要性；能够针对模型较为直观的实际问题，合理选用字符串、队列、栈等数据结构组织、存储数据，并能运用排序、查找、迭代、递归等算法编程解决问题；能根据业务逻辑的需要，设计利用数据库解决某一具体数据管理与分析问题的方案；能根据具体的数据分析要求提取数据，利用数据分析工具分析数据，并能解释和呈现结果；知道网络服务与相应的应用协议之间的关系，了解TCP/IP协议的功能和作用，认识网络的拓扑结构，能使用基本网络命令查询联网信息。

3－3 对信息系统中常用的网络连接方式有一定的认识，理解网卡、交换机、路由器等网络设备的作用和工作原理；理解数据管理与分析系统或工具在完成任务中的作用，能够基于学习中的数据管理与分析任务进行自主或协作探究。

3－4 能针对数据分析案例，认识数据准确性和可靠性的重要作用；有数据备份与还原意识，能按照要求进行数据备份与还原；构建个人网络环境时，会运用基本的安全防护方法，对于日常网络使用中的安全问题具备基本的判断能力，具有安全使用网络的观念。

4. 学业质量水平 4 级

4－1　掌握数据管理和分析的基本过程与方法;能够根据特定问题解决的需要,在较为复杂的信息情境中,利用多种途径对数据进行采集和分类;认识数据的准确性、可靠性、真伪性对解决数据业务问题的关键作用,并能对此进行评估;能够甄别不同的数据分析与表达方法的优劣,选用合适的方法对数据进行分析与可视化表达,提取有用信息,形成结论;能够评判线性表等数据结构使用的合理性;了解数据在网络中的传输过程,理解影响网络传输质量的基本因素,具有较强的防范网络安全隐患的意识。

4－2　能够针对学习和生活中的特定数据业务问题,运用系统思想和结构化思维,对数据业务进行需求分析和问题求解,提出明确的数据管理与分析解决方案并进行优化;能够针对模型较为隐蔽的实际问题进行数据抽象,运用线性表等数据结构合理组织、存储数据,选择合适的算法编程实现,解决问题;能够根据现实问题解决的需要,利用迭代的思想,对数据业务问题的解决方案进行一定程度的优化分析,并能评价其合理性、完整性,分析方案优化或改进的可能性;能够根据业务逻辑的需要,设计利用数据库解决某一具体数据管理与分析问题的方案,并通过实施这一方案验证其有效性;能根据不同的数据分析要求,采用合适的方法提取数据,运用适当的数据分析工具分析数据,并能对分析结果进行合理解释和恰当呈现;理解不同的网络服务与传输协议的关系;熟悉TCP/IP 等协议的主要功能和作用,描述网络的拓扑结构,掌握使用基本网络命令查询联网信息、配置网络的基本方法。

4－3　对于信息系统中的网络连接方式有比较完整的认识,能够判断与处理网络连接过程中出现的常见问题;能列举日常生活中与物联网相关的设备,描述其工作原理;能够运用数据管理与分析技术完成任务,并在此过程中进行自主或协作探究;能够评估常见的数字化资源与工具对学习支持的价值,根据需要合理选择;在数字化学习环境中具有贡献和分享的意识和行动,能够尝试制作数字化学习资源并利用网络来分享。

4－4　能根据数据分析的目的和意图,判断数据分析任务的复杂性和多样性,并选用合适的数据分析与可视化方法和工具,提高数据的识别度,使之更符合受众需求;具有数据备份与还原意识,能正确评估各种备份机制的特点,能根据需要及时备份与还原数据,确保数据安全;掌握构建个人安全用网环境的基本方法,具备判断日常网络使用中不安全问题产生的原因和应对网络安全问题的能力,具有较强的网络安全意识,形成积极、安全使用网络的观念。

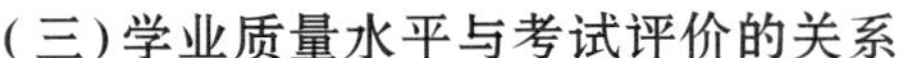

（三）学业质量水平与考试评价的关系

高中信息技术学业质量标准是阶段性评价、学业水平合格性考试和学业水平等级性考试命题的重要依据。学业质量水平 2 级是高中毕业生在本学科应该达到的合格要求。学业质量水平 4 级是学业水平等级性考试的命题依据。

七、教学与评价建议

（一）教学建议

信息技术教学是培养学生信息技术学科核心素养的基本途径。教师在教学中要紧紧围绕学科核心素养，凸显"学主教从、以学定教、先学后教"的专业路径，把项目整合于课堂教学中，重构教学组织方式，创设有利于学生开展项目学习的数字化环境、资源和条件，引导学生在数字化学习的过程中，领悟数字化环境对个人发展的影响，养成终身学习的习惯。具体建议如下。

1. 领会学科核心素养内涵，全面提升学生信息素养

全面提升学生的信息素养是普通高中信息技术课程的根本任务，学科核心素养是信息素养的具体表现。为了将学科核心素养落实于课堂教学中，实现课程的根本任务，信息技术教师首先需要领会学科核心素养的内涵。

信息意识是指个体对信息的敏感度和对信息价值的判断力，是在具体信息情境和信息活动中逐步养成的。教师在教学中要为学生创设信息情境，提供发现问题、自主解决问题的机会，引导学生主动将问题求解与信息技术进行关联。

计算思维作为一种思维方式，需要在解决问题的过程中不断经历分析思考、实践求证、反馈调适而逐步形成。教师在教学设计时，可根据教学内容提炼计算思维的具体过程与表现，将其作为学生项目学习的内在线索，引导学生在完成不同项目的情境中，反复亲历计算思维的全过程。

数字化学习与创新强调了学生在数字化环境中的发展。教师在教学设计时，可根据学生的学习基础，创设适合学生需要的数字化环境与活动，引导学生在运用计算思维完成项目的实践过程中，通过自主学习和协作学习，利用数字化资源与工具，创造性地解决问题或创作出有个性的数字化作品。

信息社会责任的形成需要学生直面问题，在思考、辨析、解决问题的过程中逐渐形成正向、理性的信息社会责任感。教学时可结合学习过程中的生成性资源，引导学生挖掘、观察现实世界中的典型信息事件，鼓励学生面对信息困境，通过求证、讨论和交流，作出正确的选择和行为。

2. 把握项目学习本质，以项目整合课堂教学

基于项目的学习是指学生在教师引导下发现问题，以解决问题为导向开展方案设计、新知学习、实践探索，具有创新特质的学习活动。项目学习很大程度

上还原了学习的本质，这种基于真实情境的学习能促进学生对信息问题的敏感性、对知识学习的掌控力、对问题求解的思考力的发展。在项目实施过程中，各种能力的综合也促进了学生信息技术学科核心素养的形成。开展项目学习时，要创设适合学生认知特征的活动情境，引导他们利用信息技术开展项目实践、形成作品。因此，项目学习应以信息技术学科核心素养的养成为目标，在项目实践中渗透学科核心素养，整合知识与技能的学习。

在教学中，教师可以先整体梳理各课程模块的教学内容，再以阶段性教学内容（模块或者单元）为依托，提炼学生习得知识后应具备的学科核心素养，并以此节点设计项目的推进路径，力争使项目实施既能合理渗透信息技术学科核心素养，又能有效整合相关的教学内容。

3. 重构课堂教学组织方式，加强学生探究性学习

在项目学习、特别是开放性项目学习的过程中，学生是项目的设计者、实施者和项目成果的推介者，教师是学生项目设计和实施过程中的引领者和咨询者。在教学中，教师应淡化知识的单一讲解，鼓励学生通过自主探究解决项目中的问题，在解决问题的过程中整合知识学习，促进思维发展。教师要从“学会操作”的课堂价值取向转向“形成学科核心素养”的价值诉求，引导学生从实际生活中发现项目素材，培养学生的信息意识；在“尝试→验证→修正”的“试错”过程中，发展学生的计算思维；引导学生从自主寻求项目实施所需知识和技能的过程中形成数字化学习与创新能力；在项目成果的推介交流中，提升信息社会责任。

项目的开放性及解决方案的多样性，既能调动学生学习的积极性，激发学习兴趣，也能引发更多的生成性问题。在项目活动中，教师可以根据学生学习的需要，采用个性化教学的指导方式，既为学生提供自由创作的空间，又确保学生的个性化问题得到及时支持与解决。建议教师创建网络学习空间，通过知识详解、范例创作、常见问题答疑等，帮助学生解决一般性问题。通过组建互助小组，引导学生在交流互助中共同提升思维与能力，甚至可以将合作互助行为纳入评价范畴，引导学生开展更深入的交流合作。

4. 创设数字化学习环境，为学生提供丰富的课程资源

为促进学生学科核心素养的发展，教师在充分利用真实情境的教学活动空间时，也应通过信息技术帮助学生创设个人虚拟的网络活动空间，形成应用便捷、资源丰富、内容可靠、环境安全的数字化学习环境。现实空间与虚拟空间的结合，有助于改善学生的学习方式，激发学生的探究欲望，与此同时，也丰富了教师的教学手段，拓宽了师生互动交流的渠道。学生在亲历数字化学习的过程

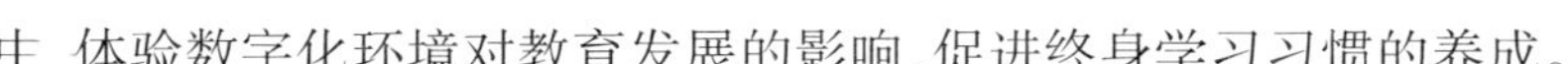

中，体验数字化环境对教育发展的影响，促进终身学习习惯的养成。

“互联网＋”正在深刻影响着社会各个领域的行业生态。在教学过程中，教师可围绕学科核心素养，通过互联网构建可持续发展的学习资源建设规划，将学生项目学习中的生成性资源转化为后续学习资源，引导学生成为资源的使用者和建设者，促进学生在信息意识、计算思维、数字化学习与创新、信息社会责任等学科核心素养方面的全面发展。

（二）评价建议

评价是信息技术教学的有机组成部分，应基于信息技术学科核心素养展开。教师可以综合运用多种评价手段，在教学中起到有效导向的作用。评价的主要目的是促进学生的学习，改善教师的教学，完善教学方案的设计。评价方式要有利于学生学习、有利于教学开展。评价内容要从单纯关注知识与技能向关注学生学业成就转变，同时还要关注现实问题解决和团队合作等多种能力的提升。通过评价的合理实施，不断提高信息技术教师的教学水平，激发学生学习、应用信息技术的兴趣，帮助学生逐步提升信息素养。

1. 评价的原则

高中信息技术教学评价应遵循以下原则。

（1）强调评价对教学的激励、诊断和促进作用，发挥评价的导向功能

在信息技术教学过程中，应通过灵活多样的评价方式激励和引导学生学习，培养学生的信息素养。教师应注意观察学生实际的技术操作过程及活动过程，分析学生典型的信息技术作品，全面考查学生信息技术操作的熟练程度和利用信息技术解决问题的能力。建议教师在向学生呈现评价结果时，多采用评价报告、学习建议等方式，适当采用鼓励性语言，激发学生内在的学习动机，帮助学生明确自己的不足和努力方向。

在对学生学业进行总结性评价时，应根据评价目的、学习内容及课程特点，采用多种形式的评价方式，评价内容与手段要有利于学生学习，要引导教师利用评价结果反思和改进自己的教学过程，发挥评价与教学的相互促进作用。

（2）评价应面向全体学生，尊重学生的主体地位，促进学生的全面发展

促进学生的全面发展是现代教育评价应有的价值取向。在评价过程中，应尊重学生的水平差异和个体差异，要创造条件让学生甚至家长主动参与到评价中，增强学生自主评价的积极性。要以多样化的评价促进学生学科核心素养的提升，不能简单地以分数或等级来评估学生，要多采用表现性评价语言，注重学生在不同起点上的提高，而不仅仅是看重他们是否都达到了某一共同标准。

（3）评价应公平公正，注重过程性评价与总结性评价相结合

评价方案的设计和实施应考虑全体学生的实际情况，评价方案要事先制定并及时公布，不仅让教师、学生知晓，还应让家长、社会了解。信息技术学科具有很强的操作性和实践性，学生经历的学习过程也是评价的重要依据，对学生的学业评价应尽量采用过程性评价和总结性评价相结合的方式。要充分利用信息技术的学科优势，采用电子作品档案袋、学习平台记录表等技术手段记录学生的学习状况，客观评估学生的学习过程与学习态度，力求全面、公平、公正地评价学生的学业状况。

（4）评价应科学合理，提高评价的信度和效度

评价内容的选择应从学科基本要求出发，评价情境创设要科学合理，注重评价的信度和效度。信息技术学科具有很强的应用性，学习内容大多与生活息息相关，如信息处理技术、网络技术、数据管理技术等，因此评价内容的设计与选择应贴近学生的学习和生活，注重评价的实用性和导向性。评价情境的创设既要有利于评价目标的落实，更要有利于引导学生学习能力的提高。

2. 评价活动的设计与实施

高中信息技术评价活动要根据评价的目的、要求、对象等进行设计，针对不同的评价目的，应该设计不同的评价情境。

（1）确定评价目标与内容

评价目标与内容应根据学科核心素养的水平层级、各课程模块相应的学业质量水平等确定。学科核心素养水平是确定评价目标的重要依据。学生修习高中信息技术必修课程后，应该达到学科核心素养水平 1（编辑注：指能够根据不同受众的特征，选择恰当的方式进行有效的交流），修习选择性必修课程后，应该达到学科核心素养水平 2（编辑注：指能够针对给定的人物进行需求分析，明确需要解决的关键问题），继续修习选修课程后，应该达到学科核心素养水平 3（编辑注：指能够运用基本算法设计解决问题的方案，能使用编程语言或其他数字化工具实现这一方案）。

内容要求、学业要求与学业质量标准是确定评价活动内容的重要依据。各课程模块内容规定了一个模块的基本教学内容与学业要求，而学业质量标准是衡量学生学业水平的基本指标。面向学科核心素养的评价尤其要关注情境的设计，要从多个维度设计合理的评价活动。情境要来源于学生的学习和生活，要从问题解决的过程与方法层面设计评价方案。评价活动应能有效诊断学生的信息技术学科核心素养水平，为学生的毕业、升学提供依据，为学生未来的发展提供建设性的意见。

（2）确定评价方式和评价的具体指标

高中信息技术学业评价一般包括纸笔测试、上机测试等方式。

纸笔测试和上机测试各有所长，适合不同的评价内容和目标，应相互补充、综合运用。纸笔测试的效率较高，适于短时间内对大量学生进行集中考核，适于考核学生对信息技术基础知识的掌握和理解，但不适于评价学生的实际操作技能。在设计纸笔测试试卷时，要控制选择题、填空题等客观题型的比例，适度设置和增加要求学生通过理解和探究来解决的开放性题目，如问题解决分析、作品设计等，以拓展纸笔测试在评价内容和评价目标等方面的广度和深度。上机测试是信息技术总结性评价中不可或缺的重要组成部分。上机测试可以评价学生使用技术工具的熟练程度，能够考查学生利用信息技术解决问题的能力。

根据不同的评价目的和要求，学业评价也可以采用多种方式展开。学业水平考试这类总结性评价，可采用纸笔测试、上机测试相结合的形式；一般过程性评价可通过课堂观察、学习行为分析、作品评价、档案袋资料采集等方式，从知识、能力、情感等方面全面衡量学生的学习状况，也可以作为学业评价的依据。

高中信息技术课程日常学习中的过程性评价应围绕信息技术学科核心素养展开，所选择的评价维度要能充分体现学生的信息技术学科核心素养水平，尤其要关注信息意识、信息社会责任等总结性评价相对较难测量的素养。在课程实施过程中采取目标与过程并重的策略，记录学生的动态学习过程，评价时尽量体现出学生在学习过程中各方面能力的提升情况。例如：对于信息技术技能评价，可通过学生的信息活动，引导学生正确、规范地使用数字化工具，并能运用数字化工具解决实际问题，提升学生运用数字化工具改善学习和便捷生活的能力，促使学生形成信息社会责任意识。

（3）评价结果的解释与反馈

对利用评价工具获得的信息和数据进行分析处理，最终得出的评价结论，就是评价结果。评价结果解释的重点应聚焦在学生学科核心素养的发展与变化上。要结合学习过程，针对学生的个性特点，对评价结果作出个性化、发展性的解读。对于评价结果的反馈，应注意方式和范围，要积极创造条件，让学生参与评价结果的判断和解释过程。在呈现评价结果时，应根据评价目的和要求，选择恰当的反馈方式，关注学生的隐私保护，遵循有利于学生成长、学校管理和教师教学的原则。

第三节　义务教育信息科技课程标准[①]

一、课程性质

信息科技是现代科学技术领域的重要部分，主要研究以数字形式表达的信息及其应用中的科学原理、思维方法、处理过程和工程实现。当代高速发展的信息科技对全球经济、社会和文化发展起着越来越重要的作用。义务教育信息科技课程具有基础性、实践性和综合性，为高中阶段信息技术课程的学习奠定基础。信息科技课程旨在培养科学精神和科技伦理，提升自主可控意识，培育社会主义核心价值观，树立总体国家安全观，提升数字素养与技能。

二、课程理念

1. 反映数字时代正确育人方向

坚持以习近平新时代中国特色社会主义思想为指导，全面贯彻党的教育方针，落实立德树人根本任务。发挥课程育人功能，帮助全体学生学会数字时代的知识积累与创新方法，引导学生在使用信息科技解决问题的过程中遵守道德规范和科技伦理，培育学生正确的世界观、人生观、价值观，促进学生在数字世界与现实世界中健康成长。

2. 构建逻辑关联的课程结构

以数据、算法、网络、信息处理、信息安全、人工智能为课程逻辑主线，按照义务教育阶段学生的认知发展规律，统筹安排各学段学习内容。小学低年级注重生活体验；小学中高年级初步学习基本概念和基本原理，并体验其应用；初中阶段深化原理认识，探索利用信息科技手段解决问题的过程和方法。

3. 遴选科学原理和实践应用并重的课程内容

面向数字时代经济、社会和文化发展要求，吸纳国内外信息科技的前沿成果，基于数字素养与技能培育要求，遴选课程内容。从信息科技实践应用出发，注重帮助学生理解基本概念和基本原理，引导学生认识信息科技对人类社会的贡献与挑战，提升学生知识迁移能力和学科思维水平，体现“科”与“技”并重。

4. 倡导真实性学习

创新教学方式，以真实问题或项目驱动，引导学生经历原理运用过程、计算思维过程和数字化工具应用过程，建构知识，提升问题解决能力。注重创设真

① 中华人民共和国教育部. 义务教育信息科技课程标准：2022 年版[M]. 北京：北京师范大学出版社，2022.

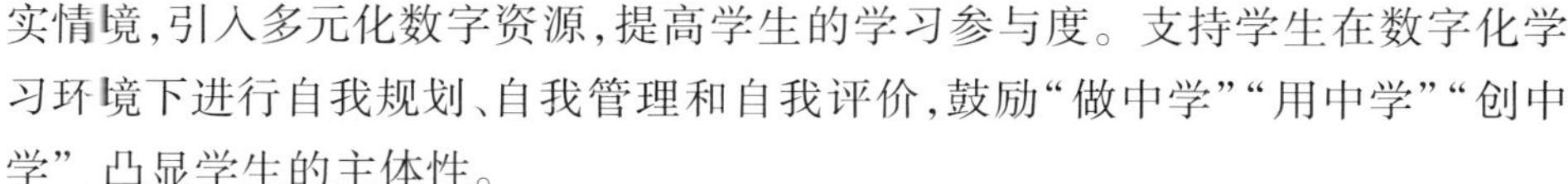

实情境，引入多元化数字资源，提高学生的学习参与度。支持学生在数字化学习环境下进行自我规划、自我管理和自我评价，鼓励“做中学”“用中学”“创中学”凸显学生的主体性。

5. 强化素养导向的多元评价

注重评价育人，强化素养立意。坚持过程性评价与终结性评价相结合，加强学习结果的评估和应用，服务教育教学质量管理。坚持基本知识考核与实践应用考核相结合，综合运用纸笔测试、上机实践、作品创作等方法，全面考查学生学习状况。坚持自评和他评相结合，增强学生自主学习能力。

三、课程目标

信息科技课程目标要围绕核心素养，体现课程性质，反映课程理念。信息科技课程的核心素养是信息意识、计算思维、数字化学习与创新、信息社会责任，其内涵与高中信息技术课程要培养的核心素养的内涵是一致的，但依据义务教育的特点设定了特定的学段目标。

（一）总目标

通过课程学习，达成以下目标。

1. 树立正确价值观，形成信息意识

认识到数据对社会发展的作用和价值，自觉辨别数据真伪，判断和评估所获取信息的价值，增强信息交流的主动性和友善性，树立正确的信息价值观。根据解决问题的需要，有意识地寻求恰当方式检索、选择所需信息。掌握和运用信息科技手段表达、交流与支持自己的观点，根据信息价值合理分配注意力，提高学习信息科技的兴趣；增强数据安全意识，认识到原始创新对国家可持续发展的重要性。

2. 初步具备解决问题的能力，发展计算思维

知道数据编码的作用与意义，掌握信息处理的基本过程与方法，体验过程与控制的场景，验证解决问题的过程，初步具备应用信息科技解决问题的能力。了解算法在解决问题过程中的作用，领会算法的价值。能采用计算机科学领域的思想方法界定问题、分析问题、组织数据、制订问题解决方案，并对其进行反思和优化，使用简单算法，利用计算机实现问题的自动化求解。能有意识地总结解决问题的方法，并将其迁移到其他问题求解中。

3. 提高数字化合作与探究的能力，发扬创新精神

围绕学习任务，利用数字设备与团队成员合作解决学习问题，协同完成学习任务，逐步形成应用信息科技进行合作的意识。适应数字化学习环境，针对问题设计探究路径，通过网络检索、数据分析、模拟验证、可视化呈现等方式开

展探究活动,得出探究结果。利用信息科技平台,开展协同创新,在数字化学习环境中发挥自主学习能力,主动探索新知识与新技能,采用新颖的视角思考和分析问题,设计和创作具有个性化的作品。

4. 遵守信息社会法律法规,践行信息社会责任

领悟网络空间命运共同体对信息社会发展的重要意义,具备自觉维护国家信息安全、网络安全的意识,认识到自主可控技术对国家安全的重要性。采用一定的策略与方法保护个人隐私,尊重他人知识产权,安全使用数字设备,认识信息科技应用的影响。正确应对人工智能对社会的影响,认识到人工智能对伦理与安全的挑战。能遵循信息科技领域的伦理道德规范,明确科技活动中应遵循的价值观念、道德责任和行为准则。按照法律法规与信息伦理道德进行自我约束,积极维护信息社会秩序,养成在信息社会中学习、生活的良好习惯,能安全、自信、积极主动地融入信息社会。

(二)学段目标

信息科技课程学段目标是总目标在各学段的具体化,旨在指导教师在遵循学生身心发展阶段特征的基础上进行教学。义务教育阶段分为四个学段,“六三”学制按“2223”划分,“五四”学制按“2322”划分,详见《义务教育信息科技课程标准(2022 版)》。

四、课程内容

依据核心素养和学段目标,按照学生的认知特征和信息科技课程的知识体系,围绕数据、算法、网络、信息处理、信息安全、人工智能六条逻辑主线,设计义务教育全学段内容模块,组织课程内容,体现循序渐进和螺旋式发展。

(1)数据:数据来源的可靠性—数据的组织与呈现—数据对现代社会的重要意义。

(2)算法:问题的步骤分解—算法的描述、执行与效率—解决问题的策略或方法。

(3)网络:网络搜索与辅助协作学习—数字化成果分享—万物互联的途径、原理和意义。

(4)信息处理:文字、图片、音频和视频等信息处理—使用编码建立数据间内在联系的原则与方法—基于物联网生成、处理数据的流程和特点。

(5)信息安全:文明礼仪、行为规范、依法依规、个人隐私保护—规避风险原则、安全观—防范措施、风险评估。

(6)人工智能:应用系统体验—机器计算与人工计算的异同—伦理与安全挑战。

如图 1.1 所示，具体学习内容由内容模块和跨学科主题两部分组成。“六三”学制第一学段包括“信息交流与分享”“信息隐私与安全”“数字设备体验”，第二学段包括“在线学习与生活”“数据与编码”“数据编码探秘”，第三学段包括“身边的算法”“过程与控制”“小型系统模拟”，第四学段包括“互联网应用与创新”“物联网实践与探索”“人工智能与智慧社会”“互联智能设计”。

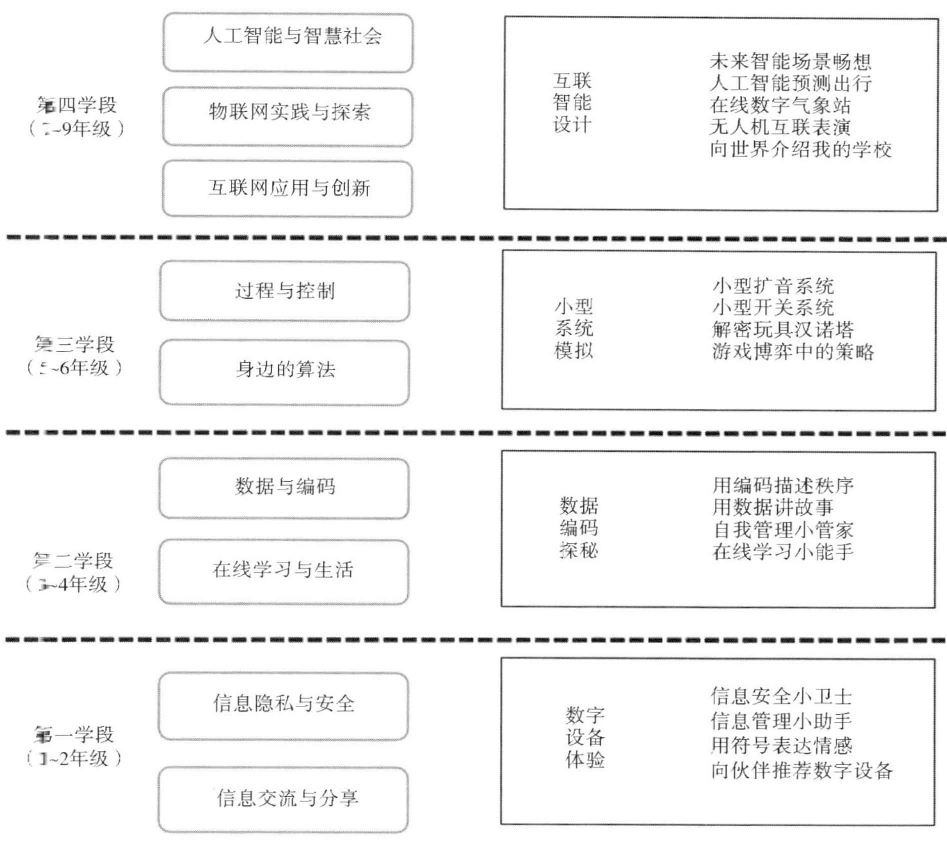

图 1.1 信息科技内容模块与跨学科主题

3 ~ 8 年级单独开设课程，其他年级相关内容融入语文、道德与法治、数学、科学、综合实践活动等课程。

五、学业质量

信息科技课程学业质量标准是在每个学段的学习结束后，对学生在信息意识、计算思维、数字化学习与创新、信息社会责任等方面应达到的学业成就及表现特征进行的总体描述，是考试评价的主要依据，对教学活动、课程资源建设等具有一定的指导作用。

各个学段的学业质量标准如下：

1. 第一学段(1～2年级)

在日常学习与生活场景中，能在教师指导下，健康、安全地利用常见数字设备获取学习资源(信息意识、数字化学习与创新)；在完成学习与生活中的简单小任务时，能描述任务实施步骤，使用数字设备对个人的文字、图片、音频、视频等信息进行合理分类，并妥善保存作品(数字化学习与创新、计算思维)；规范、文明地进行信息交流与分享，并具备辨别信息真伪和保护个人隐私的意识，尊重数字作品所有者的权益，遵守网络礼仪(信息意识、信息社会责任)。

2. 第二学段(3～4年级)

能根据具体的应用场景，从问题的情境、数据的来源以及内容表达的目的，判断数据的合理性和可靠性(信息意识)；能将简单问题拆解，选择数字、字母或文字编码表示信息，知道编码和解码是信息存储和传输的必需步骤(信息意识、计算思维)；能利用在线方式获取学习资源，使用数字化工具组织数据，合理选择可视化方式呈现数据之间的关系，清晰地表达观点或者预测结果(计算思维、数字化学习与创新)；在网络应用过程中，能合理使用数字身份，用符合社会公认的行为规范进行信息传播和网络交流，认识自主可控技术对保障数据安全的意义，采取常见的防护措施有意识地保护数据(信息意识、信息社会责任)。

3. 第三学段(5～6年级)

在典型的信息科技应用场景中，能识别系统中的输入、计算、输出环节，发现大的系统可以由小的系统组成(信息意识、计算思维)；尝试采用不同方法解决同一问题，能用自然语言、流程图等方式，基于算法的顺序、分支和循环三种基本控制结构，正确进行问题求解的算法描述(数字化学习与创新、计算思维)；能针对不同的输入数据规模，分析解决同一问题的不同算法在时间效率上的高低，并能利用编程对设计的算法及过程与控制实验系统进行验证，对算法价值和局限性有一定的认识(信息意识、计算思维、信息社会责任)；对于生活中的过程与控制场景，能分辨输入与输出环节中的数据是开关量还是连续量，利用反馈实现过程与控制(信息意识、计算思维)；了解自主可控的系统在解决安全问题时的重要性，初步具备知识产权保护和应用的安全意识(信息意识、信息社会责任)。

4. 第四学段(7～9年级)

对于生活中的真实应用问题，能通过搜索引擎、社交媒体、短视频和协同写作等互联网工具或平台，进行较精准的信息搜索、沟通交流与协作，并贡献有价值的数据和资源(信息意识、数字化学习与创新)；能设计并搭建具有数据采集、

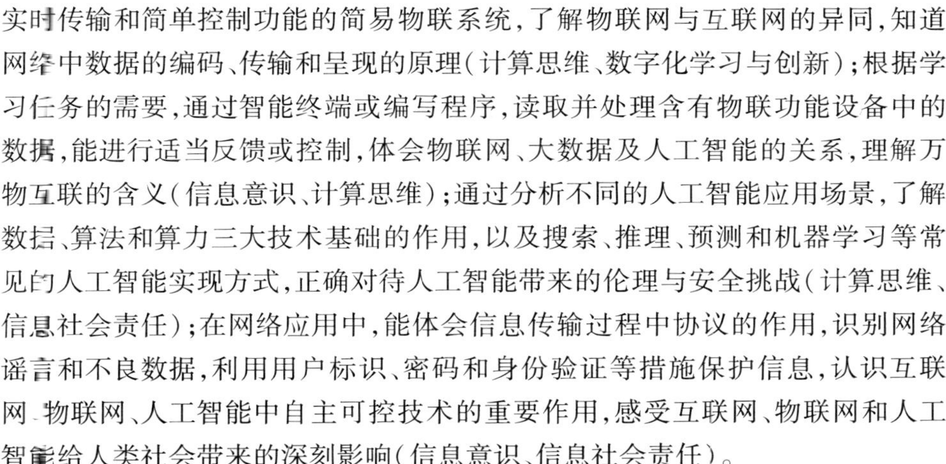
实时传输和简单控制功能的简易物联系统，了解物联网与互联网的异同，知道网络中数据的编码、传输和呈现的原理（计算思维、数字化学习与创新）；根据学习任务的需要，通过智能终端或编写程序，读取并处理含有物联功能设备中的数据，能进行适当反馈或控制，体会物联网、大数据及人工智能的关系，理解万物互联的含义（信息意识、计算思维）；通过分析不同的人工智能应用场景，了解数据、算法和算力三大技术基础的作用，以及搜索、推理、预测和机器学习等常见的人工智能实现方式，正确对待人工智能带来的伦理与安全挑战（计算思维、信息社会责任）；在网络应用中，能体会信息传输过程中协议的作用，识别网络谣言和不良数据，利用用户标识、密码和身份验证等措施保护信息，认识互联网、物联网、人工智能中自主可控技术的重要作用，感受互联网、物联网和人工智能给人类社会带来的深刻影响（信息意识、信息社会责任）。

六、课程实施

（一）教学建议

信息科技课程的教学要以落实立德树人根本任务为导向，以培养学生数字素养与技能为目标，以学生已有的知识、技能和经验为起点，遵循学生学习规律，系统设计学习活动，突出用信息科技解决学习、生活中的问题，为学生创设自主、合作、探究的学习情境和知、情、意、行融合发展的成长环境。

1. 围绕核心素养确定教学目标

教学目标的确定要充分考虑核心素养在信息科技教学中的达成。每一个特定的学习内容都具有培养相关核心素养的作用，要注重建立具体内容与核心素养的关联，在制订教学目标时将核心素养体现在教学要求中。

制订教学目标，要注重与学生数字生活经验、现实社会信息科技应用场景的关联，引导学生认识信息科技的价值和作用；要注重学习要求的全面性，体现科学原理与实践应用的统一；要注重反映技术更新和迭代迅速的特点，特别要注重体现我国最新的信息科技成果，引导学生认识自主创新的重要性。

2. 推进以学生为主体的学习方式创新

要注重把握数字化学习的特点，合理利用数字化平台、工具和资源，运用线上实验、模拟、仿真等方式，引导学生自主学习、合作学习；注重发挥数字化学习跨时间跨地域、随时随地等优势，适应个性化培养需要，指导学生结合自身实际合理规划、管理学习，帮助学生学会学习。

3. 注重以科学原理指导实践应用

强化信息科技学习的认知基础，注重基本概念和基本原理学习。探索“场景分析—原理认知—应用迁移”的教学，从生活中的信息科技场景入手，引导学生发现问题、提出问题,在已有知识基础上分析、探究现象的机理,学习、理解相应科学原理,尝试用所掌握的原理解释相关现象或解决相关问题。

4. 自觉适应信息科技的快速更迭

了解信息科技发展历程,深入领会发展特点,及时关注发展动态,增强积极应变意识。在把握育人要求和学科原理基础上,注重体现最新成果,优化教学内容,更新教学手段,创新教学模式。

(二)评价建议

要树立正确的评价观念,坚持以评促教、以评促学,体现“教—学—评”一致性。要引导教学落实立德树人根本任务,践行社会主义核心价值观;引导教学顺应时代发展、技术创新和社会变革,推进教与学方式改革,着力发展学生核心素养。

要加强过程性评价,完善终结性评价。过程性评价侧重反映日常教学过程中学生表现出来的学习进步情况,应贯穿整个教学过程;终结性评价侧重反映学生阶段性学习目标达成度。

1. 过程性评价

(1)总体要求

过程性评价的主要目的是提升学生对自我的认识,促进学生的学习,改进教师教学和优化教学环境。评价的主要内容包括学生学习态度、学习参与程度、学习内容掌握程度、学习能力和认知能力的发展等方面。

过程性评价应遵循以下原则。

①评价情境应体现真实性。评价情境创设应基于评价目标,贴近学生学习和生活,反映真实问题。要注重建立情境与问题或任务之间的关联。

②评价主体应体现多元化。要尊重学生在学习过程中的主体地位,营造开放、宽松的评价氛围,鼓励学生、教师、家长共同参与评价,要积极创造条件,让学生参与评价结果的判断和解释过程。要注重校内评价和校外评价相结合,引导家庭、社区、校外实践基地等多方共同参与。

③评价方式应体现多样性。要综合运用观察、实验、模拟、仿真等方法,采用纸笔考试、上机实践、作品创作等方式,借助电子档案袋、学习系统等平台记录学生过程性学习数据,注重收集和记录学生在其他课程中运用信息科技的相关表现,全面客观地评估学生的学习过程和学习态度。

④评价内容应体现全面性。要从考查知识和技能具体掌握情况入手,注重分析学生能力表现、思维过程、情感态度等发展状况,全面评价学生信息意识、计算思维、数字化学习与创新、信息社会责任,把握核心素养整体发展情况。

⑤评价反馈应体现指导性。评价结果反馈应尊重学生，根据学生的差异灵活采用口头或书面、鼓励或引导、个别或全体等方式，引导学生树立信心、积极反思、改进学习方法，发挥评价的促学功能。

（2）主要环节评价

评价主要包括课堂评价、作业评价、单元与期末评价。

①课堂评价。要根据课堂教学的目标要求和进展情况，使用观察、提问、记录等方式，对学生的价值观念、学习态度、活动行为、交流合作、技能掌握等状况作出评判。充分发挥信息科技的优势，实时反馈学生学习目标的达成情况，调整教学进度，优化教学流程，提高教学活动的有效性。

②作业评价。重视作业的评价功能，作业设计强调技术原理的理解和在实际生活中的应用，体现综合性、探究性和创新性。针对不同学习内容要求，设计形式多样的作业类型，既包括任务实践类作业，如电子作品创作、仿真实验、系统搭建等，也包括信息科技原理认知类作业，如数据分析、现象解释、实验报告等。针对不同学生的特点，布置不同层次的作业，供学生选择。

③单元与期末评价。单元与期末评价是对学生阶段学习情况的总体评价，结合课堂表现、平时作业，将过程性评价与终结性评价相结合，全面考查学生核心素养的阶段性发展水平。

第四节 信息技术课程思政

一、信息技术课程思政的内涵

2017年2月，中共中央、国务院印发《关于加强和改进新形势下高校思想政治工作的意见》（以下简称《意见》）。《意见》中提出加强和改进高校思想政治工作要“坚持全员全过程全方位育人”的基本原则，要求“把思想价值引领贯穿教育教学全过程和各环节，形成教书育人、科研育人、实践育人、管理育人、服务育人、文化育人、组织育人长效机制”。2017年12月，中共教育部党组印发《高校思想政治工作质量提升工程实施纲要》（以下简称《纲要》）。《纲要》中提出了“充分发挥课程、科研、实践、文化、网络、心理、管理、服务、资助、组织等方面工作的育人功能，挖掘育人要素，完善育人机制，优化评价激励，强化实施保障，切实构建‘十大’育人体系”的基本任务。在“课程育人质量提升体系”中明确提出“大力推动以‘课程思政’为目标的课堂教学改革”。

1. 思政课程与课程思政

办好思想政治理论课，“最根本的是要全面贯彻党的教育方针，解决好培养什么人、怎样培养人、为谁培养人这个根本问题”。为了解决这个根本问题，我们要“把下一代教育好、培养好，从学校抓起、从娃娃抓起。在大中小学循序渐进、螺旋上升地开设思想政治理论课非常必要，是培养一代又一代社会主义建设者和接班人的重要保障”，“用新时代中国特色社会主义思想铸魂育人，引导学生增强中国特色社会主义道路自信、理论自信、制度自信、文化自信，厚植爱国主义情怀，把爱国情、强国志、报国行自觉融入坚持和发展中国特色社会主义事业、建设社会主义现代化强国、实现中华民族伟大复兴的奋斗之中”。

解决这个根本问题，“要把统筹推进大中小学思政课一体化建设作为一项重要工程，推动思政课建设内涵式发展”，“要完善课程体系，解决好各类课程和思政课相互配合的问题”，“要坚持显性教育和隐性教育相统一”，“挖掘其他课程和教学方式中蕴含的思想政治教育资源，实现全员全程全方位育人”。大中小学思政课与其他课程中蕴含的思政资源共同承担着对青少年进行思想政治教育的任务。

思政课程是大中小学校课程体系中专门设立的思想政治理论类课程的总称。“思政课程”这个词，从构词法的角度来说，“思政”修饰限定了“课程”的范围，即思想政治教育类的理论课程，包含小学的思想品德类课程、中学的思想政治课程、大学生的马克思主义理论课和思想品德类课程。一直以来，思政课程都是思想政治教育的主要阵地。

课程思政的内涵有广义和狭义之分。① 广义的课程思政囊括了包含思想政治课程在内的所有课程的思想政治教育元素，以“溶盐入汤，育人润物细无声”②的方式进行思政育人，代表了思想政治教育教学改革的新方向，即从“思政课程”到“课程思政”的转变。而狭义的课程思政是指思想政治课程之外的其他课程中的思政育人元素和活动，是思政育人不可缺少的重要组成部分。本书中所述的课程思政为狭义的课程思政，特指信息技术课程思政。

培养学生正确的人生观、世界观、价值观是一个复杂的长期的系统工程，所以必须全员全程全方位育人。思政课程虽然是进行思想政治理论教育的关键课程，但是长期以来的实践证明仅靠几门思想政治课程很难解决好“培养什么人、怎样培养人、为谁培养人”这个根本问题。思政课程必须与其他课程相互支撑，构建完整的思政教育课程生态系统。因此，思政课以外的其他课程的课程

---

① 刘建军. 课程思政：内涵、特点与路径[J]. 教育研究，2020，41(9)：28－33.

② 姜泓冰. 上海高校十三年来全面推进“课程思政”教改，新型课程体系逐渐成形：把思政之“盐”溶入教育之“汤”[N]. 人民日报，2018－8－29(6).

思政，是思政教育课程生态系统的重要组成部分。但是，不论是思想政治课程还是其他课程的课程思政，课堂教学都是思想政治教育的主渠道。

2. 信息技术课程思政

信息技术课程思政是指通过挖掘信息技术课程本身蕴含的思想政治教育元素，进行有效的教学设计，发挥信息技术课程的课堂教学主渠道作用，实现思政育人与信息技术课程深度融合的教育实践活动。《普通高中信息技术课程标准（2017 年版）》和《义务教育信息科技课程标准（2022 年版）》均指出，信息技术课程以立德树人为课程设计的指导思想，充分挖掘信息技术学科中的思想、文化内涵和育人因素，引导学生健康的技术价值追求，提高学生在信息社会中生存、发展与创新的能力。

信息技术课程中蕴含的思政元素可分为课内和课外两部分。课内部分，指的是“信息意识”“正确信息价值观”“信息社会责任”等课程标准和课程教材中明确指出的思想、文化内涵和育人内容。课外部分是指教师在做教学设计时根据教学目标和教学内容做适当拓展，把和课程相关的法律法规、传统经典文化和红色文化、真实案例等课外因素融入课堂教学中。例如在培养学生“信息社会责任”素养时，可以将《中华人民共和国电子签名法》（2004）、《中华人民共和国网络安全法》（2016）、《中华人民共和国电子商务法》（2018）、《中华人民共和国密码法》（2019）、《中华人民共和国数据安全法》（2021）、《中华人民共和国个人信息保护法》（2021）等法律纳入课堂学习和讨论中。

有效实施信息技术课程思政，离不开精心的教学设计和课堂实施。在做教学设计方案时，教师可采用情境化教学理论作为指导，在教学过程中设定课程思政情境，将课程内容置于这种情境下，从而使学生在课程学习过程中不知不觉地接受思政教育。结合信息技术课程特点，课堂实施过程中可以运用项目式教学、案例教学、探究性学习等方式。

二、信息技术课程思政的任务

党的十八大报告提出，“把立德树人作为教育的根本任务，培养德智体美全面发展的社会主义建设者和接班人”。因此信息技术课程思政的任务就是贯彻党的教育方针，遵循教育教学规律，落实立德树人根本任务，践行社会主义核心价值观。

立德树人是中华民族的优秀文化传统。中华民族在漫长的历史发展过程中，构建了一套成熟的道德价值体系，形成了丰富的个人伦理、家庭伦理、国家伦理以及宇宙伦理的道德规范体系和道德教育理论。如《礼记・大学》中就提出：“格物、致知、诚意、正心、修身、齐家、治国、平天下”的主张。这就是要培养年轻一代具有正确认识自己、正确对待他人、正确对待社会的高贵品质，对社会、对国家、对民族有高度的责任感。①

新中国成立以来，在关于党的教育方针的表述中，始终强调学生要德智体美全面发展。毛泽东同志在 1957 年指出："我们的教育方针，应该使受教育者在德育、智育、体育几方面都得到发展，成为有社会主义觉悟的有文化的劳动者。"1995 年，《中华人民共和国教育法》第五条规定："教育必须为社会主义现代化建设服务，必须与生产劳动相结合，培养德、智、体等方面全面发展的社会主义事业的建设者和接班人。"党的十七大报告提出："坚持育人为本、德育为先，实施素质教育，提高教育现代化水平，培养德智体美全面发展的社会主义建设者和接班人。"党的十八大报告提出："坚持教育优先发展，全面贯彻党的教育方针，坚持教育为社会主义现代化建设服务、为人民服务，把立德树人作为教育的根本任务，培养德智体美全面发展的社会主义建设者和接班人。"②

党的十八大以来，习近平同志对广大师生明确提出"明大德、守公德、严私德"的要求。2014 年，习近平同志在北京大学师生座谈会上指出："核心价值观，其实就是一种德，既是个人的德，也是一种大德，就是国家的德、社会的德。国无德不兴，人无德不立。"社会主义核心价值观充分体现了对中华优秀传统文化的传承和升华，是当今我国青年学生都应树立和践行的德。只有树立和践行社会主义核心价值观，才能真正成为社会主义事业的建设者和接班人。

义务教育信息科技课程和普通高中信息技术课程都应"坚持以习近平新时代中国特色社会主义思想为指导，全面贯彻党的教育方针，落实立德树人根本任务。发挥课程育人功能，帮助全体学生学会数字时代的知识积累与创新方法，引导学生在使用信息科技解决问题的过程中遵守道德规范和科技伦理，培育学生正确的世界观、人生观、价值观"。

三、信息技术课程思政实现路径

信息技术课程与思政融合是对信息技术课程价值的重新发现，是知识与技能、过程与方法、情感态度与价值观三维教学目标统一性的表现。培养科学精神、信息素养、数字素养、科技伦理、信息社会责任，必须将立德树人理念融入课程规划和教学设计的全过程，深入挖掘信息技术课程中的思政元素，提升学科知识、技能与思政的融合度。

---

① 教育部课题组. 深入学习习近平关于教育的重要论述[M]. 北京：人民出版社，2019.

② 教育部课题组. 深入学习习近平关于教育的重要论述[M]. 北京：人民出版社，2019.

1. 融入课程规划与教学设计全过程①

信息技术课程思政旨在通过课程学习实现课程育人、思政育人，实现知识学习、价值浸润和道德养成的内在融合。将这个理念贯穿课程规划、教学实施、教学评价的全过程，才能达到融盐入汤、润物细无声的育人效果。

首先，课程规划和教学设计要强调德育为先与育人为本相结合。课程规划和教学设计是课程思政在实施层面的起始环节，体现特定社会对人才培养规格的价值预设。坚持德育为先与育人为本相结合，是培养新时代人才的基本理念和实践原则。信息技术课程规划和教学设计阶段，要从课程目标和育人目标的角度明确立德树人导向，合理设计学科课程的知识体系与内容结构，为教师实施教学预留思政教育的依据和空间，为学生的知识学习和技能培养奠定价值与思想底蕴，致力于增进学科知识学习与思想政治教育的内在融合。

其次，教学实施要强调知识教学与思政教育相融合。课程实施过程中教师应深刻理解信息技术课程与思政教育的融合统一。课程思政并不是要削弱或者否定课程的学科知识与技能教育价值。如果弱化了学科知识与技能教育，那么思政教育的效果也将大打折扣。在教学实施过程中，应通过创设真实情境将知识与技能学习融于思政情境中，引导学生将知识与技能学习和社会生活、社会服务、国家建设、个人发展等紧密联系起来，把真实的问题引进课堂，通过有意思、有意义的学习任务，让学生面对真实问题的挑战，经历问题解决的过程，从而引发价值观念、公民义务、社会责任、家国情怀等深层次的思考。这不仅要求教师精通学科知识，还要求教师具备较高的教学设计能力、娴熟的教学技能，更要求教师从深层次上转变教育观念和课程观念。

再次，教学评价要强调采用过程性、多元性、多样性评价促进实现课程育人目标。教师在教学实施过程的各个阶段，都要设置评价环节，评估课程学习效果，促进育人目标达成。教学评价的主体是多元的，包括学生自己、学伴、教师等。学生自我反思、自我评价往往能促进深度学习、价值内化，因此可以采用小组评价、自我评价和教师评价相结合的方式。价值浸润和道德养成很难通过定量的方式进行评价，因此应改变以往以卷面考试为主的定量评价方式，采用量规、量表、学习契约等多样化的定性与定量结合的评价手段。

---

① 刘建军. 课程思政：内涵、特点与路径[J]. 教育研究，2020，41(9)：28－33.

2. 深入挖掘课程中的思政元素①

信息技术课程本身实际上蕴含了大量的思政元素，只是在以往过于注重知识技能教学的背景下，忽视了情感、态度、价值观维度的教学目标，未能深入挖掘课程中的育人价值因素。挖掘信息技术课程中的思政元素可以采用从课程标准到学科核心素养再到课程内容逐步聚焦的方式进行。

首先，从教育部发布的《义务教育信息科技课程标准（2022 年版）》和《普通高中信息技术课程标准（2017 年版 2020 年修订）》可以宏观地了解课程中思政元素的分布。《义务教育信息科技课程标准（2022 年版）》从发挥课程育人功能的角度出发，着力提升全体学生数字时代的适应力、胜任力和幸福感，使学生学会知识积累与创新方法，引导学生在使用信息科技解决问题的过程中遵守道德规范和科技伦理，培育学生正确的世界观、人生观、价值观，促进学生在数字世界与现实世界中健康成长。《普通高中信息技术课程标准（2017 年版 2020 年修订）》坚持立德树人的课程价值观，以培养具备信息素养的公民为目标，引导学生理解信息技术应用过程中的个人与社会关系，思考信息技术给人类社会带来的机遇和挑战，履行个人在信息社会中的责任和义务，帮助他们成长为有效的技术使用者、创新的技术设计者和理性的技术反思者。

其次，学科核心素养及素养表现是梳理课程中蕴含的思政元素的纲要。学科核心素养明确了学生学习该学科课程后应达成的正确价值观、必备品格和关键能力，对知识与技能、过程与方法、情感态度与价值观三维目标进行了整合。信息技术学科的核心素养包括信息意识、计算思维、数字化学习与创新、信息社会责任。高中信息技术课程标准和义务教育信息技术课程标准中都详细描述了各个核心素养在不同学段的具体表现。规定了素养表现，实际上就界定了教学目标。根据素养表现就可以理清学科核心素养的逻辑主线，从而确定满足培养核心素养要求的课程内容。

再次，学科课程内容是承载思政元素的载体。新课标重视以学科大概念为核心，使课程内容结构化；以主题为引领，使课程内容情境化，促进学科核心素养的落实。义务教育阶段课程内容组织主要围绕数据、算法、网络、信息处理、信息安全和人工智能六条逻辑主线。普通高中信息技术课程结构和内容体系主要围绕数据、算法、信息系统和信息社会四个核心大概念。课程内容围绕核心大概念，结合学生年龄特点、学科特征，贯彻习近平新时代中国特色社会主义

① 汪瑞林. 中小学课程思政的功能及其实现方式[J]. 课程·教材·教法，2020(11)：77－83.

思想，有机融入社会主义核心价值观，中华优秀传统文化、革命文化和社会主义先进文化等教育内容，努力呈现经济、政治、文化、科技、社会、生态等领域的新成就、新成果，丰富培养学生社会责任感、创新精神、实践能力的相关内容。

3. 采用多样化教学方法和手段

针对不同教学目标、教学对象和教学内容，为达到好的教学效果，应采用有效的教学方法和手段。信息科技具有较强的实践性，为培养学生运用信息技术解决学习问题与生活问题的能力，帮助学生树立信息社会道德观和伦理观，初步建立信息社会法治意识，应设计情境，采用项目式学习、主题式学习等方式，支持学生“做中学”“用中学”。

参考文献：

1. 李运林. 论“信息化教育”学科：三论“信息化教育”[J]. 电化教育研究，2011(5)：9－17，25.

2. 王吉庆. 中小学计算机课程的沿革与反思[J]. 课程·教材·教法，2000(1)：58－61.

3. 任友群，黄荣怀. 高中信息技术课程标准修订说明　高中信息技术课程标准修订组[J]. 中国电化教育，2016(12)：1－3.

4. 张进宝，姬凌岩. 中小学信息技术教育定位的嬗变[J]. 电化教育研究，2018(5)：108－114.

5. 中华人民共和国教育部. 义务教育信息科技课程标准：2022年版[M]. 北京：北京师范大学出版社，2022.

6. 中华人民共和国教育部. 普通高中信息技术课程标准：2017年版2020年修订[M]. 北京：人民教育出版社，2020.

7. 中国共产党中央委员会，中华人民共和国国务院. 中共中央、国务院印发《关于加强和改进新形势下高校思想政治工作的意见》[EB/OL]. [2017－02－27]. http://www.gov.cn/xinwen/2017－02/27/content_5182502.htm.

8. 中共教育部党组. 中共教育部党组关于印发《高校思想政治工作质量提升工程实施纲要》的通知[EB/OL]. [2017－12－05]. http://www.moe.gov.cn/srcsite/A12/s7060/201712/t20171206_320698.html.

9. 姜泓冰. 上海高校十三年来全面推进“课程思政”教改，新型课程体系逐渐成形：把思政之“盐”溶入教育之“汤”[N]. 人民日报，2018－8－29(6).

10. 刘建军. 课程思政：内涵、特点与路径[J]. 教育研究，2020，41(9)：28－33.

11. 汪瑞林. 中小学课程思政的功能及其实现方式[J]. 课程·教材·教法，2020(11)：77－83.

第二章　信息技术课程教学设计理论

本章拓展思考问题：

1. 如何理解教学设计的可能性、必要性和选择性问题？

2. 教学设计的价值观在信息技术教育中的实现机制是怎样的？

3. 如何理解基础性与创新性之间的关系？如何平衡教学目标中知识、技能、能力和态度的关系？

第一节　教学设计的基本理论

教学设计起源于人们认识世界过程中遇到的各种问题，如人们认识世界是理性的还是经验的，是主观的还是客观的。从不同的观点出发，认识世界的方法是不同的。20 世纪 50 年代，随着对第二次世界大战中美国工业培训的研究，以及系统方法应用和程序教学运动的兴起，人们逐渐将大工业制造技术和系统工程学引入教育。1962 年，格拉泽首次明确提出“教学系统”概念并开启教学系统设计。至今，已出现三种不同定位的教学设计，即作为设计科学的教学设计、基于泛技术观的教学设计和作为系统科学的教学设计①，三者既各有侧重又相互联系。如今，教育理论、学习理论、系统科学方法、脑科学、绩效技术和综合了计算机、网络技术、通信技术、人工智能技术等技术的信息技术已经成为教学设计研究的理论和技术基础。

本节内容主要从教学系统设计思想和经典教学设计理论两个方面来详细介绍教学设计的基本理论，以期对教学设计的思想和理论有个大致的了解，为信息技术课程教学设计提供理论基础和思想指导。

一、教学系统设计思想

教学系统设计是一门学科，具有科学性和思想性。我们可以从教学系统设计的含义、特点、意义和过程模式等方面去理解教学系统设计思想。

---

① 西尔，戴克斯特拉．教学设计中课程、规划和进程的国际观[M]．任友群，杨蓓玉，王海芳，等译．北京：教育科学出版社，2009.

（一）教学系统设计概述①

1. 教学系统设计含义

教学系统设计（instructional system design，简称 ISD），通常也称教学设计（instructional design，简称 ID）。教学系统设计是指运用系统方法，把学习理论、教学理论等相关理论的原理转化成对教学目标、教学内容、教学策略、教学信息资源、教学过程和教学评价等环节进行具体计划、创设有效的教与学的系统"过程"或"程序"。教学系统设计是一项系统性工程，要考虑教学的方方面面，统筹规划教学工作，以促进学习者的学习为目标。

2. 教学系统设计的特点

（1）教学系统设计以促进学习者的学习为根本目的。教学是为了使学习者更好地学习，高质量的教学有利于促进学习者理解和掌握相关学科的知识和技能、自身能力的提升以及正确价值观的形成。

（2）教学系统设计具有系统性。教学系统设计运用系统性方法来研究和统筹规划教学元素。每个教学元素是一个独立的个体，有着自身的价值和地位，但这些元素之间又相互联系、相互作用，共同构成一个教学系统。可见教学系统中的每一个元素在教学中都起到一定的作用，缺一不可。教学系统设计过程中要综合考虑到教学系统中的各个元素。

（3）教学系统设计是联系教学理论和教学实践的桥梁。教学理论与教学实践之间存在一定的距离，理论很难直接指导实践。因此，教师需要针对相关的教学问题，将理论与教学各元素相结合，设计出一套解决具体问题的教学程序，即教学系统设计，来指导教学实践的开展。

3. 教学系统设计的意义

（1）教学系统设计有利于解决教学问题。教学系统设计是一套完整的教学操作程序，其根据教学中的具体问题提出解决方案，致力于教学问题的解决。

（2）教学系统设计有利于促进学习者的学习。教学系统设计是为了学习者的学习而设计的，为学习者提供了良好的学习环境，帮助学习者更好地理解教学内容，促进学习者获得知识与技能，提升问题解决能力、创新能力、协作交流能力，形成态度价值观。

（3）教学设计有利于促进学习者个人的发展。教学设计有利于培养学习者的学科思维和问题解决能力，在面对社会生活中遇到的复杂问题时能够利用学科思维、知识和技能等分析问题、提出问题解决方案和解决问题，促进学习者适

---

① 何克抗，林君芬，张文兰．教学系统设计：第 2 版[M]．北京：高等教育出版社，2016.

应高速发展的社会。

(二)教学系统设计的过程模式

在教学系统设计的发展过程中,出现了多种教学系统设计的理论和过程模式。综合国内外教学设计研究,何克抗教授提出了“以教为主”“以学为主”和“学教并重”三种教学设计模式。下文以何克抗教授的教学设计过程模式分类为基础,介绍教学系统设计的主要过程模式理论。

1. 以教为主的教学系统设计过程模式

20 世纪 60 年代到 20 世纪 90 年代,是第一代教学设计理论与模式的发展时期。在此期间出现了众多的教学系统设计过程模式,有加涅的教学设计理论、狄克—柯瑞教学系统设计模式、肯普教学系统设计模型、史密斯—雷根模型,等等,大部分以“教师的教学”为主。到 20 世纪 90 年代,已经形成了一套成熟的、完整的教学设计理论体系。下面主要介绍两种具有代表性的较为成熟的教学系统设计过程模式。

(1)肯普模型①

肯普模型(Kemp Model)是肯普在 1997 年初步提出并经过多次修改逐步完善的。该模型是基于行为主义学习理论提出的,其强调 4 个基本要素、着重解决 3 个主要问题、包含 10 个教学环节。具体的模型内容如图 2.1 所示。

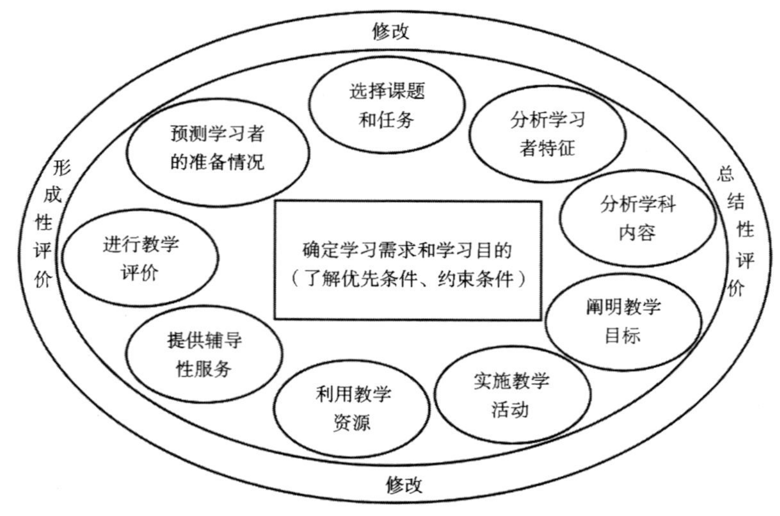

图 2.1　肯普模式

4 个基本要素有教学目标、学习者特征、教学资源和教学评价。肯普认为任

① 何克抗,林君芬,张文兰. 教学系统设计:第 2 版[M]. 北京:高等教育出版社,2016.

何教学设计都离不开这4个基本要素，它们构成整个教学设计模型的总体框架。3个主要问题是：学习者必须学到什么；为达到预期的目标应如何教学；检查和评定预期的教学效果。10个教学环节是：确定学习需求和学习目的、选择课题和任务、分析学习者特征、分析学科内容、阐明教学目标、实施教学活动、利用教学资源、提供辅导性服务、进行教学评价、预测学习者的准备情况。

如图2.1所示，肯普把确定学习需求和学习目的这个环节放在中心位置，说明它是整个教学设计的出发点和归宿，各环节均应围绕它来设计。各环节之间没有通过线段来连接，表明教学设计具有灵活性，可以根据教学情况从任一环节开始，按任意顺序进行。图中的“形成性评价”“总结性评价”“修改”在外圈内，表示评价与修改贯穿整个教学设计过程。

(2)史密斯—雷根模型①

史密斯—雷根模型(Smith-Regan Model)是由史密斯、雷根于1993年在狄克—柯瑞模型(Dick-Carey Model)的基础上提出的。该模型体现了“联结—认知”学习理论的基本思想，分为3项主要活动，即分析、策略和评价。具体内容如图2.2所示。

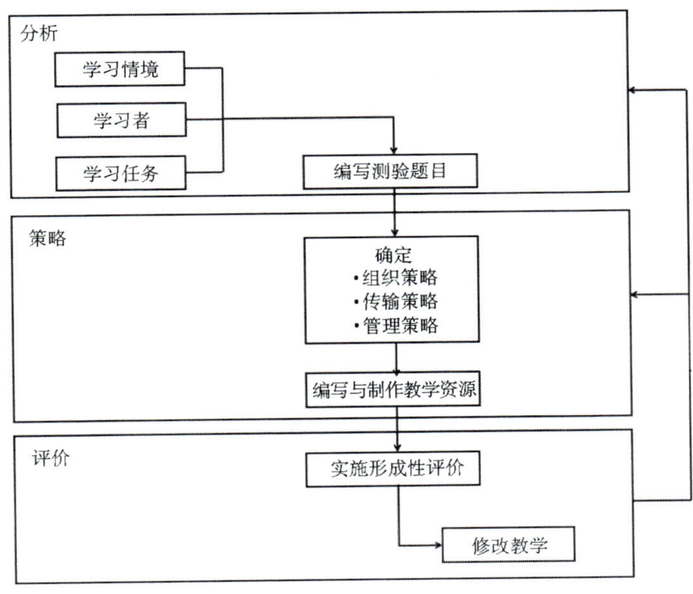

图2.2　史密斯—雷根模型

① 史密斯，雷根．教学设计：第3版[M]．庞维国，屈程，韩贵宁，等译．上海：华东师范大学出版社，2008．

模型中分析活动中的学习任务分析包括教学目标分析和教学内容分析。模型的特点有:(1)把“学习者特征分析”和“学习任务分析”归入教学分析活动中,教学分析中还包括学习情境分析,即学习环境分析。(2)相比于其他教学系统设计模型,该模型明确提出应设计 3 类教学策略,分别为组织策略、传输策略和管理策略。组织策略指教学内容、教学活动的组织安排;传输策略指对教学媒体的选择和教与学的交互方式的考虑;管理策略即教学资源管理策略,指对教学资源的计划与分配。(3)把“修改教学”置于“形成性评价”之后,体现了教学的科学性。

2. 以学为主的教学系统设计过程模式

以学为主的教学系统设计模式是何克抗教授 1998 年基于建构主义学习理论提出的。以学为主的教学系统设计模式强调以学习者为中心,发展学习者的主观能动性,鼓励学习者对知识的主动建构。该模式还强调情境的重要性,学习者的学习要在真实情境中发生,这样有利于知识的意义建构,把学习者头脑中原有的知识与新知识进行连接,促进学习者的有意义学习。模式还注重学习者的协作学习。面对复杂的真实情境问题,学习者之间需要开展合作,共同探讨解决真实问题。以学为主的教学系统设计模式内容如图 2.3 所示。

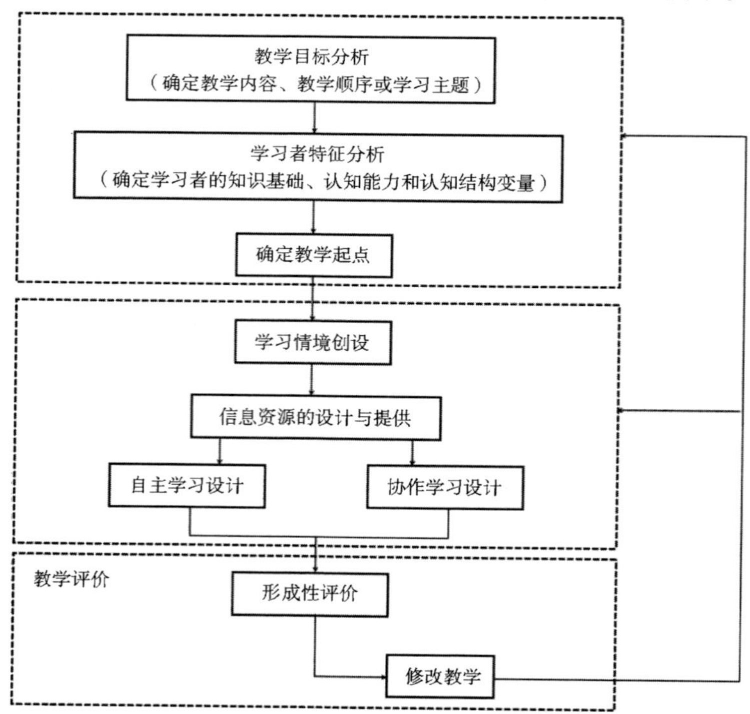

图 2.3　基于建构主义的以学为主的教学系统设计过程模式

3. 学教并重的教学系统设计过程模式

前面提到的两种教学系统设计过程模式都有自身的优势和不足。以教为主的教学系统设计过程模式的优点有：有利于教师与学习者的情感交流；有利于教学目标的实现；有利于突出教师的主导地位。不足的地方有：忽视学习者的主体地位，容易导致学习者的主动性变差，不利于学习者自身的发展。以学为主的教学系统设计过程模式的优点有：有利于学习者的自主学习和探究；有利于学生的探究能力、问题解决能力和协作学习能力的提升。不足的地方有：忽视了教师的主导地位；忽视了情感因素在教学中的重要性；容易偏离教学目标，使得教学目标难以实现。

可以看出，以教为主的教学系统设计过程模式的不足正是以学为主的教学系统设计过程模式的优势，反之亦然，两种教学系统设计过程模式正好互补。结合这两种教学系统设计过程模式的优势，形成了一种学教并重的教学系统设计过程模式。具体内容如图 2.4 所示。

学教并重的教学系统设计过程模式有两个教学分支，即根据教学内容和认知结构变量来决定采用“传递接受”教学方式还是“发现式”教学方式，既可以选择以教为主的教学系统设计，也可以选择以学为主的教学系统设计，还可以利用它们的公共部分和相互跳转特性实现学教并重的教学系统设计。这体现了教学的灵活性和选择性，提高了教学的适用性。

（三）教学系统设计过程的要素

前面提到的几种教学系统设计过程模式不尽相同，但都具有教学目标分析、学习者特征分析、教学内容分析、教学策略的选择、学习环境设计、教学评价六个要素。

1. 教学目标分析

教学目标决定着教学的总体方向，教学内容、教学活动和教学评价都要依据教学目标设置。教学目标是学习者通过教学应该表现出来的可见行为的具体的、明确的表述，它是预先确定的、通过教学可以达到的、用现有技术手段能够测量的教学结果。① 教学目标的功能有：(1) 导向功能。教学过程受到教学目标的指引和制约。(2) 激励功能。明确的学习目标，可以激发学生学习的积极性和学习动机。(3) 评价功能。教学评价与教学目标相呼应，教学目标是衡量教学效果的标准，可以直接指导教学评价的实施。

① 何克抗，林君芬，张文兰. 教学系统设计：第 2 版[M]. 北京：高等教育出版社，2016.

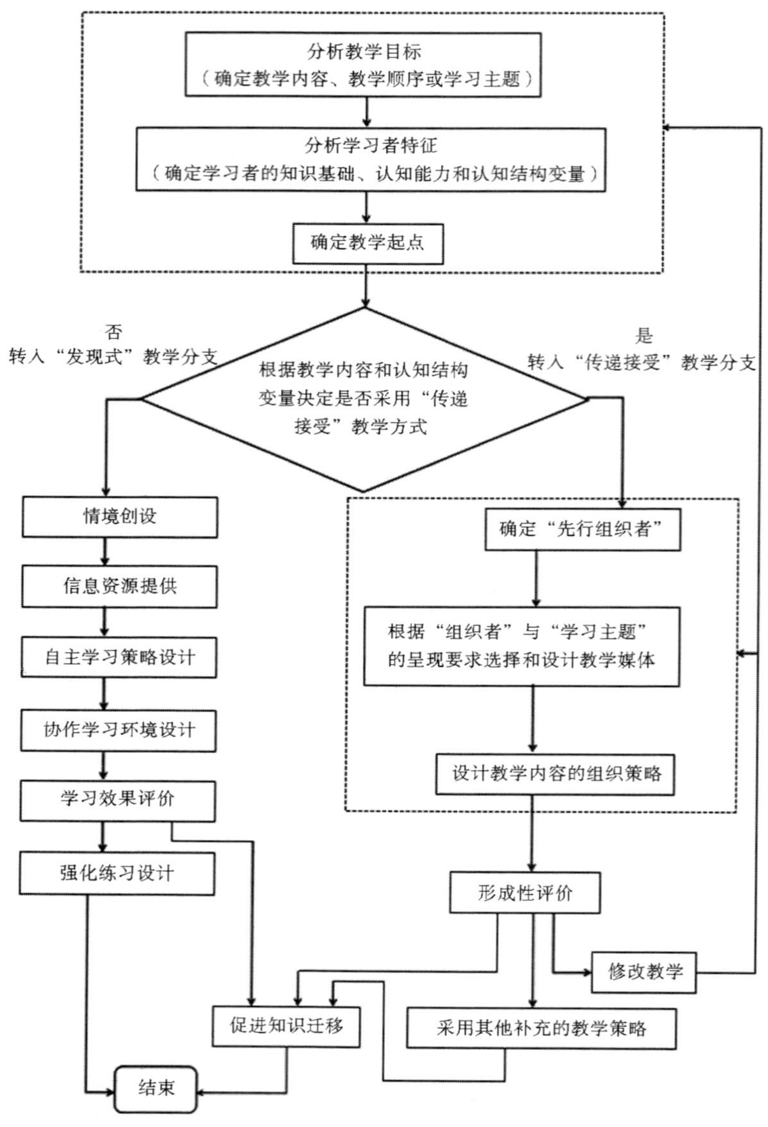

图 2.4　学教并重的教学系统设计过程模式

教学目标分析可以采用教学目标分类法进行。比如：布卢姆的教学目标分类，把教学目标分成认知领域、动作技能领域和情感领域三大类；加涅的学习结果分类，分成语言信息、智力技能、认知策略、动作技能和态度五种学习结果。根据不同的教学目标分类法可以对学生知识技能的学习、能力的发展、情感态度与价值观等教学目标进行分析。

教学目标的编写可以采用ABCD模式，一个完整的教学目标需要有对象、行为、条件、标准四个要素。

2. 学习者特征分析

教学的对象是学习者，学习者是教学活动的主体。对学习者进行分析有利于教学的开展，提高教学的针对性。学习者特征包括学习者的认知能力、所学内容的知识基础、对所学内容的学习动机和感兴趣程度、学习风格等。

学习者的认知能力分析是指了解学习者在不同的认知发展阶段所表现出的感知、记忆、思维、想象等方面的特性。根据皮亚杰的认知发展阶段理论可以分析学习者在各年龄段的认知能力。学习者的知识基础分析是指分析学习者在学习某个教学内容之前头脑中所具有的与该教学内容相关的知识基础情况。了解学习者的知识基础有利于确定教学起点，提高教学效率。学习者的态度分析是指了解学习者对所学内容的功能性和价值性的看法以及对所学内容的喜好。这影响着教学内容的确定和教学方法的选择。学习者的学习动机直接影响着他们的学习，学习动机能推动学习者学习，学习者学习又能激发学习动机，所以对学习者的学习动机进行分析对于教学具有重要的作用。学习者之间有共性，也有特性。每个学习者都是一个独立的个体，具有自身独特的学习风格。分析他们的学习风格有利于教学媒体的选择、教学内容呈现方式的选择、学习支架的设计，有利于教学的合理开展。

3. 教学内容分析

教学内容分析就是分析教学内容的性质和它的组成部分，并在此基础上，把综合的、复杂的整体内容分解为各个相对独立的、简单的组成部分，确定各个部分之间的联系。① 教学内容分析旨在分析教学内容的知识结构，厘清知识概念之间的关系，根据教学目标确定教学内容的重点和难点，达成教学目标。教学内容分析的方法有比较法、归类法、分解法、建构法等。

比较法就是分析两个或两个以上知识点的共同点和不同点，并以比较的方式呈现出来。通过比较可以了解概念之间的区别和联系，帮助学生准确地掌握概念。对学生熟悉的内容和新内容进行比较，有利于学生认知结构中的旧知识与新知识建立联系，有利于学生理解新内容。通过比较，能够使得教学内容变得系统化，有利于学生记忆所学内容。

---

① 张立新，张丽霞. 基于学习理论的教学内容分析和组织技术[J]. 电化教育研究，1998(6)：27－32.

归类法就是按某一标准对教学知识点进行归类。归类是学生形成概念的主要途径,有利于学生对概念的迁移。归类法包括实用分类和本质分类。实用分类是根据实用的目标来分类,有利于实现预先设定的教学目标。本质分类按照实物的关键特征或本质特征来分类,有利于提高学生的抽象概括能力。分类是发现和总结事物的基本方法,有利于揭示事物的共同特性。对教学知识点进行分类,有利于学习者形成事物的知识结构,加深对知识的理解。

分解法就是把教学内容分解成知识点,并找出它们之间的关系的一种教学内容分析方法。通过对教学内容的分解,可以使教学内容中部分与整体的层级关系和整体结构清晰地呈现出来,有利于学习者理解和掌握内容。分解法有两种应用形式:一种是根据教学内容本身的结构,把教学内容逐步分解为各个组成部分;另一种是根据教学目标要求,把教学内容逐步分解为各个子任务。

建构法是建立教学内容的知识体系的方法。学习就是学习者对自身知识结构的构建和重组的过程。建构法可以用于建立系统化的知识体系、组构零散的知识、总结规律性的知识。建立教学内容的知识体系有利于促进学习者知识结构的形成。

4. 教学策略的选择与设计

教学策略是指在教学目标确定之后,根据教学内容和学生的特征,有针对性地选择与组合相关的教学内容、教学组织形式、教学方法和技术,形成具有效率意义的特定教学方案。教学策略的选择和设计需要根据教学目标、学习者特征、教学内容、实际的教学设施情况等来决定,可以直接运用已有的教学策略,也可以在借鉴他人的教学策略的同时根据实际情况做一些改变。

经典的教学策略有以教为主的先行组织者教学策略、情境—陶冶教学策略、示范—模仿教学策略、加涅的九段教学策略等。九段教学策略,又称为"九段教学法",是加涅将认知学习理论运用于教学过程研究而提出的教学策略。该教学策略包括九个教学事件,即引起注意、告知教学目标、对先前学习的回忆、呈现刺激材料、提供学习指导、诱发学习行为、提供反馈、评估作业、促进记忆与迁移。

以学为主的教学策略有支架式教学策略、抛锚式教学策略、随机进入教学策略、启发式教学策略、发现式教学策略等。抛锚式教学策略建立在真实情境或问题的基础上,以真实问题比喻为锚,来引导学习者的探究学习。抛锚式教学策略由创设情境、确定问题、自主学习、协作学习、效果评价五个步骤组成。

随着教学策略的研究和发展,后来出现了新的教学策略,比如基于项目的

教学策略、“互联网+”的混合式教学策略、计算机支持的协作性教学策略。

5. 学习环境设计

学习环境是指学习资源和人际交往的一种组合。学习资源包括辅助教学的教学资源、教学媒体等,也包括支持学习者学习的支架式工具、认知工具,等等。人际交往包括学习者与学习者之间、学习者与教师之间、学习者与其他社会成员之间的互动交往活动。学习环境设计包括教学媒体的选择,学习资源和工具的选择、设计和开发,人际交互学习环境设计。

教学媒体是传递教学信息的媒体。教学媒体要根据教学目标、教学内容、学习者特征和教学条件来选择。不同的教学媒体有不同的特性。教师应比较和思考各种教学媒体的优势和不足,根据实际情况选择适当的教学媒体传递教学信息,也可以综合运用多种教学媒体。教学媒体之间应取长补短,使教学信息传递最优化,从而提高教学效率。

学习资源是支持学习者学习的人、财、物、信息等。学习资源产生的途径有选取现成的、修改原有的、设计尚无的三种。学习资源的设计与开发要依据教学目标、教学内容、学习者特征等来决定。认知工具是支持学习者思维发展的工具或设备。常用的认知工具有问题或任务表征工具、静态/动态知识建模工具、信息解释工具、合作交流工具、绩效支持工具、管理与评价工具。在信息技术学科中,计算机是支持和辅助学习者学习和思维发展的重要的认知工具。

人际交往是指人们在社会交往中所形成的关系。从学习者学习方面看,人际交往包括学习者与学习者、教师、其他社会成员的交往。人际交互学习环境设计包括课堂氛围的营造策略设计、学习者交往动机激发策略设计、课堂问题行为调控策略设计。

6. 教学评价

教学评价是以教学目标为依据,制定科学的标准,运用一切有效的技术手段,对教学活动过程及其结果进行测定、衡量,并给予价值判断。教学评价具有诊断功能、激励功能、调控功能。教学评价按照评价基准的不同,分为相对评价、绝对评价和自身评价;按照评价功能的不同,分为诊断性评价、形成性评价、总结性评价;按照分析方法的不同,分为定性评价和定量评价。教学评价的内容一般包括教学过程和教学结果的评价,评价方式有生生互评、自评、教师评价、小组评价等。评价方法有问卷、观察、访谈、纸质测试等。评价工具有学生档案袋、作品评分表、讨论记录表,等等。

二、经典教学设计理论

(一) 加涅的学习条件理论①

美国教育心理学家加涅认为,影响学习的因素是学习的外部条件和内部条件。教学就是要通过外部条件来激发学习的内部条件,这就需要对教学有一个整体规划,也就是教学设计。学习的内部条件相对比较复杂,要对学习的内部条件进行分析,理解学习者的心理活动,才能够合理地设置与安排外部条件来激发学习的内部条件。

1. 学习与记忆的信息加工过程

厘清学习的外部条件和内部条件之间的关系,可以从分析学习者的学习过程开始。图 2.5 是一个内部信息加工过程,即内部的学习过程。

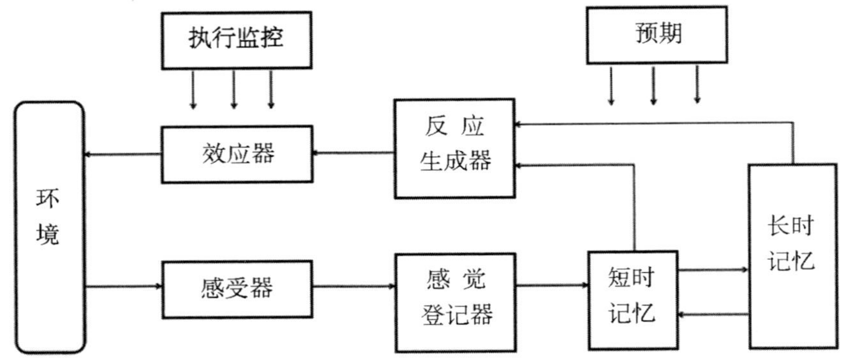

图 2.5 信息加工理论的学习与记忆基本模型

如图所示:学习的外部条件,即外部环境信息刺激学习者,使得学习者的感受器得到激活,之后传入学习者的中枢神经系统。信息在感觉登记器中登记,然后转化成学习者可以辨别的图式或者模式进入短时记忆。短时记忆中储存的信息保持时间短,很容易遗忘,需要进一步编码,与学习者的知识结果建立联系,才能进入长时记忆中进行存储。长时记忆中的信息保持时间长,信息或知识能够永久地储存在学习者的头脑中。只需要相关的刺激,学习者就能快速地从头脑中提取相关的信息。提取出来的信息直接通向反应生成器,从而产生反应并通过效应器转化为行为,能够被外部人员观察,从而确定学习的效果。

图 2.5 还包括两个重要结构,即执行监控和预期。执行监控指的是学习者的认知策略,比如如何对信息编码、如何提取控制信息等。预期是学习者期望达到的目标,也可以是学习动机。这两个结构影响着学习者学习的整个过程。

---

① 加涅,布里格斯,韦杰. 教学设计原理[M]. 上海:华东师范大学出版社,1999.

2. 九段教学事件

从图 2.5 中可看出，外部事件能够影响学习者学习的内部活动。所以应该结合学习的内部条件合理设置外部环境事件。加涅提出了九段教学事件，用来支持学习者的内部学习过程。九段教学事件分别为引起注意、告知教学目标、对先前知识的回忆、呈现刺激材料、提供学习指导、诱发学习行为、提供反馈、评估作业、促进记忆与迁移。

引起注意可以使用多媒体的形式，比如视频、音频、图片、动画等引起学习者多感官的参与，激发学习者的学习兴趣，把学习者的注意力引入教学中。告知教学目标是让学习者明确要达到的预期目标，使得他们的学习具有方向性。对先前知识的回忆指让学习者回忆先前学习过的相关知识，好让学习者在新、旧知识之间建立联系，这有利于学习者知识结构的建构和重组。呈现刺激材料就是利用加涅的内部信息加工理论，通过学习的外部条件刺激学习者内部的学习。在学习者学习相关知识时，教师作为指导者指导学习者的学习，体现了教师主导、学生主体的原则。学习者把相关的知识概念存储在自己的头脑中。教师提供相关的问题，激活反应组织，诱发学习者的学习行为；之后根据学习者的反应行为提供相应的反馈，使得学习者主动监控和调整自身的知识结构。教师布置相关的作业，学习者为完成作业提取知识结构中的知识，再表现出行为，同时强化知识。最后总结学习的知识内容，使得知识概括化，这有利于学习者对知识的记忆和迁移。

3. 学习结果分类

加涅将学习结果分为五种类型，即智慧技能、认知策略、言语信息、动作技能和态度。智慧技能指学习者能够执行头脑中符号上控制的程序，也可以说执行程序性知识的行文表现。认知策略是学习者对自身学习的过程加以控制的方法和手段。言语信息就是学习者能够阐述自身头脑中的概念信息、事实等。动作技能就是有组织、有计划地完成相应动作的骨骼肌运动。态度就是学习者对事物的态度、喜好、学习动机等，能够影响学习者做出个人选择。

（二）瑞戈鲁斯的精细化理论①

美国教学设计专家瑞戈鲁斯提出的精细化理论以认知学习理论为基础，强调对教学内容的组织与排序。该理论将知识分为任务知识和领域知识。任务知识为学习者完成某个任务需要掌握的知识。领域知识是指学科领域中的知

① 瑞戈鲁斯，杨非. 细化理论：学习内容选择和排序的指南[J]. 开放教育研究，2004(2)：23－26.

识。对于任务知识,精细化理论主要针对复杂的任务,采用螺旋式内容呈现形式,由简单到复杂,逐步完成复杂的学习任务。任务分为过程任务和启发任务。过程任务是指学习者为完成任务需要执行怎样的步骤。启发任务是指学习者学习在什么时候做什么事情。对于领域知识,精细化理论认为领域知识有两种形式:一种是概念,即"是什么";另一种是理论,即"为什么"。

图2.6展示了精细化理论的内容。前面提到了知识内容的分类,接下来对内容排序方法进行介绍,内容排序方法有概念细化方法、理论细化方法和任务细化方法。

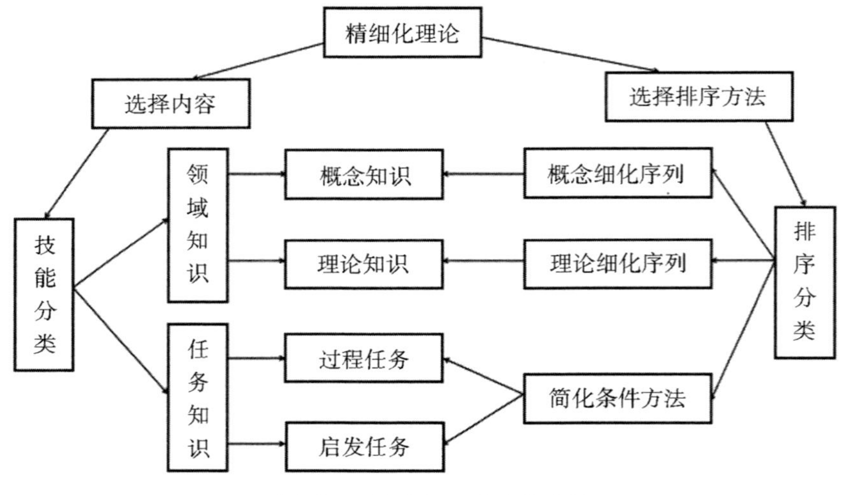

图2.6　精细化加工理论模式图

概念细化方法就是利用概念图,先学习较宽泛的概念,再逐步学习更细化的概念,直到学习所要求的细化概念为止。概念结构图中概念的学习顺序可以是从一条概念的分支开始,再学习另一条概念分支;也可以先学习一个层次的概念,再往下学习更低层次的概念。

理论细化方法是对一些反应概念之间关系的规则或原理进行细化分析。理论有宽泛的形式和具体的形式,所以也可以利用与概念结构图相似的理论结构图来细化理论。理论细化方法主张先学习宽泛的理论,再学习更细化的理论。理论结构图中内容的学习,与概念图中内容的学习顺序一样,可以采用主题形式分开学习每个理论路径,也可以采用螺旋式模式先学习同层次理论,再往下学习较细化的理论。

精细化理论采用简化条件法来细化任务知识。任务细化方法是指先学习任务的简单形式,再学习该学习任务的复杂形式,每次学习的任务都是完整的任务。由简单形式的任务转为复杂形式的任务,可以通过在简单任务中添加条件和其他因素的手段来实现。过程性任务主要是决定什么时候学习什么步骤。启发性任务主要是决定什么时候学习什么规则和原理。

总的来说,精细化理论主要是描述教学内容的选择和排序,对教学设计中的教学内容分析环节有着重要的指导作用,但没有体现对实际教学过程的指导性。

(三)乌美娜的教学设计原理①

1. 教学设计的基本理念

(1)坚持以人为本

教学设计,一方面要以学习者为中心,注重学习者的全面发展和社会发展的需要。从本国国情出发,根据国家和民族的长远利益,把学习者培养成为社会主义事业的建设者和接班人,提升学习者的创新能力、问题解决能力和科学探究能力,培养学习者的家国情怀和承担社会责任的意识,帮助学习者树立正确的价值观。另一方面要注重学习者的个性化。每个学习者都是一个独立的个体,都有着自身的学习风格、知识水平、认知特征和身心发展特点。在教学中应推进个性化教学、促进因材施教,增强学习方法的选择性和学习的自主性,尊重学习者的个性和特长。

(2)注重整体改革

教学设计是一种系统性工作,要考虑教学设计中各元素之间的联系和元素与教学系统的联系。教学系统是由一定数量的、相互关联的部分组合起来的。教学系统各环节之间相互联系、相互影响,使得整个教学系统有效地运转。教育组织是一个复杂的系统。教学活动受到多种因素的影响和制约,比如学校的学习环境、当地的发展水平、学习者的文化背景和家庭背景、教育设施情况。教学过程中需要对这些因素加以考虑,以提高教育教学的科学性。

(3)强调因地制宜

在教学设计开展之前和开展过程中必须综合考虑环境因素、教学资源、学习者自身特点等因素。中国地大物博,不同地区的环境、条件和学习者特点都不一样,不能统一使用一致的教学方式,否则将导致水土不服。各地区的文化是多姿多彩的,人们的思想观念也会有差别,教学应该因地制宜,即根据地方特色、文化类型、发展条件、学习者情况等因素合理地设计符合当地教育教学的教

① 张祖忻,章伟民,刘美凤. 教学设计:原理与应用[M]. 北京:高等教育出版社,2005.

学方式,促进教育教学的发展。因地制宜的原则还要求教学设计中兼容各种教学和学习理论,选择运用适合的教学媒体、适合的信息表达方式和教学策略。

(4)勇于创新实践

经典的教学设计模式、教学策略、学习方法有各自的优势,也有不足的地方。教学设计是根据真实的教学问题而提出的,但在教育教学发展过程中,面临的教育教学问题不是一成不变的,是千变万化的。对于今天的教学问题,传统的经典的教学设计模式可能不适用。因此在面对新的教学问题时,不仅要综合运用各种经典的教学设计,也要针对当前的教学问题提出新的策略,这就需要勇于创新实践的精神。

2. 教学设计的基本内容

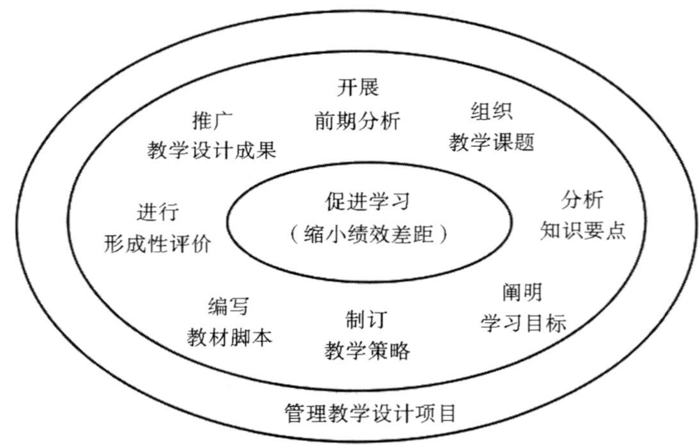

图 2.7　乌美娜的教学设计的基本内容

乌美娜的教学设计的基本内容有:(1)开展前期分析。这项工作包括分析教学目标有哪些、教学目标的设置依据、学习者当前的水平与教学目标的差距有多大、需要考虑哪些学习者特征、对当地环境和文化背景的分析、分析资源条件和明确教学问题。(2)组织教学课题。这项工作包括选择相关的教学理论和学习理论、明确教学策略、选择并按顺序排列组织课题、创设学习环境。(3)分析知识要点,主要是分析课题包含什么知识点、陈述性知识和程序性知识有哪些、学习者是否具备相应课题的知识基础。(4)阐明学习目标,包括期望学习者掌握的知识、技能有哪些,期望学习者形成什么态度。(5)制定教学策略,包括教学活动的设计和顺序安排、教学方法的选择、教学媒体的组合。(6)编写教材脚本,即根据学习者特点、教学目标、课题、知识要点和教学策略设计教学媒体和教学信息,供教学开发团队制作教材的脚本。(7)进行形成性评价,包括明确

教学设计的评价标准、选择评价方法和工具、明确收集什么评价资料、分析相关的评价数据、判断学习效果是否改善、提出教学修改意见。(8)推广教学设计成果，包括向目标用户宣传教学设计成果、说明相关注意事项。(9)管理教学设计项目，包括制订管理计划、监控项目的实行、加强设计团队的沟通。

(四)李克东与谢幼如的多媒体组合教学设计理论①

多媒体组合教学设计理论强调在教学过程中，现代教学媒体与传统媒体有机结合，遵循相关的教学设计理论和方法，结合实际情况，采用多媒体组合的方式教学。多媒体组合教学设计的理论基础有加涅的认知学习理论、教育传播理论和系统科学方法论。

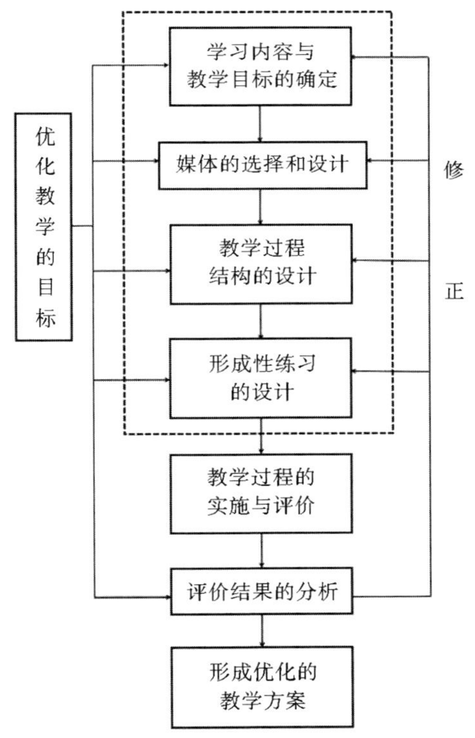

图 2.8　多媒体组合教学设计理论的基本内容

1. 多媒体组合教学设计的基本原理

多媒体组合教学设计的基本原理有目标控制原理、要素分析原理、优选决策原理和反馈评价原理。

① 李克东，谢幼如. 多媒体组合教学设计[M]. 北京：科学出版社，1992.

(1)目标控制原理:教师的活动、媒体的选择和学习者的反应要受到教学目标的控制。教师根据教学目标执行教学活动。教学目标是评价学习者的学习效果的标准。评价结果要反馈给教师,从而对教学过程进行调节和控制。教学媒体要根据教学目标有效传递教学信息。

(2)要素分析原理:分析教学系统中的重要元素及它们之间的联系。教学系统有输入系统、学习者和输出系统三个子系统。输入系统包括教师、教学内容、媒体和教学方法,学习者主要是学习者的身心特点和基础知识,输出系统包括学习态度、学习行为和认知程度。

(3)优选决策原理:对各种可待选择的教学问题解决方案进行分析、比较、评价,选择最优的解决方案。教学问题解决方案主要包括媒体的选择和教学过程的设计。

(4)反馈评价原理:进行评价标准的设计,评价信息的收集,获得反馈信息,调节和控制教学过程。

2. 多媒体组合教学设计的基本内容

(1)学习内容和教学目标分析

多媒体组合教学设计的学习内容分为事实、概念、技能、原理和问题。教学目标的确定要考虑社会需要、学习者特征和具体学科的特点。学习内容和教学目标相互联系。根据学习内容的复杂程度和教学目标的层次高低,形成了学习内容和教学目标的二维层次模型。

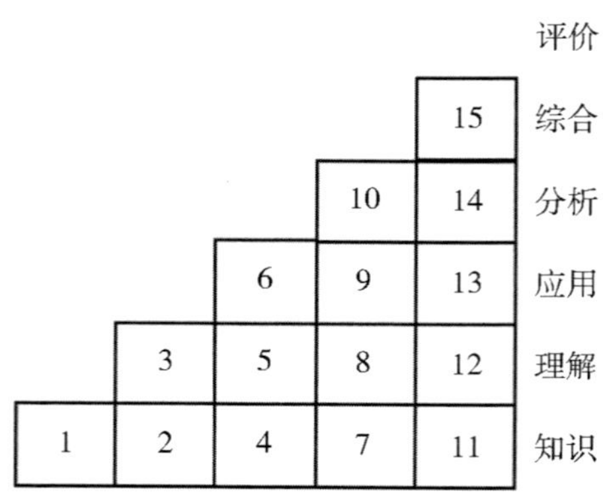

图 2.9　学习内容和教学目标二维层次模型

如图 2.9 所示,横轴表示学习内容的不同类型,从左到右由简单到复杂,纵轴表示认知领域的教学目标的六个不同层次,从下到上由低水平到高水平。在

该模型中,每一个单元格都是学习内容和教学目标的结合体;二维层次模型按照单元格排序,循序渐进,从简单到复杂;前一个单元格的内容是后一个单元格的内容的基础,显示了不同的学习内容要达到的认知层次。

(2)教学媒体的选择

现代教学媒体有计算机、幻灯片、电子白板、投影仪、扫描仪、课件、电视等。教师要先了解各种媒体的特性、功能和不足的地方,然后根据学习内容和教学目标选择合适的媒体或者综合运用多种媒体来记录教学信息、传递和再现教学信息,刺激学习者调动各种感官参与学习,促进学习者的学习。

(3)教学过程结构的设计

教学过程结构设计就是将教学过程中的各个元素有机地结合起来,使教学过程结构发挥最佳的功能。教学过程结构要素有教师、学生、教学内容、教学媒体。在组织课堂教学结构时,要遵循教师主导、学生主体、提供明确的知识结构、加强师生的互动性等原则。教学过程结构的设计包括教师主导活动的设计、学生参与活动的设计、教学内容知识结构的设计和教学媒体运用方法的设计。

(4)学习评价

学习评价根据教学目标制定评价标准,选择评价方法和评价工具,获取评价客观的资料,采用科学的量化方法对评价资料进行量化,分析量化数据,得出评价结论,检查教学目标实现与否,做出价值性判断并提供反馈,从而调整和控制整个教学过程。

(5)教学效果分析

教学效果的分析主要是分析学习者的学习行为、学习态度和学习水平。对学习行为的分析可以通过结构化观察的方法来实现,如分析学习者的参与性、思维活跃性、讨论合作情况等行为。对学习态度的分析,主要考察学习者的学习兴趣、学习热情等,可以采用问卷调查的形式来获得资料并分析数据。对学习水平的分析,可以通过总结性测验来实现,主要考察经过多媒体组合教学之后,学习者的学习是否达到预期的教学目标,学习者达到怎样的学习水平,学习者的状态怎么样。

第二节　信息技术课程教学设计

一、基于理解的信息技术教学设计①

（一）提出背景

当前的信息技术课程教学重视技能训练，强调信息技术课程的工具性，从而忽视信息技术课程中蕴含的学科原理、方法和对社会意义的理解。传统的信息技术课程的教学方式是给学习者演示软件工具的操作，学习者练习模仿软件工具的操作。对于学习者来说，他们只是知道了如何操作软件工具，却不明白为什么要这样操作，软件工具有什么功能、作用和意义。技术化的课程取向脱离了学习者的理解和需求，忽视了技术背后的原理性知识，学习者没有掌握技术背后所蕴含的方法和规律。② 而且一味地追求机械化学习，忽视自主探究能力和问题解决能力的培养，学习者无法将学到的知识和技能运用到现实情境中去，难以实现知识的迁移和灵活应用。当今信息技术课程追求学习者核心素养的培养，而传统的注重技能训练的教学形式不能促进学习者核心素养的形成。为了着重促进学习者的理解，于是有学者提出了基于理解的信息技术教学设计。

（二）理解性教学概述

1. 理解的内涵

理解可以界定为迁移的能力、类比和知识的体系化。迁移的能力是指学习者能够利用所学知识、技能、思维方法等来解释其他情境中的问题或者运用所学知识、技能、思维方法于真实情境中解决问题的能力。类比是指学习者能够举一反三，能够总结归纳相似情境中概念的本质与特性。知识的体系化就是学习者主动建构自身的知识结构，用头脑中原有的知识去理解新知识和新内容，使得新知识和旧知识能够建立联系，促进知识的体系化。

2. 理解的维度③

（1）解释：主要回答“是什么？ 为什么？ 应如何？”一类的问题，指学习者能

---

① 威金斯，麦克泰格. 追求理解的教学设计：第 2 版［M］. 闫寒冰，宋雪莲，赖平，译. 上海：华东师范大学出版社，2017.

② 陈明选，徐旸. 论理解取向的信息技术课程教学设计［J］. 现代教育技术，2014（3）：25 – 32.

③ 吴新静，盛群力. 理解为先促进设计模式：一种理解性教学设计的框架［J］. 当代教师教育，2017（2）：40 – 47.

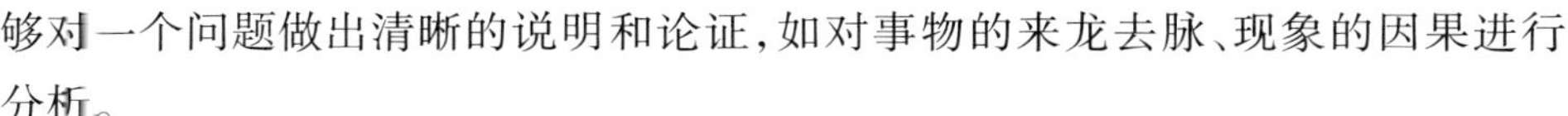

够对一个问题做出清晰的说明和论证，如对事物的来龙去脉、现象的因果进行分析。

(2)释义：主要回答“意义是什么？为什么重要？与自己有什么联系？”一类的问题，指学习者用自己的语言来描述事物和揭示事物的意义，以讲述的方式发表自己的理解。

(3)应用：主要回答“怎么应用知识和技能？什么时候运用？如何调整以适应新的情境？”一类的问题，也就是学习者将所学的知识、技能、思维方法等应用到新的情境中或者利用所学的知识、技能、思维方法等解决真实问题，也就是所谓的知识迁移。

(4)洞察：主要回答“这个观点的立场是什么？有什么局限性？是否有不同的观察角度？”一类的问题，指学习者能够从不同的视角分析问题或者事物，带着批判性的态度去探究问题或者事物。

(5)移情：主要回答“我怎么看待这个问题？如果是我，我会选择怎么做？别人如何理解这个问题？”一类的问题，指一种能深入体会他人情感和观点的能力，能够把自身的认知与他人的看法进行比较，并加以借鉴和完善。

(6)自知：主要回答“我已经理解什么？还有哪些不足？我是如何理解的？”一类的问题，指学习者对自己的认知过程和学习情况有清晰的认知，了解自己的优势和不足，调整与改进自身不足的地方，逐渐完善自身。

3. 理解性教学的逆向设计逻辑思路

理解性教学的逆向设计是先确定预期的学习结果，也就是教学目标，然后根据学习结果确定评估标准和方式，最后再综合考虑学习结果和评估方式来规划相关的教学活动。逆向教学设计过程分为三个阶段，即明确预期的学习结果、确定达标的证据、安排相关的教学活动。

(1)明确预期的学习结果

预期的学习结果是指根据课程标准和需要要求学习者深入理解的内容，明确预期的学习结果，主要有三个方面的工作，即确定学习迁移的能力、确定意义建构的内容和确定需要掌握的知识技能。

确定学习迁移的能力。学习迁移强调学习者能够独立自主地将已获得的知识、技能、思维方法等运用到真实情境中或者运用已获得的知识、技能、思维方法等解决具体的问题。

确定意义建构的内容。意义建构就是学习者把头脑中原有的知识与新知识建立联系，从而对自身的知识结构进行调整和整合，形成系统化知识，便于知识的提取。意义建构的内容包括深入持久理解的内容和核心问题。深入持久理解的内容包括能够被迁移的内容，位于学科中心的重要观点和核心过程，抽象的、非直观的、需要去揭示的重要观点，融入了重要观点的事实、技能和学习活动。核心内容包括能够引导学习者探讨、需要深入持久理解的内容，引人深思、没有固定答案的问题，能够激起学习者从不同视角分析的问题，能够提供学习迁移机会的问题。

确定需要掌握的知识和技能。知识和技能就是学科中的基本知识和基本技能，对基本知识和技能的掌握是意义建构和学习迁移的基础。

(2)确定达标的证据

在规划教学活动之前，需要确定能够证明学习者已经获得理解的有效证据，这样就使得教学活动不会偏离教学目标。这个阶段的任务有选择合适的评估方式、设计真实的情境任务和制作评估量表。

选择合适的评估方式。非正式的评估方式有课堂观察、口头提问、课堂讨论、自我评估、同伴评估等。正式的评估方式有随堂测试、学期考核、任务与项目等。评估方式的选择取决于预期的学习结果，即第一阶段的内容。学习结果分为三种，应根据每种学习结果合理地安排评估方式，可以综合使用多种评估方式，以提高评估的准确性。

设计真实的情境任务。真实的情境任务具有以下特征：(1)真实性，即真实的情境任务是现实生活中面临的真实问题；(2)提供学习者发挥创新能力的机会；(3)考察学习者综合运用知识技能解决问题的能力；(4)为学习者实践学习经验、获得学习反馈、优化学习表现等提供机会。设计真实的情境任务需要考虑任务的目标、任务的职责、任务服务的对象、任务的发生情境、任务的最终成果和任务的评估标准。

制作评分量表。评分量表由评分指标、评分等级和评分描述组成。

(3)安排相关的教学活动

逆向设计提供了一个安排教学活动的操作流程：目标—激发—探究—反思—评估—设计—组织。下面简单介绍一下这些流程。

明确教学目标，即教师在开展教学活动之前，让学习者清楚他们需要达到的目标、需要完成的任务和所学的教学内容等。

激发学习意愿，即教师在教学活动中安排真实情境任务和学习体验，激发学习者的学习积极性。

逐步探究主题，即教师利用一些教学方法帮助学习者探究核心问题，掌握基本思想和概念。

反思学习过程，即教师给学习者提供反思和再思考的机会，逐步完善自身的学习。

评估学习所得，即教师鼓励学习者自我评价和自我总结学习所得和遇到的学习难题。

设计多元风格，即根据学习者的兴趣、爱好、学习风格、知识背景等安排多元的教学内容、教学方法和评估方法。

组织教学活动，指教学活动展开的逻辑方式。教师可以选择相应的逻辑方式组织和开展教学活动。

（三）基于理解的信息技术教学设计

1. 信息技术的理解

信息技术的理解是指让学习者不仅掌握信息技术学科的知识和技能，也要重视总结和归纳信息技术运用的一般规律和方法，并将知识、技能、规律和方法应用到真实情境中，实现知识的迁移，促进知识的建构，提高信息素养。

2. 基于理解的信息技术课程内容的选择

基于理解的信息技术课程内容分为科学原理与方法、社会学、信息技术三个部分。

（1）科学原理与方法部分

科学原理与方法部分一方面是指信息技术背后的一般性原理和方法。信息技术课程不仅强调信息技术操作，还强调操作背后的科学原理和方法。另一方面是指信息科学原理和基础知识。信息科学原理是信息技术学科自身发展过程中逐渐演化和生成的。基础知识是指信息技术中相对基础的知识，比如多媒体技术原理。

（2）社会学部分

社会学部分是指学习者在信息社会中应该具有的情感、态度和价值观，包括个体对使用信息技术的态度、是否愿意使用信息技术解决问题、对信息技术在社会生活中的价值和功能的理解、对使用信息技术的原因的思考，等等。

（3）信息技术部分

信息技术部分是信息技术课程的核心部分，包括信息技术一般性原则和方法、信息处理的一般性过程与方法。

信息技术一般性原则和方法指信息技术操作之间的相似性和通用性，主要包括：通用的元素，如窗口、对话框等的普遍性意义和功能；通用的功能，如同类软件、平台功能的通用性；通用的操作，如替换、复制。

信息处理的一般性过程和方法包括信息处理的过程，如获取信息、管理信息、整合信息、评价信息和创造信息等；还包括信息处理的认知能力和技术能力。认知能力有分析能力、综合能力、决策能力。技术能力主要是信息技术设备的操作能力。

3. 基于理解的信息技术课程教学设计

根据理解性教学的思想和方法,针对信息技术课程教学的实际,刘向永等人提出了基于理解的信息技术课程教学设计框架,如图 2.10 所示。

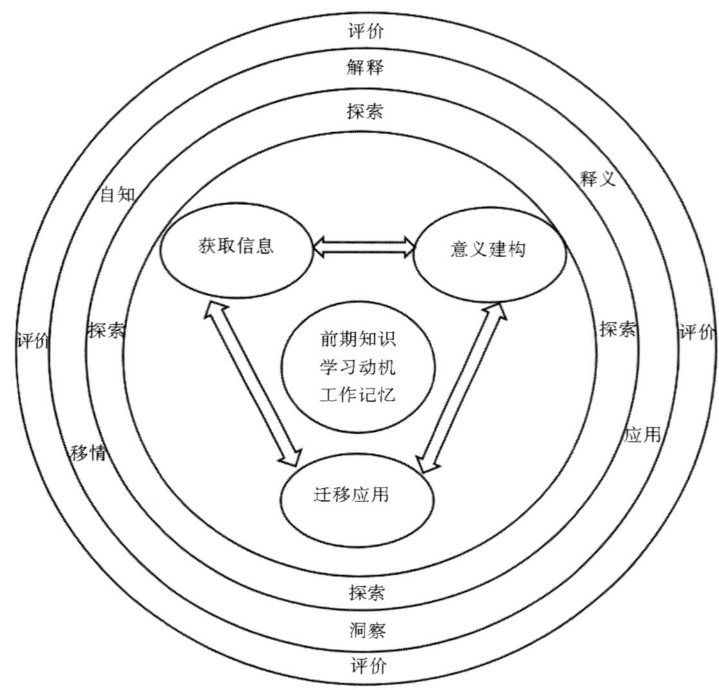

图 2.10　基于理解的信息技术课程教学设计框架

(1)学习要素

基于理解的信息技术教学设计的学习的三个要素是前期知识、学习动机和工作记忆。前期知识包含新知识学习的预备知识和关于新知识的前概念。学习动机是学习发生的重要因素。学习的发生来源于工作记忆的分配,前期知识影响工作记忆的分配能力,学习动机引导工作的分配。① 所以在进行基于理解的信息技术教学之前要先了解学习者的知识基础,通过创设真实的教学情境或者提出真实的问题等手段来激发学习者的学习动机。

(2)学习环节

① 刘向永,唐瑞,徐旸,等. 理解取向的信息技术课程教学设计框架和实验研究[J]. 电化教育研究,2014(11):78 - 82.

基于理解的信息技术教学设计的学习环节由获取信息、进行意义建构和迁移应用环节组成。与以往的教学设计不同，基于理解的信息技术教学设计过程不一定是获取信息—进行意义建构—迁移应用的线性过程，也可以是非线性的过程。也就是说，可以让学习者先获取信息，再进行意义建构，最后迁移应用；也可以让学习者先迁移应用，使学习者在迁移应用的过程中获取信息和进行意义建构。学习环节的非线性容易调动学习者的学习动机，充分调动学习的三个要素。在教学活动设计过程中，要科学安排获取信息、进行意义建构和迁移应用这三个环节。

（3）教学目标

促进学习者理解是教学的核心目标，理解的六个维度分别是解释、释义、应用、洞察、移情和自知。基于理解的信息技术教学设计可以结合基于理解的信息技术课程内容的选择和理解的维度确定理解性教学目标。

（4）探索和评价

探索能够激发学习者的学习动机和学习主动性，有利于学习者对知识的深度理解，也能够反映知识不是孤立的。综合运用知识去解决真实情境中的问题，体现了知识的有用性和价值性。

教学评价伴随教学的始终，应将形成性评价和总结性评价相结合。教师要重视采用形成性评价评价学习者的学习，并给他们提供反馈。学习者根据反馈结果调整自身的学习，促进对知识的理解与运用。

二、基于项目的信息技术教学设计

（一）项目

对“基于项目的教学”进行界定，首先应当明确“项目”的定义。

词典中对“项目”的解释是“事物分成的门类”。近年来，人们常把英文中的“project”译为“项目”。“project”的词源是拉丁文中的“projicere”，原意是“按既定的去做”，含有“计划、设计、规划”等含义。因此，在这种解释下，“项目”不仅是具有名词性质的“事物门类”，还包含做事情的打算和规划。当“项目”的概念被移植到教育领域，它的这一双重性得到了充分的肯定。

1900 年，美国哥伦比亚大学教师学院劳作教育科的负责人理查德指出，教育领域的“项目”是“那些学生积极参与选择、计划和实施的具有实践性、解决问题特征的任务”。他既强调了“项目”是“有实践性、解决问题特征的任务”，又强调了“学生参与选择、计划和实施”。1918 年，克伯屈在《项目教学法》一书中对项目进行了明确的界定，将项目看作是“在特定的社会环境中所发生的、需要参与者全身心投入的、有计划的行动”。由此可见，教育领域的“项目”与一般的

“项目”在本质上有着相似之处，即既表明事物的门类，又包含做事情的打算和规划。不同之处在于，一般的项目追求的是项目成果，而教学意义上的项目是将对项目成果的追求转换为学生以项目为主线进行探索的内驱力，后者真正追求的是学生在获得项目成果过程中各方面能力的提升。

在国内，许多教师和教育专家对“项目”的理解也不尽相同，以下是几个比较有代表性的定义：

1. 刘景福、钟志贤认为，“项目”就是以制作作品并将作品推销给客户为目的，借助多种资源，并需在一定时间内解决多个相互关联的问题的任务。①

2. 高志军、陶玉凤认为，教育领域的“项目”指的是学生围绕所选主题进行的一系列调查、观察、研究、表达新学知识，展示和分享学习成果等的学习活动。②

3. 夏惠贤认为，“项目”指的是一套能使教师指导学生对真实世界主题进行深入研究的课程活动，具体表现为构想、验证、完善、制造出某种东西。它可以是有形的由学生制作的物体，如书、剧本或一项发明。③

综上分析，项目可以概括为基于真实情境的问题或任务，最终会以作品的形式去解决问题和完成任务。

（二）基于项目的学习

关于“基于项目的学习”的定义，学界有两种观点。

一种观点认为基于项目的学习是以解决问题为导向的学习活动。黎加厚认为基于项目的学习是通过学生参与活动、研究解决问题的过程构建知识体系，并运用到实际生活之中的学习活动。《普通高中信息技术课程标准（2017年版）》将它定义为“学生在教师引导下发现问题，以解决问题为导向开展方案设计、新知学习、实践探索，具有创新特质的学习活动”。

另一种观点将它看作一种教学方法、模式。美国巴克教育研究所将它定义为一种系统的教学方法：通过复杂、真实的问题以及对任务的长期探究，让学生学习知识技能。刘景福、钟志贤认为，基于项目的学习是以学科的概念和原理为中心，以制作作品并将作品推销给客户为目的，在真实世界中借助多种资源

① 刘景福，钟志贤. 基于项目的学习（PBL）模式研究[J]. 外国教育研究，2002，29（11）：18－22.

② 高志军，陶玉凤. 基于项目的学习（PBL）模式在教学中的应用[J]. 电化教育研究，2009（12）：92－95.

③ 夏惠贤. 多元智力理论与项目学习[J]. 全球教育展望，2002，31（9）：20－26.

开展探究活动，并在一定时间内解决一系列相互关联着的问题的一种新型的探究性学习模式。郑大伟、柯清超认为基于项目的学习能让学生在设计项目方案、解决问题、设计作品以及展示交流的过程中学习信息技术的知识和技能，是一种系统化的教学方法。

本书中"基于项目的学习"包含两个层面：一是作为以解决问题为导向的学习活动。在独立的科目（例如信息技术课程）中可以采用基于项目的学习，以项目为主线，围绕项目的确定、实施、评价等环节进行教学设计，实现教学做合一，落实学科核心素养的培养。二是作为教学方法的基于项目的学习。在信息技术课程中，这种教学方法和其他教学方法互为补充，共同为达成教学目标、完成教学任务服务。

（三）基于项目的信息技术教学设计

克伯屈将基于项目的教学分为目的、计划、实施、评价四个步骤，几乎所有对项目教学阶段的描述都是在克伯屈的四个步骤基础上引申出来的。基于项目的教学设计思路，要以项目活动的设计为基本线索，融入教学理论和教学实践的要素，使项目活动成为具有教育价值、符合教学规律的教育活动。也就是说，从教学目标、教学内容、教学流程、教学评价等方面对项目的立项、计划、实施、展示、结项等进行策划。①

1. 立项

良好的开端是成功的一半。立项阶段最根本的任务是：寻找、选择并最终确定一个对学生而言重要的、学生愿意共同去完成的项目。立项阶段包含提出项目倡议、界定项目内涵、形成项目小组、确定项目目标、签订项目协议等具体活动。

（1）提出项目倡议

形成项目的方式多种多样，这里选择实际教学中较为典型的方式进行介绍和分析。

①学生提出项目倡议

学生或学生小组希望开展某一项具体的活动并提出项目倡议。如：有的学生想建立一个自己班级的网站；有的学生想设计一个关于环境保护的海报。他们对这类活动具有极大的兴趣，但是在细节方面没有明确的想法。

由学生提出项目倡议的优点是：倡议直接源于学生，所提出的问题正是学生想要解决的问题，所产生的任务正是学生期盼完成的任务，因而这样的项目

① 普法伊费尔，傅小芳．项目教学的理论与实践[M]．南京：江苏教育出版社，2007.

会让学生发自内心地认同,从而保证学生在整个项目活动中的积极性。这种方式的缺点是:难以保证某些学生提出的倡议能够代表多数学生的愿望;提出的项目活动如果在学习内容、时间上与教学任务产生分歧,就很难得到学校或教师的支持。

②教师提出整体规划

教师事先制订一套较完整的方案,包括项目的主题、项目的流程、学生的分组等。在开展基于项目的教学时,教师向学生介绍整个方案,赢得学生的认同,从而将教师的活动规划转化为学生的活动愿望和活动方案。

这样做的好处是:项目倡议是教师在分析了学生的经验、能力以及学校教学条件的基础上提出的,因此具有较强的可行性,能与教学计划的要求和教学实践的安排更加吻合。但是,教师提出的项目不一定是学生感兴趣的问题,学生的积极性和主动性可能会大打折扣。

③教师设定项目活动的范围

教师设定一个项目活动的范围,然后在师生讨论、分析的基础上选择具体的项目或进行修改后开发出一个能够被大家接受的项目。

这种方式的优点和缺点介于前面两种方式之间。由教师设定项目活动的范围,一般能使项目在较大程度上符合教学计划的要求。师生共同讨论能让学生表达自己的兴趣意愿,主动参与到项目活动之中。与完全由学生提出倡议相比,在教师提出倡议的情况下,学生在开发项目活动时受到的限制更多。

④由外部委托的项目

外部的委托,暗示了对学生能力的信任,能增强学生的自信心、调动学生的积极性,体现了外界对项目成果的期待,有利于学生对项目活动意义的理解和责任感的增强。此外,外部委托的项目通常会有明确的要求。这对学生来说,既是压力也是动力。而且这种项目会有突出的跨学科性,有助于学生在项目活动中进行综合学习。委托的项目有明确的要求,限制了学生开发、设计项目的自由。因此,一般情况下不适宜让初次设计项目教学的学生开展由外部委托的项目活动。

⑤教师和部分学生共同开发的项目

在开展项目教学的前一阶段,教师和部分学生共同讨论和研究开展项目的多种可能性,并把研究的结果通过墙报等形式告知其他学生,征求其他学生的意见,鼓励他们积极参与讨论。教师要让所有学生在项目开始之前都有充分的时间对要开展的项目活动进行思考和讨论。正式进行项目教学时,再由全体同学共同讨论或选择项目。

这种方式可以兼顾教师的经验、教学计划的要求以及学生兴趣等多方面因素，尽可能顾及教师和学生的需要和要求。但是，在开始讨论项目时会把一部分学生排除在外，他们的兴趣可能不被重视，因此可能会挫伤一部分同学的积极性。

因此，在提出项目倡议环节，教师要把握以下几个要点：首先，必须重视学生的需求和兴趣。其次，必须重视项目教学内容与新课程标准中所规定的教学目标之间的关系。再次，必须重视项目教学的特点和活动的可行性。最后，教师必须做好一份“项目活动预案”，即在脑海中预测和模拟一遍项目的程序和项目可能涉及的各个方面，从而掌握项目活动的一些基本信息。

(2)界定项目内涵

①收集和整理关于所选项目的想法

初步决定采纳某一项目倡议后，教师要设置情境，让学生将自己对该倡议的想法表达出来。这一环节中教师和学生应该达成共识，尊重每个人的话语权，让每个人都有机会表达自己的想法，并将所有的想法记录下来，以便为接下来的分析和整理工作提供信息。

②确定项目的主题和基本内容

记录好所有参与者对项目倡议的想法后，就可以用明确的文字确定项目的主题和对主题内容进行进一步界定。这一环节能够明确项目的主题和主题所包含的基本内容。

③分析项目活动的外部条件

在立项之前应明确项目在怎样的环境中开展，即应明确项目活动的外部条件。如果没有适当的人力、物力、财力的支持，再好的项目也无法得到实施。

(3)形成项目小组

项目小组的结合大致可以分为三种类型：

①学生自由结合形成的项目小组

教师向学生们展示项目和子项目的主题，以及拟建立的项目小组，学生将自己的姓名写在感兴趣的项目主题或相应的项目小组之下。

这种做法可以让学生选择与兴趣相对应的项目，使他们在活动当中更有活力。然而，有的学生可能会因为彼此关系较好而不是因为兴趣相同进入同一个项目小组，有时候还会出现小组成员过多的情况。

②教师分配学生进入相应的项目小组

教师在分析了子项目以及明确了对每个小组成员的要求以后，结合对每个学生的兴趣、特长、能力和性格等情况的了解，将学生分配到相应的项目小组中去。

采用这种方式,能够顾及每位学生在项目活动中可能表现出来的专业方面、社交方面、情感方面的特点,小组的组织较为均衡。但是,学生无权选择自己的合作伙伴,只能在分配到的小组里为了同一个目标而互相理解、合作。

③随机产生项目小组

通过一些辅助手段随机建立小组,如采用抽签法。这种方式的优点在于学生被随机分组,与不熟悉的人共同完成任务有可能打破思维定式;缺点在于这种随机搭配在大型的项目活动中可能会阻碍活动的正常进行。

(4)确定项目目标

项目小组成立之后,首要活动是小组的所有成员要商定共同努力的方向,即明确子项目的目标。对项目活动的进程而言,这可以清楚地指明项目发展的基本方向;对小组组员而言,这是个体自我约束和自我激励的基石。

(5)签订项目协议

签订项目协议一方面是为了对立项阶段各个环节所达成的共识进行进一步的确认和书面记录,另一方面是为了搭建计划、实施和评价项目活动的一个基本框架。以下内容可以考虑列入协议书之中,在实际教学中可进行必要的筛选:①项目主题;②有关项目组织的描述(子项目、小组及其基本任务);③有关项目产品的描述(什么产品,具有什么功能、用途等);④有关项目基本活动的描述(计划、实施、展示、评价等);⑤有关时间限制的协议(完成项目的时间);⑥项目委托方的一些承诺(提供必要的场所、材料、资金等);⑦项目小组的一些承诺(团队合作、按时完成项目等)。

2. 计划

计划是项目管理的核心部分,计划的周密合理性会影响项目活动开展的稳定性,影响项目成果的质量。这一阶段,教师要了解和学习制订计划时可以采用的方法,围绕要达成的目标,从专业要求和活动流程来分析和确定计划的各个要素。

(1)确定项目活动的内容

在立项过程中,小组成员已经明确了项目活动的基本方向。下一步要做的是将目标和结果进一步细化和具体化,再针对每一个具体的目标,明确所要采取的具体措施,这些具体措施构成了项目活动的内容。所确定的项目活动内容必须满足如下要求:①必须是具体的活动;②具有可掌握性和可检验性,即具有可行性;③对学生有吸引力,被学生认可,并且能调动学生的积极性;④与学生的实际能力相符;⑤能明确什么时候该完成什么任务。

(2)制订项目的流程计划

制订项目流程计划不仅可以提供项目活动的逻辑和结构顺序，而且能够保障项目活动的顺利实施。具体分为以下步骤：第一，准备好有关项目的目标、内容的所有资料，了解项目活动内容及其相互间的关系。第二，以结果为导向，按照各项目的活动内容确定相应的顺序。第三，所确定的顺序得到项目小组成员共同认可后，以文字、图表等方式保存。第四，针对每个活动阶段，进一步细化和明确具体的任务。第五，在各阶段的主要活动都已确定之后，进行核对检查，避免遗漏。第六，整理记录。

(3)制订项目的时间计划

制订时间计划有利于把握项目各阶段的时间进程，保证按时完成任务。制订时间计划时要注意指导学生预留机动时间，以便进行回顾和反思。

(4)制订项目的人员计划

制订人员计划就是要将计划流程中所确定的各项活动、责任和任务分配给每个项目小组或项目参与者，对参与者的数量和项目的任务进行统筹安排，以便形成一个清晰的组织结构。

(5)制订项目的材料和成本计划

项目计划中还应包括对项目活动所需的现有物质条件的认识和规划，明确项目需要哪些必要的材料、技术条件。具体而言，师生应具体明确项目活动对教学场所和设备的要求，对材料、工具、仪器的要求等。

(6)制订项目的组织计划

为确保计划得以顺利实施，必须制订项目的组织计划。在组织计划中应当明确以下几个方面：①小组内部进行交流和交往的规则；②每个项目参与者的角色和作用；③调控的方式、解决矛盾和冲突的原则、项目暂停的条件；④对项目及项目产品进行评价的标准；⑤在校外学习场所的行为规范，和校外辅导人员打交道的原则；⑥对项目的书面记录和对外展示活动的预期计划；⑦使用各种资源协助项目实施的计划。

(7)计划的成文

根据上述分析，撰写项目计划书。在信息技术课程项目式学习中，根据项目的复杂程度，项目计划书可适当略写前面所述条目，但必须条理清晰、逻辑严密、分工明确。

3. 实施和展示

这一阶段的具体目标是将计划落实为行动，制作项目作品，并展示成果。

(1)项目教学的实施

任何类型的项目,都包含以下四个典型的实施步骤:

①准备材料。包括收集信息、研究原理、获得材料等。具体的活动有查阅参考书、在网上进行调查研究、参观考察等。

②对获得的材料和信息进行评价和加工。例如收集和整理文字材料、加工图片等。

③制作项目作品。

④协调、反思和调控。要求参与者在项目实施过程中对整个流程不断地进行思考,保障计划顺利进行。

(2)项目成果的展示

对项目作品的展示,不仅具有教育作用、评价作用、信息传递作用,同时也意味着对项目参与者所做努力的一种肯定。

4. 结项

结项阶段要检查项目活动究竟已经达到了哪些预期的目标。无论以哪种方式结项,都应当包含以下内容:

(1)整理和完善项目活动档案

项目活动档案是教学评价的重要依据,也是项目展示活动和对外宣传的基础材料。整理和完善项目活动档案有助于对项目活动进行实时的监控和调节,有助于丰富学生的项目学习经验。

(2)进行项目评价

对项目的评价应当包含两个方面:一方面是对项目结果的评价,即对所完成的项目作品进行评价;另一方面是对项目过程的评价,即对制作项目作品的整个过程进行评价。无论是结果评价还是过程评价,都可以采用自我评价和他人评价两种形式。

(3)对项目参与者进行成绩评定

在基于项目的教学活动中,仅通过打分或考试的方式来获得学生的成绩是不妥当的。学生在项目教学活动中所得到的成绩反映的不仅是学生某些知识的增长,也反映了学生综合能力的发展。可以采用答辩的形式对学生进行考核:由教师、专家或学生代表组成答辩委员会,听取学生对项目活动过程和项目作品的介绍、学生的自我评价,进行询问和考察,然后依据事先与学生共同商定的评分表给学生打分。

(4)正式结项

对项目作品和过程的评价,以及对学生的表现和成绩的评价是结项的前提条件。结项的内容和做法一般包含以下几个方面:

①对项目的启动、项目的主要任务和目标进行回顾;

②对项目活动所获得的成果进行总结和评价;

③对结果和成绩进行强调,突出项目的独特之处和意义;

④从教学方法的新颖角度对项目教学活动进行评价;

⑤讨论和确定项目活动的后续措施。

参考文献:

1. 何克抗,林君芬,张文兰. 教学系统设计:第2版[M]. 北京:高等教育出版社,2016.

2. 史密斯,雷根. 教学设计:第3版[M]. 庞维国,屈程,韩贵宁,等译. 上海:华东师范大学出版社,2008.

3. 加涅,布里格斯,韦杰. 教学设计原理[M]. 上海:华东师范大学出版社,1999.

4. 张祖忻,章伟民,刘美凤. 教学设计:原理与应用[M]. 北京:高等教育出版社,2005.

5. 李克东,谢幼如. 多媒体组合教学设计[M]. 北京:科学出版社,1992.

6. 张立新,张丽霞. 基于学习理论的教学内容分析和组织技术[J]. 电化教育研究,1998(6):27-32.

7. 瑞戈鲁斯,杨非. 细化理论:学习内容选择和排序的指南[J]. 开放教育研究,2004(2):23-26.

8. 陈明选,徐旸. 论理解取向的信息技术课程教学设计[J]. 现代教育技术,2014(3):25-32.

9. 吴新静,盛群力. 理解为先促进设计模式:一种理解性教学设计的框架[J]. 当代教师教育,2017(2):40-47.

10. 刘向永,唐瑞,徐旸,等. 理解取向的信息技术课程教学设计框架和实验研究[J]. 电化教育研究,2014(11):78-82.

11. 夏惠贤. 多元智力理论与项目学习[J]. 全球教育展望,2002,31(9):20-26.

12. 郑大伟,柯清超. 信息技术支持的项目学习[M]. 北京:人民教育出版社,2010.

13. 普法伊费尔,傅小芳. 项目教学的理论与实践[M]. 南京:江苏教育出版社,2007.

14. 高志军,陶玉凤. 基于项目的学习(PBL)模式在教学中的应用[J]. 电化教育研究,2009(12):92-95.

15. 刘景福,钟志贤. 基于项目的学习(PBL)模式研究[J]. 外国教育研究,2002,29(11):18-22.

16. 威金斯,麦克泰格. 追求理解的教学设计:第2版[M]. 闫寒冰,宋雪莲,赖平,译. 上海:华东师范大学出版社,2017.

第三章　信息技术课程学习理论

本章拓展思考问题：

1. 从学习者的角度，如何理解“教育不是灌满一桶水，而是点燃一把火”这个观点？

2. 如何帮助学习者为自身学习能力和学习风格画像？

3. 如何解决学习者之间的差异性问题？从学习科学角度看，教育改革中的学习者分流是否具有充分的理论依据？

第一节　学习科学基本理论

近年来，随着学习科学研究的不断深入与教育实践的不断发展，学习科学研究不仅为整个教育系统的变革提供了全新的思想资源，而且为教育实践创新提供了许多新的技术、课程与系统的教育干预。在国际范围内，把有关学习科学的最新研究成果引入课堂教学与学习来改革教育实践的呼声日渐高涨，同时这也为我国教育改革与发展提供思想借鉴。

学习科学关注的主要关键问题是：学习的本质是什么，人是如何学习的，以及如何设计有效的学习环境促进深层学习。概括起来讲，学习科学主要研究如何支持和促进人在整个生命历程中的学习活动，通过教学的、技术的和社会政策方面的创新来促进教育的改善。

一、学习者的个性差异①

不同学习者在学习方面会表现出个性差异，比如不同个体对外界信息刺激的感知、注意、思维、记忆和解决问题的方式不同。由此形成了学习者在学习上的不同类型与不同风格，主要表现在时间偏好、感知觉通道、知觉风格、思维方式、左右大脑、动机与情感等方面的差异。研究学习者的个性差异，有助于每个学习者更深刻、更自觉地反思和了解自己的学习个性，找到最适合自己的个性

① 桑新民. 学习科学与技术：信息时代学习能力的培养：第 2 版[M]. 北京：高等教育出版社，2017.

化学习方式,实现学习中的自我意识与自我超越。

(一)个体差异和个性化学习

个别差异(individual differences)又称个性差异、个体差异,通常指个体在内在身心结构和外在行为习惯上所表现出来的相对稳定而又不同于他人的个性特征。课堂教学中,教师忽视学习者的个别差异,会扼杀学习者的个性,收不到好的教学效果。而学习者若不了解自己在学习上的特点,采用与自身特点不符的学习方法,会造成学习的低效。所以,不仅教师要了解学习者的个别差异,学生自己也需要了解自身的学习特点。

我国伟大的教育家、思想家孔子最早关注人的个性差异,提出因材施教的教育原则和方法,强调教学应促进个性发展,培养各类人才。现在我们所主张的个性化教育与孔子所提出的因材施教思想一脉相承,而且个性化教育给因材施教思想赋予了新的内涵。推进个性化教育的根本目的是坚持全面发展与个性发展的统一,培养和促进广大学生真正实现德智体美劳全面发展。实施个性化教育的前提是树立人人成才和培养多样化人才的观念,关爱每位学生,帮助个体进步,并切实培养广大学生的终身学习能力。特别是当下,脑科学关于人类学习机制的研究成果与教育学、心理学等学科的融合,使得学生的学习个性化具有更坚实的科学基础,学生的个性化学习逐渐成为教育指导学生的一种必然行为选择,更加体现出个性化学习在人的发展中的价值。而且,教育技术的发展与环境的变化,为学生个性化学习的开展提供了强大的技术平台和物理环境支持,使个性化学习不仅具有可能性,更成为学校教育对学生发展的一种现实需要。

(二)学习风格差异

由于个体差异的表现是多方面的,因此在对每个学习者做具体分析时,需要特别关注学习风格差异。不同的学习者因个性特征,尤其是认知加工方式不同,而形成了不同的学习风格。所谓学习风格是指学习过程中学习者所习惯、偏好的相对稳定的个性化学习活动方式和学习倾向。学习风格差异对学习活动和学习效果有着十分重要的影响。比如:有的学生善于学习和思考抽象的理论;有的学生则对抽象的理论不感兴趣,而对形象、生动的学习内容情有独钟;有的学生善于在小组中学习和争论;有的学生则喜欢独立学习和在清静的环境中思考。学习风格差异,决定了每个学生对学习内容、学习形式、学习环境和学习要求等有着不同的需求和选择。当学习与自己的风格相适应时,学生会感到如鱼得水;反之,学生会感到难受、痛苦,学习效率明显降低。

根据学习风格制定的教学策略可分为两类:一是与学习风格的长处或学习

者偏爱的方式相一致的匹配策略;二是针对学习风格的短处或劣势采取的有意识的失配策略。匹配策略对知识的获得直接有利,它能使学生学得更快、更多,但无法弥补学习方式或机能上的欠缺。有意识的失配策略在一开始往往会在一定程度上影响知识的获得,表现为学习速度慢、学得少,学生难以理解学习内容,但它能弥补学习方式或机能上的不足,使学生心理机能的各方面均得到发展。有意识的失配与无意识的失配的根本区别在于:前者知道学习风格的短处,明确弥补目标,并设计了具体的弥补方法;后者因缺乏对学习风格的辨别力,不知何为长处、何为短处,更谈不上弥补的目标和方法。

1. 学习风格的要素

有关学习风格的构成要素,不同的研究者有不同的分类。国内学者一般把学习风格的要素分为三大类。

(1)学习风格的生理要素

学习风格的生理要素包括个体对外界环境刺激(如声音、光线、温度等)的偏爱,对一天内时间节律的偏爱,在接受外界信息时对视觉、听觉、触觉等不同感觉通道的偏爱以及左、右脑差异(左脑型、右脑型、左右脑协同型、左右脑混合型)。在以上各种因素中,对学习时间和感知觉通道的偏爱与学生的学习关系较为密切。因此下面重点围绕这两个方面进行分析,并提供相应的学习建议。

第一类,对学习时间的偏爱。

每个学习者都有自己的生物节律,在学习时间上也有不同的偏好,在不同的时间段进行学习会产生不同的效果。根据学习者对不同学习时间的偏好,可将学习者分为以下四种类型。

①清晨型。这类学习者在清晨时头脑清醒,反应敏捷,记忆和思维效率高。

②上午型。这类学习者在四个时间段中,上午学习的效率最高。

③下午型。这类学习者喜欢在下午学习,此时学习效率最高。在四种类型中,该类型的学习者较少,但确实存在。

④夜晚型。这类学习者在夜间大脑高度兴奋,且特别清醒,注意力集中,精力充沛,思维活跃,学习效率特别高。

学习者偏爱在哪个时间段进行学习,受许多因素的制约,其中有些因素如生活习惯是可以调节的。了解自己的时间偏好后,每一个人均应合理、科学地安排作息制度和最佳学习时间,提高学习的效率。

第二类,对感知觉通道的偏爱。

人们接收和加工信息,进行学习,都要借助不同的感觉器官,如用耳朵听、用眼睛看、用手摸。由于个人身心特点的差异,不同的人对不同的感觉器官和感知觉通道有不同的偏好。从感知觉方面看，学习者主要有视觉型、听觉型、动觉型三种类型。

①视觉型

视觉型学习者善于通过接受视觉刺激进行学习，喜欢通过图片、图表、录像、影片等各种视觉刺激手段接收信息、表达信息。在学习上，他们自己动手涂写，要比阅读文字或聆听语言更有效。这种类型的学习者喜欢阅读，而且能够比较容易地从书本上吸收知识。他们能将所读的文章轻而易举地记住，并转换为口语，因而在复述或书面测试中容易取得好成绩。

这类学习者可以通过下列方式加强学习能力：用视频、图像进行学习；画图表、地图；使用概念图做笔记或组织信息；做想象中的活动；运用模拟表演进行学习；运用多媒体计算机和互联网创设的虚拟仿真情境进行学习。

②听觉型

听觉型学习者善于通过接受听觉刺激进行学习，喜欢通过讲授、讨论、听磁带录音等口头方式接收信息。这种类型的学生上课一般都能认真听讲，能够按时完成教师布置的作业。他们的劣势在于过多地注意原有的知识，有时可能会影响自己潜能的充分发挥。

听觉型学习者要多培养独立解决问题和处理问题的能力，遇到不会的或不懂的问题不可急于向他人请教；在平时的学习和生活中，要多问为什么，这样既开阔了自己的思路，又使自己对问题的认识更加深入。

听觉型学习者可以通过下列方式加强学习能力：通过歌曲进行学习；通过参与或者听音乐会来进行学习；伴随音乐锻炼身体；把音乐与其他学科结合起来；用音乐调节和改变情绪；通过音乐来构想画面。

③动觉型

动觉型学习者喜欢通过双手和整个身体运动进行学习，如做笔记、在课本上画线、亲自动手操作。他们不喜欢教师在整堂课上一直讲解和板书，也不擅长语言表达。他们往往在体育、自然、课外活动等需要动手操作、做实验的学科中表现得较为突出。这类学习者往往比其他学习者有着更大的发展潜力。

动觉型学习者可以通过下列方式加强学习能力：通过舞蹈和运动来学习；通过多改变学习状态获得足够的休息；把运动与所有的课程都结合起来；利用模型、机器和各种工具辅助学习；通过校外调查旅行学习；通过班级游戏活动和在戏剧中扮演角色来学习。

除上述三类典型的学习者外还有混合型学习者，即学习者同时具有视觉型、听觉型与动觉型的特征。一般来说,大多数的学习者在学习时都偏爱用某种或某几种感知觉通道进行信息加工。

(2)学习风格的心理要素

心理要素包括认知要素、情感要素和意志行动要素三个方面。认知要素包括场依存性与场独立性、对信息的同时性加工与继时性加工、分析与综合、记忆的趋同与趋异、沉思与冲动等。情感要素包括理性水平(学习者对学习的意识和自觉程度)、学习兴趣和好奇心、成就动机、抱负水平、焦虑水平。意志行动要素包括学习的坚持性、冒险与谨慎。

在众多关于认知风格的研究成果中,影响较大的是对场依存性与场独立性的研究。美国心理学家赫尔曼・A.威特金将人的知觉方式分为场依存型和场独立型。后来的研究发现,场独立与场依存是两种普遍存在的认知方式。场独立型学习者对客观事物做判断时,倾向于利用内部参照作为信息加工的依据,不易受外来因素的影响和干扰,在认知方面独立于周围的背景;倾向于在更抽象的和分析的水平上加工,独立对事物做出判断。场依存型学习者对物体的知觉倾向于以外部参照作为信息加工的依据,难以摆脱环境因素的影响。他们的态度和自我知觉更易受周围的人,特别是权威人士的影响和干扰。他们善于察言观色,注意并记忆言语信息中的社会内容。

表 3.1　场独立型学习者和场依存型学习者对比

学习者类型	优势	劣势	注意事项
场独立型学习者	善于从整体中分析各个元素;喜欢学习无结构的材料;喜欢独自学习;不太容易受外界的影响;对他人的评价有自己的看法,不受外界环境的干扰	冲动;过于冒险;容易过分主观	应注意把教师的要求与自己的想法相协调,使自己的做法与外界相辅相成
场依存型学习者	善于把握整体;善于学习系统化、条理化的材料;喜欢与同伴在一起讨论或进行协作学习;注意环境的要求;很容易适应环境,受大家的欢迎;受内在动机支配	表现较为谨慎,不愿冒险;受到批评时学习的积极性下降;容易受外界环境的干扰;学习欠主动,受外在动机支配	应注意不轻易受他人评价的影响。尤其当他人提出批评时,应分析原因,并考虑自己该怎样努力,而不能就此气馁

场独立型学习者在面对问题时,要具体分析;对于不需要过多思考的问题,要努力从整体上把握,锻炼直觉能力;注意与他人交流观点和看法,并认真考虑他人的意见和建议。场依存型学习者在面对需要逐步分析的问题时,要思考解

题的思路、过程、策略，逐步发展逻辑分析能力；在听到他人的要求、意见、建议和疑问时，要加以分析，做出自己的评判，培养和提高自己的批判思维能力。

二、认知负荷理论

（一）认知负荷理论概述①

传统的教学实践中存在着这样一种潜在假设：提供给学习者的信息越多越好。因此有人认为教学就是灌输，并且要在有限的时间内灌输尽可能多的信息。然而，在20世纪50年代，第一代认知心理学家乔治·A. 米勒就已经通过"7±2"的组块理论揭示了人的短时记忆容量是有限的。20世纪60年代以后，更多的心理学家对这一问题展开了研究，揭示出如果教学在单位时间内提供的信息超出了学习者短时记忆的容量，那么那些多余的信息就是无用的，甚至是有害的，因为它会造成学习者的认知出现过载，从而损害其认知加工过程，影响学习的结果。因此，对于教学和学习而言，在揭示认知加工容量的基础上，还必须探索如何避免认知过载，认知负荷理论由此产生。

认知负荷理论（cognitive load theory，简称CLT）由澳大利亚教育心理学家约翰·斯威勒于20世纪80年代首先提出。目前认知负荷理论已经成为学习与教学领域最有影响力的理论框架之一。认知负荷是指人类信息加工过程中能够加工的信息总量，主要包括工作记忆对信息进行存储和加工的总量。认知负荷理论是一种基于人类认知结构的教学设计理论，其核心是工作记忆的有限性，只有将认知负荷控制在工作记忆所能承载的范围之内，有效学习才能发生。特别是在如今智能教育的背景下，对认知负荷理论的讨论具有重要价值。

认知负荷理论以信息处理模型为基本参考依据，主张人类的记忆系统包括感官记忆、工作记忆和长时记忆三种模式，三种记忆模式相互结合，以处理各种信息。按照认知负荷理论，学习者在学习过程中的认知负荷有三种来源——内部认知负荷、外部认知负荷和关联认知负荷。② 其中，内部认知负荷是由知识内容本身带来的。当学习材料具有高元素交互性，而学习者又未充分掌握适宜的图式时会出现高内部认知负荷。外部认知负荷是由教学设计和方法带来的，是指加工设计拙劣的教学材料时所做的努力。这种认知负荷对学习没有贡献，而且会减少用于学习的工作记忆总量。关联认知负荷包括加工认知负荷和元认知负荷两个部分：前者是学习者将工作记忆能量投入在更深层的图式建构和存

---

① 张慧，张定文，黄荣怀. 智能教育时代认知负荷理论发展、应用与展望："第十一届国际认知负荷理论大会"综述[J]. 现代远程教育研究，2018(6)：37－44.

② 陈巧芬. 认知负荷理论及其发展[J]. 现代教育技术，2007，17(9)：16－19，15.

储图式时所产生的认知负荷;后者是将工作记忆能量投入在监控学习活动和关注学习策略时所产生的认知负荷。内部认知负荷、外部认知负荷和关联认知负荷是相互联系的。

认知负荷的基本观点是只有将认知负荷控制在工作记忆所能承载的范围之内,有效学习才能发生,否则将造成认知负荷超载,学习失败。在教学过程中,问题呈现给学习者的外部认知负荷主要是由问题的内部认知负荷决定的。由于工作记忆的处理能力有限,当内部认知负荷很高时,外部认知负荷就要相应地降低;当内部认知负荷和外部认知负荷的总和还没有超过工作记忆的处理能力时,那就可以让学习者在学习过程中使用关联认知负荷,尤其是那些与图式建构和自动化有直接关系的关联认知负荷。

(二)常见的认知负荷效应

1. 目标自由效应

目标自由效应指用目标自由(学习目标不很明确)的题目代替为学习者提供特定目标的传统题目,更有利于学习迁移。

2. 样例和问题完成效应

样例效应是指相比于直接通过解决问题来学习,为学习者提供展示解决方法的样例会产生更好的学习效果。问题完成效应是指用待完成的问题来代替传统的问题,在问题中提供部分解决方案,而将其余的问题交由学习者来完成会产生更好的学习效果。

3. 分散注意力效应

分散注意力效应指当图片信息与相应的文字解释信息相分离时,容易导致学习者的注意力分散从而增加认知负荷。可以通过将这些信息整合到一起的方法以降低认知负荷。

4. 通道效应

通道效应指可以用口头的解释文本和视觉信息源(多种形式)代替书面文本和图表等视觉信息源(单一形式)。

5. 冗余效应

冗余效应指无法帮助建立认知图式的多余信息源会干扰学习效果。

6. 知识反转效应

知识反转效应指对初学者很有效的教学方法,在已具备丰富专业知识的学习者身上可能无效,甚至会产生相反的效果。

7. 指导消退效应

指导消退效应指随着学习者专业知识的增加,在呈现样例后,应该让学习

者尝试解决部分问题,随后尝试解决整个问题。

8. 想象和自我解释效应

想象效应是指让学习者通过想象或用心理练习材料来代替传统的附加学习;自我解释效应是指有些学习者在学习物理力学样例时,每看到一个步骤就会停下来试图做出自己的解释。

9. 元素交互效应

元素交互效应指当使用低元素交互性材料时,想象等教学效应会消失;而当使用高元素交互性材料时,它们又会重现。

10. 瞬时效应

瞬时效应指对于难度较大的任务,学习者容易遗忘刚刚获取的信息,这时需要提供一些可以被学习者反复使用的资源。

11. 集体工作记忆效应

集体工作记忆效应指如果学习材料的难度较大,那么集体学习效果有可能优于个体学习。

三、理查德·梅耶的多媒体学习理论①

(一)多媒体学习理论概述

理查德·梅耶是美国当代著名的教育心理学家。理查德·梅耶的多媒体学习理论是建立在坚实的理论基础和可靠的实证经验基础上的科学体系。多媒体学习认知理论是理解多媒体学习的关键。作为一个以实践为导向的科学体系,多媒体学习理论的最终目标是试图解决这样一个实践问题:如何对多媒体教学进行组织,并应用更有效的教学策略帮助学习者进行有效的学习。按照理查德·梅耶的观点,所谓多媒体学习是指通过图、文两种形态的媒体进行的学习。其中,图既包括静态图片也包括动态视频,文既包括印刷的文字,也包括以声音形式表达的解说。他在艾伦·巴德利的工作记忆模型、阿伦·佩维奥的双重编码理论以及约翰·斯威勒的认知负荷理论之上,提出一个关于多媒体学习的理论模型,该模型解释了人类对多媒体信息的加工机制。

(二)多媒体学习理论模型

在综合认知心理学的相关研究成果的基础上,以大量的实验研究为依据,理查德·梅耶提出了多媒体学习认知理论,对学生如何从文本和画面中构建知识做出了如下描绘:

---

① 迈耶. 多媒体学习[M]. 牛勇,邱香,译. 北京:商务印书馆,2006.

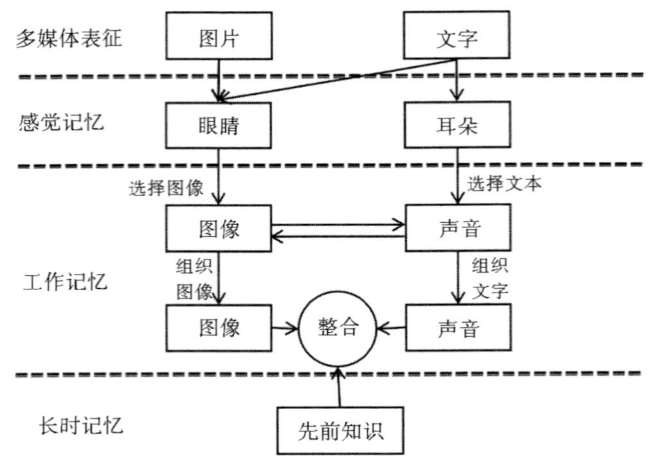

图 3.1　多媒体学习理论模型

在图示的多媒体学习理论模型中，右侧代表文字通道，左边代表图像通道。以口语形式表现的文字通过耳朵进入人的认知加工系统，以书面形式表现的文字以及图片等则通过眼睛进入人的认知加工系统。在选择文本阶段，某些文字引起了学习者的注意，学习者会在工作记忆中建构起这些文字的语音。在选择图像阶段，学习者通过注意图像的某些特征，在工作记忆中建构起一定的形象。在组织文字阶段，学习者把所选择的文字在工作记忆中组织成一个相关联的思维表述，称为语言模型。在组织图像阶段，学习者把选择的图像组织成一个图像模型。在认知整合阶段，学习者通过思维把语言模型、图像模型和长时记忆中相关的原有知识联结起来。图像思维主要通过选择图像、组织图像、整合等认知过程参与知识的建构；文字思维主要通过选择文字、组织文字和整合等认知过程参与知识的建构。多媒体学习理论认为，只有当学习者的思维在认知加工的各个阶段都被有效调动时，有意义学习才能发生。①

（三）多媒体设计原则

理查德 · 梅耶认为，和整个多媒体学习科学体系的构建一样，对多媒体教学的设计研究也必须是理论导向的循证科学。理论导向意味着每一个原则、方法、概念都必须衍生自多媒体学习的认知理论；循证则意味着每一个原则、方法、概念都必须得到实证经验的支撑，而这些实证经验正是源自严格的、能产生可测试性预测的实验研究的可复制结果。在过去 20 余年间，理查德 · 梅耶及其同事进行了大量的实验研究，最终确定了 12 个与多媒体学习的认知理论及

① 闫志明，宋述强. 信息技术教育应用的理论与实践[M]. 北京：高等教育出版社，2017.

其3个前提假设保持高度逻辑一贯性的多媒体教学设计原则，其目的在于充分利用人类有限的认知容量，帮助学习者积极进行认知加工——主动选择信息、组织信息和整合信息，最终实现有意义学习。理查德·梅耶在第二版《多媒体学习》中详细介绍了每一个原则的含义、所要解决的特定问题、理论上的合理性、经验实证上的合理性及适用的边际条件。

表 3.2 多媒体教学设计原则

编号	原则	说明
1	相关原则	当多媒体材料中不包含无关的文字、图像、声音时，学习效果更好
2	标记原则	当多媒体材料包含突出重点内容的标记时，学习效果更好
3	冗余控制原则	为包含图像、声音解说的多媒体材料添加字幕时，学习效果反而不好
4	空间邻近原则	在空间上，当相关的文字和图像在书本或屏幕上相邻呈现时，学习效果好于二者分离的情况
5	时间邻近原则	在时间上，当相关的文字和图像同时呈现时，学习效果要好于二者分离的情况
6	预先训练原则	当学习者预先了解主要概念的名称和特征时，学习效果更好
7	分段原则	将多媒体材料分割成能由学习者控制呈现的片段时，学习效果好于使用完整的多媒体材料
8	多通道原则	使用由图像和声音解说的多媒体材料学习时，效果好于使用由图像和文字解说的多媒体材料学习
9	多媒体原则	当使用由图、文两种形态的媒体构成的材料学习时，效果好于使用只包含文字的材料学习
10	个性化原则	当多媒体材料中的声音采用对话风格时，学习效果好于多媒体材料中的声音采用正式的风格
11	人性声音原则	在多媒体学习时，使用友好的人声解说的效果好于使用机器发声的解说
12	形象出镜原则	当讲解者的形象出现在屏幕上时，学习效果并不一定好

四、双重编码理论

(一) 双重编码理论概述

双重编码理论(dual coding theory)，简称 DCT 理论，起源于认知心理学，其理论基础是起始于20世纪50年代，发展于20世纪60年代的认知加工心理学。

1970年,加拿大心理学家阿伦·佩维奥提出双重编码理论,该理论是对当时心理学领域很流行的图式理论固有缺陷的弥补和替代。迄今为止,双重编码理论已经有几十年的历史,目前已发展为由最初的认知心理领域逐渐拓展到语言学领域、教育学领域以及多媒体学习领域的普遍认知理论。

双重编码理论是首个系统性的、客观性的、以精神想象为对象的理论。该理论认为,人的认知系统是由两套编码组成的,分别为言语编码和非言语(即图像)编码。当两个系统同时工作时,它们同时运行着自己的编码程序,使得信息能够更快地被理解或存储。所以双重编码理论最重要的原则就是:可以通过同时用语言和非语言的形式呈现信息,来增强信息的回忆与识别。

双重编码理论的研究及应用不局限于视觉和听觉系统,而需要人们调动嗅觉、触觉、味觉等更为丰富的感官系统。随着全息投影技术、交互技术、虚拟现实技术、增强现实技术、人工智能等新技术的应用给人们的认知、信息处理带来的变化,双重编码理论的研究在教育领域越来越重要,未来将会是一个重要的研究方向。

(二)双重编码理论的基本观点①

1. 人的认知系统是由言语和非言语构成的双重表征系统

双重编码理论认为,人的认知系统由言语和非言语两套编码系统组成。言语编码系统专门处理言语编码。言语编码对应着文字、文字的发音以及对文字的触感,因而相对应地,言语编码的形式有视觉、听觉和触觉信息。它的表征单元为词元,词元是指任何以语言为形式所感知的信息的编码表征单元,任何以整体性的形式习得的信息单位都是词元。词元是言语生成的种子,它既可以被外部刺激激活,也可以被言语系统内部已被激活的言语编码激活。非言语编码系统是对想象的表征和处理,它对应着除文字以外的视觉、听觉、触觉、味觉以及嗅觉信息等。非言语编码的表征单元是象元,象元是指任何以非言语形式所感知的事物、事件以及情境的编码表征单元,不同象元之间主要以组合—分解式相互联系。

2. 表征系统中表征单元的特点

言语系统和非言语系统都具有层级的组织结构,都是大的单位包含着小的单位,但又有本质上的差异。词元以顺序性和层级性的方式存在,因而言语编码系统以线性的、逻辑性的方式来处理信息。视觉词元的组织以某种序列把文

① 桑新民. 学习科学与技术:信息时代学习能力的培养:第2版[M]. 北京:高等教育出版社,2017.

字逐一排列成词组、句子和篇章，而听觉词元则是把音素组成音节，把音节组成单词发音，把单词发音组成词组发音等，这都和语言的序列特征有关。

象元之间的运作方式是整体性的、连续性的、簇拥性的。比如一张面孔的表象，包含了眉毛、眼睛、鼻子、嘴巴、脸及其他面部特征。象元之间要么以组合—分解式相互联系，要么以相似勾连式相互联系。

3. 双重表征系统的三种运作模式

研究者发现，对信息的处理，大脑的选择有所不同。左脑擅长处理言语信息，右脑擅长处理表象信息。大脑神经生理学的研究证明言语和视觉信息由大脑不同的部位处理，这与DCT理论的双重编码系统吻合。他们认为言语和表象系统在运作时常常相互独立，但也会相互联系，从而提高记忆力。它们之间有三种联系与加工方式——表征式、参照式和关联式。

表征式是指外部的言语刺激进入记忆系统后会被编码成特定的词元，或激活言语系统中相应的词元；非言语刺激进入记忆系统后会被编码成象元，或激活非言语编码系统中相应的象元，即外界刺激对内部编码系统会产生作用和影响。

参照式是指词元可以激活象元，象元也可以激活词元，即两个系统之间是相互激活和相互参照的关系。但两个系统之间的相互参照也需要有意识地进行参照加工，促进转换与转译。一旦关系建立，日后相应的场景或刺激将会使两个系统自动相互参照。然而，并非所有的词元和象元之间都能够相互参照：高度抽象的词语则难以找到对应的象元，难以命名的象元也无法用词元表达，“只可意会不可言传”就是这个道理。

关联式是指言语系统中的词元可以激活言语系统内部其他的词元，而非言语系统内的象元可以激活非言语编码系统内的其他象元。关联加工促进编码系统内部的联系和扩散。

4. 双重编码系统中的两个假说

从双重编码理论的基本运作模式可以看出，两套编码系统既独立运作又相互联系：独立运作时对应着关联式运作，即两个子系统可以单独处理外界的信息，这对应着双重编码理论的加和效应假说；相互联系时对应着参照式运作，这对应着双重编码的概念桩假说。

加和效应假说是针对图片优势和具体优势所提出来的解释。双重编码理论认为，图像被认为是一种特殊的记忆呈现方式，因为通过具化言语信息可以加速知识获取。具体优势可以用于解释唤起对具体词汇“白马”的记忆是唤起对抽象词汇“真理”的记忆的几倍,越具体的词语越容易被记住。具体的词元容易形成视觉图像,因而在视觉图像的帮助下也就更容易唤起对相关情境的回忆。

概念桩假说认为,对文字处理的认知活动使用想象影响着回忆的效果。唤起记忆的“桩”必须是具体的,并且易于激发想象力。这个“桩”只是认知处理活动的中介物,主要功能是唤起线索而非编码工具。实验表明,把“桩”作为唤起线索的组别,其记忆效果明显高于无线索的组别。

(三)双重编码理论的意义①

首先,从教育教学实践的角度来看,双重编码理论有助于克服传统教学中的“言语主义”危机。自赫尔巴特初创科学教育学的体系以来,历经近百年的发展,逐渐形成了以“班级授课制”为基本制度框架,以分科教学为基础,以“三个中心”(以书本为中心、以课堂为中心、以教师为中心)为主要特征的教学实践范式。这一实践范式在学校中的推广逐渐使教学陷入抽象的“言语主义”危机,在20世纪引发了一波又一波的教育教学改革运动,其中先声夺人的就是进步教育。20世纪20年代,作为视听教学运动之先声的视觉教学的兴起,在很大程度上正是为了响应进步教育,以克服这种危机。然而,当时的视听教学专家并没有从学习的基本机制出发揭示视觉材料教育价值的优越性,不能赋予视觉教学科学的理论基础,这使得视觉教学整体的合理性大打折扣,最终难以彻底解除言语主义的危机。而阿伦·佩维奥的双重编码理论则提供了解释视觉教学合规律性的科学依据,为后来者利用图文并茂的多媒体技术向言语主义教学发起又一波进攻奠定了科学基础。

其次,双重编码理论首次对言语编码和视觉编码进行了明确区分,提出了认知加工“双通道”的概念,构建了完整的理论模型,并通过大量实验,证明了图文组合的呈现模式比单一文本的呈现模式更能够促进学习者的学习,使其从一种单纯的理论假设变成一个以经验实证为基础的科学模型。

再次,双重编码理论指出了,在人的认知过程中,非言语形式的信息加工与言语形式的信息加工具有同等重要的意义。在教学和学习中,运用双重编码理论不仅可以提高教学质量,而且能实现高效学习。它对人的记忆、语言习得、阅读、写作以及数学计算等方面有突出的影响。需要注意的是,双重编码理论也有一定的局限性:没有对言语和视觉编码进行整合。尽管二者之间有借助参考

① 何云欢.有关双重编码理论国际研究综述[J].今传媒,2017,25(6):75-77.

联结而发生的交互(这是因为,这两种编码模型只有在部分独立的情况下才会比一种编码方式更好),但事实上,在学习材料的过程中,整合的情况还是会发生,而且是一种普遍现象。

五、活动理论

(一)活动理论的起源与发展

活动理论起源于康德与黑格尔的古典哲学和马克思的辩证唯物主义哲学,由维果茨基提出,苏联心理学家列昂捷夫与鲁利亚进一步发展,是社会文化历史心理学派的研究成果。20 世纪 80 年代以后,西方学者组织了几次“活动理论国际研讨会”,在哲学、心理学、社会学领域对活动理论进行了广泛探讨。活动理论强调共同体、工具中介在主体内化活动中的作用。活动构成了心理特别是人的意识发生、发展的基础。人的活动具有对象性和社会性。

1987 年,芬兰学者恩格斯托姆区分了三代活动理论。第一代活动理论以社会文化历史学派代表人物维果茨基的中介思想为核心。第二代活动理论以心理学家列昂捷夫的活动理论为代表。第三代活动理论实际上是西方学者对活动理论的进一步发展。①

我国活动理论的研究,可追溯至 20 世纪二三十年代陶行知先生的“生活教育”实验和陈鹤琴先生的“活教育”实验。经过几十年的探索,我国不少中小学在活动育人方面积累了不少的经验。20 世纪 90 年代初,国家教委正式将活动课程纳入九年义务教育课程计划,活动课程及其发展得到了应有的重视,关于活动理论的研究逐渐达到高潮。

(二)活动理论的内容

1. 活动的界定

列昂捷夫认为,在主体的生活中,活动是一种分子性的、整体的单位。活动不是反应,也不是反应的总和,而是一个系统,它有自己的结构、内部变化和发展过程。活动是一种使主体实现和客观世界的现实联系的过程。个体的活动最终是由社会、生活关系所产生的。他认为,完整的活动是由需要、动机、目的、达到目的的条件和与这些成分相关的活动、动作、操作组成的。活动的对象有两种:一种是客观事物;另一种是这些事物的心理反应、映象。

恩格斯托姆提出了描述活动的原则,活动必须以最简单的、起源的结构形

① 孔利华,温小勇,焦中明. 微视频支持下的“学—教”学习模式:活动理论视角[J]. 电化教育研究,2014(4):87-93.

式来呈现;必须分析活动的动态性;必须被看作是环境的、生态的现象;必须被看作是文化调节的现象。

2. 活动的系统结构

恩格斯托姆从生物进化的角度分析并提出了动物活动模式、动物到人的过渡模式、人活动模式这三种“三角”活动结构模式。他也认为,人的活动是一个系统,这个系统包含六个要素——活动的主体、活动的客体、共同体、工具包、共同体的规则、共同体的劳动分工。主体指的是活动中的个体或小组,活动系统是由他们从自身的观点感知的。例如,在某个教学设计的情境中,主体可以是单个设计者,也可以是一个由管理者、学科专家、媒体专家等组成的团队。客体指的是“原材料”和“问题空间”。所有活动都是以客体为导向的,并且在物理的和符号的、外部的和内部的中介工具(包括工具和符号)支持下,客体被塑造并转换成结果。把客体转换成结果的过程表现了活动的目的和意图。共同体由若干个体和小组组成,他们共享客体并且自我建构,以区别于其他的共同体。不同的共同体协商出不同的规则与惯例。分工指的是共同体内横向的任务分配及活动系统内纵向的权力和地位的分配。大多数组织在横向与纵向上都不断变化。法则指的是制约行动和在活动系统内交互作用的显性及隐性的规则、标准和习俗。工具是主体作用于客体的手段。它们可以是转换过程中使用的任何东西,如榔头、计算机、符号、程序语言、模式或启发等抽象的、精神上的东西。对特定文化工具的使用形成了人们的活动和思维方式。

此外,恩格斯托姆还根据马克思政治经济学中的观点,将这些要素组成生产、分配、交换(或交流)、消费四类活动。具体的结构形式如图 3.2 所示。恩格斯托姆将系统理论引入活动理论中,提出了人类活动的系统模型,如图 3.3 所示。

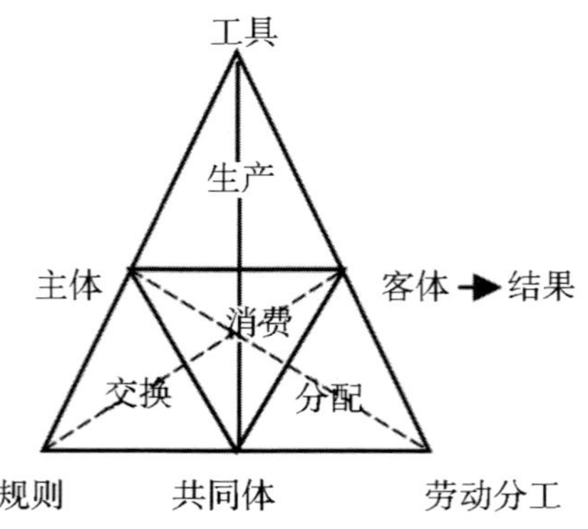

图 3.2 人类活动的结构

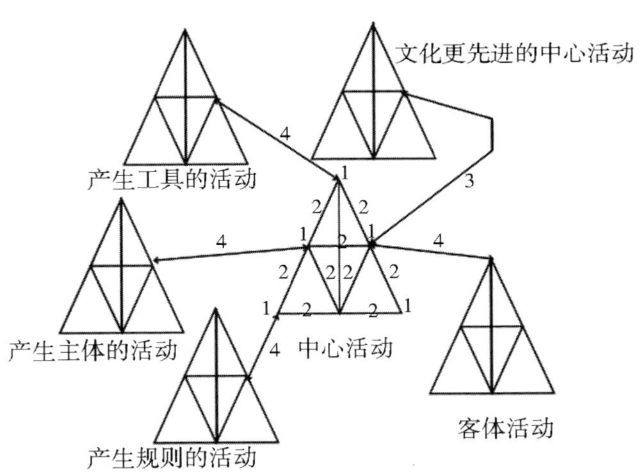

图 3.3　恩格斯托姆的人类活动系统模式①

活动系统的发展由四种矛盾来驱动。在图 3.3 中："1"表示内在主要矛盾（辩证本质），是中心活动的每个构成要素的内在矛盾；"2"表示次要矛盾，是中心活动构成要素之间的矛盾；"3"表示当前的中心活动与文化更先进的中心活动之间，在所采用的居于支配地位的形式中的客体、动机方面的矛盾；"4"表示中心活动与周边活动间的矛盾，当中心活动与周边活动发生交互作用时，这种矛盾就出现了。周边活动包括产生工具的活动、产生主体的活动、产生规则的活动、客体活动、文化更先进的中心活动。每种活动与其他活动都是紧密关联的，由此组成一个由矛盾驱动的不断发展的活动系统。

3. 意识与活动的统一

维果茨基在 20 世纪 20 年代就提出了意识与活动统一的观点，他指出意识不是与世隔绝、与活动分离的内部封闭系统，活动正是意识的客观表现。列昂捷夫继承并发展了维果茨基的理论，他指出外部的过程先于内部的智慧过程，内部活动起源于外部活动。从两位学者的观点来看，意识与活动统一的含义包括：意识、心理本身就是一种过程、活动，在人的活动、动作中包含有心理成分，两者是统一的；意识、心理在活动中形成，也在活动中表现出来，通过活动可以客观地认识它们；意识、心理对活动有调节作用。

4. 内化思想

维果茨基发现了两条人的心理发展的客观规律。第一条客观规律是：人所

① ENGESTRÖM. Learning by expanding：an activity-theoretical approach to developmental research[M]. 2nd ed. Cambridge：Cambridge University Press，2014.

特有的受中介工具影响的心理机能不是从内部自发产生的,它们只能产生于人们的协同活动和人与人的交往之中。第二条客观规律是:人所特有的新的心理过程结构最初必须在人的外部活动中形成,随后才可能转移至内部,成为人的内部心理过程的结构。这两条规律揭示了“内化”的基本机制,即人类通过工具中介将人和外界联系起来,因而人的活动汲取着人类的经验。在这里,内化指的是一种过渡,是外部的实际动作,经受了特殊的概括化、言语化、减缩化而转变为内部观念的动作过程。

5. 活动的层次

列昂捷夫认为活动分为与相应动机、目的、条件相关的活动、行动、操作三个层次。活动的具体层次关系如图 3.4 所示。

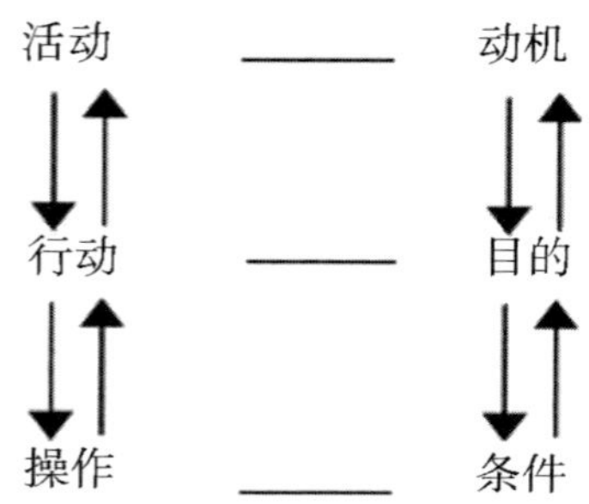

图 3.4 活动的层次

6. 工具与规则

维果茨基将人类行为视为指向目标对象的行为,揭示出人类行为首先是以工具、语言、符号、意念和技术之类的人造物的创造与使用为中介的。工具和人造物是外部活动与内在活动之间的中介。工具的水平制约着不同历史时期人类活动的操作条件,因而也影响着劳动分工。

第二节 信息化学习理论

一、移动学习

(一)移动学习概述

当代信息技术的迅速发展正在不断推动社会前进,随着新媒体、新技术在信息技术教学中不断出现,人们的学习方式也在不断变化。移动学习作为一种新型的学习模式,是信息技术在教育教学中的新应用,其以简单灵活、操作简单、形式多样等优势受到广大师生的喜爱。近年来随着教育信息化改革的不断推进,移动学习已成为师生关注的焦点。学术界一直没有对移动学习的概念进行界定,许多学者从不同的角度对概念下了定义,目前主要有三种。一是从技术层面下定义:移动学习是一种以随身携带移动设备为基础的学习过程。① 二是从功能层面下定义:移动学习是指利用移动设备进行的学习,包括利用无线

① CHEN C C, HUANG T C. Learning in a u-museum: developing a context - aware ubiquitous learning environment[J]. Computers & education, 2012, 59(3): 873 - 883.

设备传递学习内容、提供学习支持、进行交流互动等。① 三是从它本身的移动性下定义:移动学习是指在一个非固定的地点进行学习的学习方式。综上可以认为,移动学习是指在移动设备的支持下能够随时随地进行的学习,移动学习所使用的设备能够有效地传递学习信息、进行交流互动。

1. 移动学习的由来和发展历程

新媒体与新技术的不断发展变革,导致学习技术和学习方式也在发生变革,教学方式由传统学习方式转变为新型教学方式,从单一的学徒式教学、班级授课制转变为以计算机为中介的辅助教学方式、基于网络的数字化学习等。随着通信技术、互联网技术的不断融合发展,一种新型的学习方式——移动学习出现了。

移动学习产生的直接原因是通信技术的发展。从整个社会发展的角度看,推动移动学习发展的因素是多方面的,包括网络技术的更新迭代、数字化学习技术的发展、教育理念的变革、人们对社会教育的追求等。

从以快速传递单一方向的信息为特征的 Web1.0 技术,跨越到由用户主导而生成的内容互联网产品模式的 Web2.0 技术,意味着一个新的时代开始了。Web2.0 技术的运用和推广,使得用户之间、用户和系统之间、信息之间的交互程度得到了提升。人们交流、协作的方式由现实转移到移动终端上,使得资源获取和信息处理变得更加便捷。同时,社会性软件的发展为学习者提供了自主学习的移动环境。数字化学习具有网络化、多媒体化、智能化等特征,呈现出多样化的形态,渗透到教育等各个领域,加速了移动学习的发展。社会经济的发展和新技术的产生促进了教育观念的变革。新型学习方式逐步进入群众的视野,例如终身学习、基于工作的学习等。终身学习和工作之间的结合需要新型学习技术的支持,移动学习技术就是其中重要的支持技术。

2. 移动学习的形式

移动学习在形式上可以分为两类:正式环境下的移动学习和非正式环境下的移动学习。②

(1)正式环境下的移动学习

---

① HWANG G J, CHANG H F. A formative assessment-based mobile learning approach to improving the learning attitudes and achievements of students[J]. Computers & education, 2011, 56(4):1023-1031.

② LOOI C K, SEOW P, ZHANG B H, et al. Leveraging mobile technology for sustainable seamless learning: a research agenda[J]. British journal of educational technology, 2010, 41(2):154-169.

按照移动学习地点的不同,正式环境下的移动学习又可以分为课上移动学习和课下移动学习。

其中课上移动学习形式常分为三种:一是学生在上课过程中使用移动终端设备,对教师在课堂上呈现的教学信息进行拍摄、记录;二是在课堂学习中,学生利用移动设备进行信息的查询;三是教师利用移动终端设备给学生提供动态化的学习辅助工具。

课下移动学习最常见的形式包括:学生根据教学内容制作思考性作品,教师利用移动终端设备将学校相关作业和学校通知等内容以短信形式向学生发送。① 这些短信可以帮助学生完成好课前预习部分,此外还能够增进师生间的亲密关系。②

(2)非正式环境下的移动学习

相较于正式环境下的移动学习,非正式环境下的移动学习形式显得更加灵活多变,其常见的形式有:个体利用移动终端设备与他人进行沟通、协作和交流,从而获取新知识;个体利用移动终端设备所携带的网络搜索功能进行资料的获取,从而获得知识的增长;个体依据个人需求通过相关应用软件进行知识的学习,例如语言的学习。

3. 移动学习的特点

(1)便携性

支持移动学习的终端设备通常体积小、重量轻,简单便捷,可随身携带,并且随着技术的不断发展,设计越来越精巧,可以使用无线网络技术进行数据传输。常见的移动学习设备有手机、iPad、PC 等。

(2)功能多样化

随着技术的升级,移动设备的功能越来越强大、多样化。例如:可以通过电子邮件、语音通话、视频通话等方式进行沟通交流;利用网页实时浏览在线新闻、图书、期刊等获取信息;借助 GPS 定位系统、高德地图、百度地图等进行定位导航;通过音乐、游戏、电影等进行休闲娱乐;利用移动设备进行视频、音频、图片的制作等。

(3)互动性

---

① FORBES D. Beyond lecture capture:student-generated podcasts in teacher education[J]. Waikato journal of education,2011,16(1):51 -63.

② HAYES,WEIBELZAHL. Text messaging for out-of-class communication:impact on immediacy and affective learning[J]. Mobile learning design,2015:271 -284.

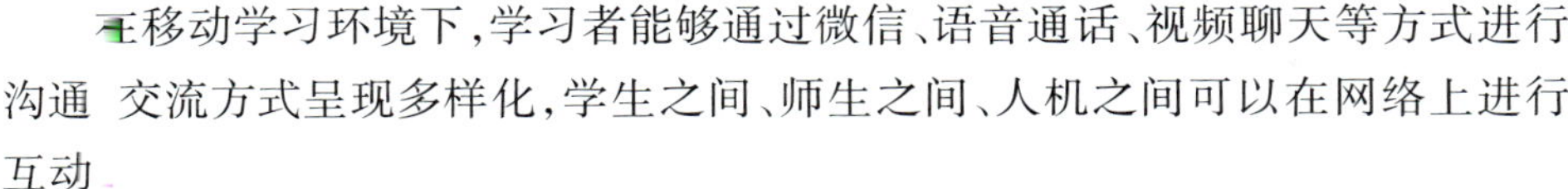

在移动学习环境下，学习者能够通过微信、语音通话、视频聊天等方式进行沟通，交流方式呈现多样化，学生之间、师生之间、人机之间可以在网络上进行互动。

(4)个性化

移动学习不受时间、空间的限制，学习者可以利用碎片化的时间进行学习，学习的时间、地点、进度、难度都由学习者自行把控，做到了真正的以学生为中心。学习者可以制订个性化的学习方案来满足学习需求。

(5)情境性

依据情境学习理论，知识的获取就是在具体情境中进行意义建构，从而获取知识。移动设备自身的便携性使得学习情境变化多样，学习者可以利用这一特点在各种情境下进行意义建构，最终完成对知识的获取。

(二)移动学习的基本模式

移动通信技术和移动终端设备的不断发展，为学习者提供了新媒体和新工具，同时也带来了新的学习方式。这些新型的学习方式通过和其他学习方式产生关联、混合、相互渗透促进情境学习、非正式学习、协作学习等的发展。依据移动学习的特点，其应用模式应该也具有多样性、灵活性及可扩展性。根据当前的移动学习技术和成果的具体现状，目前的技术条件下的移动学习基本模式分为四种：一是基于短信息服务的移动学习模式；二是基于浏览、下载服务的移动学习模式；三是基于多媒体邮件服务的移动学习模式；四是基于点播的移动学习模式。

1. 基于短信息服务的移动学习模式

该模式的主要功能包括提供语音服务、实现短信息的传送和交互。通过短信息进行移动学习通常有三种情况，即用户之间的交互、学习者与应用系统之间的交互、应用系统与 SMS 终端的交互。在学习过程中，学习者利用智能手机或 ipad 等移动终端，将短信息或服务请求发送到相应的教学服务器，服务器通过分析学习者发送过来的短信息和服务请求，将短信息和服务请求转化成相应的指令，并进行数据分析、处理，最后再发给移动终端。利用这一模式可实现一定的教学活动：学习者可以定制相关内容知识的短信息、复习策略，还可以进行相应的自主学习、自测练习；而教师可以借此管理学习者的短信息定制，并提供相应的教学、学习的支持服务，如创建和管理学习群组，管理学习者的短信息定制。

2. 基于浏览、下载服务的移动学习模式

在互联网上具有各种各样的信息资源，通过基于浏览、下载服务的移动学习模式,学习者可以不受时空限制地查阅、浏览和下载各类资源,完成形式多样的学习活动。主要包括以下几点:①浏览课程信息,包括课程介绍、教学目标、教学重难点、学习要求等;②浏览或下载本门课程定制的电子图书,该电子图书详细介绍了本课程所包含的知识点;③浏览或下载本门课程的课件;④浏览网上各类资源,扩大资源学习的范围。

3. 基于多媒体邮件服务的移动学习模式

多媒体邮件服务是一种通过移动通信网络实现的、基于数据承载的非实时业务。通过该业务,用户可以实现移动终端和互联网之间的多媒体邮件互发。多媒体邮件的内容很丰富,包括格式化的文本、动画、语音、视频等。多媒体邮件与短信息的差别在于邮件的容量更大、保密性更强。通过多媒体邮件服务,教师、学生可以随时随地建立联系,并完成一些教学活动。

4. 基于点播的移动学习模式

基于点播的移动学习模式可以让学习者随时随地进行点播,包括视频、音频、动画点播等。相对于传统的或基于网络的电视教育,基于点播的移动学习具有更大的灵活性,更符合人们的生活节奏,这将对传统远程教育、电视教育带来冲击。

移动学习是移动通信技术和数字化学习技术的衍生物,也是数字化学习技术的扩展。移动学习将与新兴技术进行融合,例如情境智能、触觉交互等,并逐步融入教育与培训领域。移动学习的出现,本质上是教育与技术二者相互作用的结果,它不仅会带来学习观念的改变,同时也会促进学习环境的改变。

(三)面向移动学习的课程设计

移动学习能够突破时空的限制,可以满足随时随地进行学习的要求,它强调的是在有限的时间内内容相对简短的、包含独立知识内容或模块的学习。面向移动学习的课程设计要以短小、实用的模块组织学习内容,选择合适的移动终端设备及交互形式,可以从内容设计、媒体设计和交互设计入手。

1. 内容设计

移动学习是一种注意力高度分散的、零碎的、容量小的、随时随地的学习,因此面向移动学习的课程设计需要呈现出松散的、分布式的特点。

(1)知识单元短小、简洁

在移动学习中,学习者通常利用空闲时间进行学习,所以相对应的知识单元应该短小、简洁,知识容量不宜过大,以方便学习者随时进入,并在较短时间内完成学习。在设计过程中,可以采取安排微型知识点的方式组织课程内容,一个学习模块对应一个微型知识点。

(2)知识单元要凝练

知识单元要对应完整的知识内容,并且刚好能在独立时间内完成。不同知识单元之间的关系应该是松散的,前后的联系不能过于紧密,但松散的内容要能够体现知识的关联性,并在学习过程中逐步形成一个系统的知识结构。

(3)课程内容生动有趣

在移动学习中,学习者的注意力处于边缘性的投入状态,是一种非连续的注意状态,所以不能寄希望于学习者自身存在强烈的学习动机和兴趣。因此,移动学习设计的课程内容要与学习者的生活密切相关,要能够持续激发学习者的学习兴趣和动机。

2. 媒体设计

移动学习是网络学习和分布式学习的一种延伸。基于移动终端在容量大小、数据处理等方面的限制,面向移动学习的媒体设计要结合移动学习的特点,结合图片、文字、视频、语音、动画等媒体的呈现规律和应用特点,设计有效的媒体呈现形式。

(1)图片设计

一幅直观形象的图片能够很好地吸引学习者的注意力,使其能在非持续关注的情况下专心学习。对于一些理论性较强的知识或概念,例如交通知识和地震急救知识,图文配合能够取得更好的教学效果。图片的设计需要注意格式、大小、分辨率等。

(2)文本设计

文本难以吸引学习者的注意力,因此在设计上应该简洁、概括性强,以提高关注度。对于难以用文字说明的知识,可以采用更加合理的方式进行呈现。对于概念性强的知识或事实性内容,例如防火安全知识、地震自救知识,可以设计成文本形式进行呈现。

(3)视频设计

视频教学适用于呈现真实情境下的教学内容的学习,例如灭火器的使用方法。视频设计需要考虑大小、格式、分辨率等。由于学习者在碎片化时间进行学习,因此设计视频时需格外注意对时间的把控,视频不宜过长。在内容相对完整的条件下,视频尽量简短。

(4)音频设计

部分教学内容适合用声音来呈现,例如英语口语的训练。在移动状态下,学习者注意力高度分散且容易被打断,因此音频时间不宜过长。此外,声音格式要设置成移动终端普遍支持的格式,例如MP3。

(5)动画设计

动画能够形象化地展示知识。在一些特殊情况下,视频难以呈现的教学内容,使用动画则比较容易呈现,例如地震时的避险动画。此外,还需要注意动画设计的格式、大小、分辨率等。

媒体是教学的手段,而不是教学的目标。在进行媒体设计时,要根据移动学习内容的特点,在呈现力、吸引力等方面进行合理的选择。

3. 交互设计

移动学习的交互具体包括三种——师生之间的交互、师生和移动终端的交互、师生和学习资源之间的交互。交互的设计需要考虑课程内容特点以及媒体的呈现形式,重点在于内容。

移动终端的内容交互分为两种:一种是基于短信息的内容交互;另一种是基于浏览、连接的内容交互。前者是指移动终端通过预先设定的指令发送和接收短信服务内容。这种交互方式所适用的移动终端范围很广,仅需要具备短信收发功能就能进行交互,同时还具有交互成本低的优点。后者主要是利用无线应用协议(WAP)实现面向 WAP 服务器和 Web 服务器的资源访问控制。这种交互方式所适用的移动终端使用无线标识语言(WML)实现数据输入、信息浏览、文本和图像显示等功能。这种交互方式可以满足学习的多样化需求,如资源的浏览、存储、下载。

在具体的课程设计中,对于呈现形式多样的移动学习内容,可以采用面向浏览、连接的交互方式,如综合使用图片、文本、视频、音频等多种表现形式设计课程内容。对于简单文本和即时内容的交互,可以选择基于短信息的交互方式,如文本型的自测练习、信息的及时反馈等。

二、STEAM 与创客教育

(一)STEAM 与创客教育概述

1. STEAM 教育

STEAM 教育最早起源于美国。1986 年,美国国家科学委员会发表了《本科的科学、数学和工程教育》报告,提出了 STEM 教育的概念。STEM 是 science、technology、engineer、mathematics 的缩写,即基础科学学科。到了 2006 年,乔吉特·雅克曼教授及其团队在原有 STEM 教育的基础上加入"art"学科,使得 STEM 转变为 STEAM。这一改变使得原本偏向于理工科的 STEM 教育学科更加广泛,视野更加开阔。STEAM 由五个单词的缩写组成,分别是 science(科学)、technology(技术)、engineering(工程)、art(艺术)、mathematics(数学)。其中 art 不仅仅是艺术的意思,还包括美、人文、语言等含义。STEAM 可以是一门课程,

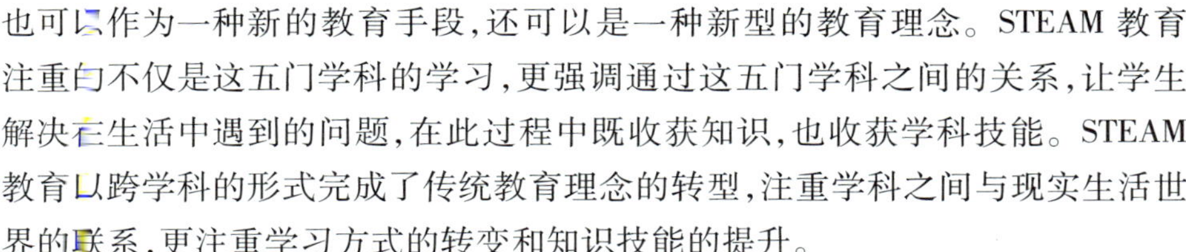

也可以作为一种新的教育手段，还可以是一种新型的教育理念。STEAM 教育注重的不仅是这五门学科的学习，更强调通过这五门学科之间的关系，让学生解决在生活中遇到的问题，在此过程中既收获知识，也收获学科技能。STEAM 教育以跨学科的形式完成了传统教育理念的转型，注重学科之间与现实生活世界的联系，更注重学习方式的转变和知识技能的提升。

2. STEAM 教育的特点

(1)跨学科

STEAM 教育包含科学、技术、工程、艺术、数学五大学科，通过对知识进行整合，使知识之间相互联系、相互融合，学习者运用整合知识解决现实问题。跨学科意味着教师不会将重点放在特定的学科，而是专注于某个特定的问题，强调通过利用学科整合知识来解决问题，从而跨越学科的界限，综合运用多学科知识来提升学生的能力。跨学科是 STEAM 教育最核心、最重要的特点。

(2)情境性

STEAM 教育除了学习知识，更强调运用所学知识回归现实生活，通过解决现实问题达到教学目标，因而具有情境性的特点。情境是 STEAM 教育的重要组成部分。由于具体情境的不同，学生的学习效果也会有差异。将教学内容融入真实情境进行教学，可以提高学生的学习兴趣，还能够帮助学生将理论与实际联系起来，学生既可以收获知识，也能够获得技能的提升。

(3)艺术性

STEAM 教育包含了艺术这个学科，说明艺术对于 STEAM 教育的发展是不可或缺的。狭义的艺术是指音乐、绘画、语言、美术等人文艺术，强调的是人文属性，强调在教学过程中对人文科学的关注。例如，对各学科发展历史的研究，对学生作品的评价，可以融入审美的维度，以提高学生的审美水平和艺术性。

(4)设计性

STEAM 教育为了达到知识融合与迁移应用的目的，要求学生在学习最终阶段设计一个作品。因此，正常情况下，STEAM 教学环节应该包括设计与制作环节。在作品制作过程中可以将知识转化为应用实践，学生最终通过制作作品的形式获得知识和提升能力。

(5)协作性

STEAM 教育主张通过小组合作进行学习，小组之间互相帮助、相互启发，学生在与他人的交流讨论中获得成长。STEAM 教育的协作性主要体现在学生以小组的形式，共同分析学习资料、完成学习任务、制作作品，并进行作品阐述。此外，教学评价是根据小组全体成员的共同表现来进行的，而不是以个人作为参考,这样不仅能提升小组的凝聚力,还可以增强学生的集体意识。

3. 创客教育

“创客”一词来自英文单词“maker”,译为“制造东西的人”。Web2.0 概念的提出者提姆·奥莱理把那些愿意通过自身动手实践去将各种想法转化为现实成果的群体称为“创客”。近年来,学术界对创客没有进行界定。比较典型的观点有两种:一种观点认为,创客文化是一种反主流文化;另一种观点认为创客和 DIY 有关系。“创客运动”是鼓励人们利用身边的材料、计算机设备、程序和其他技术资源,自己创作或和他人合作创作独创性作品的运动。由于创客运动的兴起,创客教育的实践也在世界范围内流行起来。创客教育主要强调行动、分享与合作,注重利用新科技、新手段让学生通过教育完成一个完整的工程训练过程。在这个过程中,学生不仅仅是知识的消费者,同时也是知识的生产者;学校也不仅仅是知识传播的场所,更是进行创造和实践应用的场所。

(二)STEAM 教育与创客教育的关系

1. 创客教育是 STEAM 教育实施的有效手段

在我国,传统教育一直以分科教学为主,但学科的分隔不利于探索真实情境中的问题,而 STEAM 教育的产生可以改变传统的教育模式。随着 STEAM 教育研究的不断进行,STEAM 教育的问题也逐渐显现,例如强调跨学科的同时对创新性和原创性的重视不足。随着创客运动在世界范围内的流行,STEAM 教育有了新的依托。对 STEAM 教育来说,创客教育是最好的抓手。数字化设备能够提高学生动手实践的效率,使学生能够有机会进行多种尝试。此外,创客教育的造物乐趣可以激发学生的创作热情。

2. STEAM 教育是创客教育的补充

创客教育的开展需要综合运用多门学科的知识,一个优秀的创客作品离不开跨学科知识的支撑。例如,设计一个远程控制装置,基础知识包括数学、科学、技术和工程。如果这个作品还要有艺术感,就要利用工业艺术知识。因此,多学科知识是开展创客教育的前提与保障。具备跨学科、情境性、协作性等特点的 STEAM 教育就符合创客教育的要求,STEAM 教育能够很好地为创客教育提供实践载体。从本质上讲,STEAM 就是在各个学科之间建立起一座桥梁,为学生认识世界提供机会,通过把科学、技术、工程等五个领域的知识与技能整合在一起,使学生学习的知识从独立变得完整和系统。这样就避免了传统教育中分科教学不利于解决实际问题的弊端,还能够提升学生的综合素养。

3. 二者结合产生良好的效果

从 STEAM 教育到创客教育,学习的边界正在变得模糊。总体而言,二者的

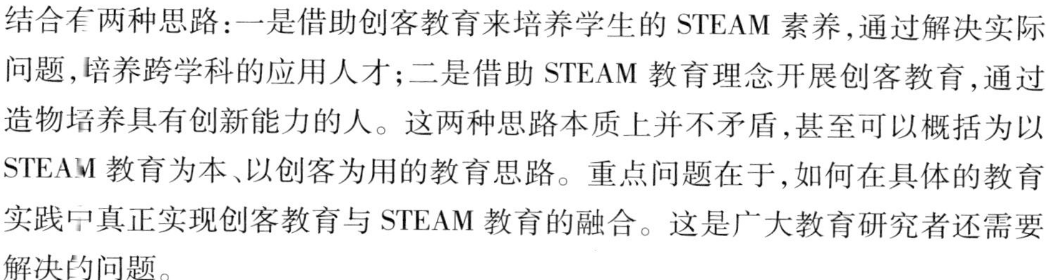

结合有两种思路：一是借助创客教育来培养学生的STEAM素养，通过解决实际问题，培养跨学科的应用人才；二是借助STEAM教育理念开展创客教育，通过造物培养具有创新能力的人。这两种思路本质上并不矛盾，甚至可以概括为以STEAM教育为本、以创客为用的教育思路。重点问题在于，如何在具体的教育实践中真正实现创客教育与STEAM教育的融合。这是广大教育研究者还需要解决的问题。

（三）STEAM教育课程的开发原则

1. 整合性原则

STEAM教育是将科学、技术、工程、艺术、数学学科有机融合的一种教育。在教学过程中，各学科紧密联系，学生以整合的方式掌握知识与技能，并将所学的知识与技能运用到实际问题解决中。要想实现各学科的有机整合，首先需要分析各个学科最基本的知识结构，找到各学科知识点之间的联系点与整合点，并以此为纽带将不同学科的知识内容按照跨学科的问题解决思路进行结构化。教师在进行教学前，应该将各学科的知识内容转化为以问题为核心的课程组织，在此基础上通过一系列的问题实现知识的有机整合。学科知识的整合可以促进学生认知能力的提高，学生通过知识的整合与应用，能够更加灵活地掌握知识，并且能够将知识迁移到社会生活中。

2. 理论联系实际原则

在STEAM教育过程中所学到的知识能够运用到实际生活中，能够解决实际问题。该原则提倡STEAM教育选择一些项目进行结构化设计，让学习者能够参与到项目活动中。STEAM教育以项目为核心，将知识内容的掌握和高级思维能力的培养与真实的生活情境相结合。这不仅提高了学生的认知能力，也促进了学生动手能力和创新能力的提高。项目学习的目标是项目作品，学生在教师的指导下设计出作品。在这个过程中，作品的制作和知识技能的获得是重点，但更重要的是获得创造性运用知识的社会能力，积累学生的生活经验。

3. 以学生为中心的原则

坚持以学生为中心的原则，就是让学生个人或小组在学习过程中去发现问题，强调学生发现和解决问题能力的发展。该原则要求教师依据学生需求，以学生的生活经验为基础，去寻找学科知识整合的模式。教师在教学中要坚持以学生为中心，以学生为主导，以小组的形式提出任务，引导学生依靠整合的学科知识完成学习任务。在整个过程中，学生处于主导地位，教师充当指导者、监督者的角色，发挥着协调、检查、监督以及评价的作用。

（四）好的创客设计的标准

一个好的创客设计能够将科技、艺术、美感、设计等多元的要素进行有效的融合，以跨学科的思维，让创客研究从实验室进入社会生活中。因此，一个好的创客设计应该具备四个条件：①新颖的想法；②精简的设计；③良好的体验；④合理地转化。这四个条件能够实现创意思维到创客作品的质的飞跃。

1. 新颖的想法

好的想法需要具备前瞻性，需要专注于某个领域的潜在的或隐藏的知识，它能够引发知识的汇聚和碰撞。因此，我们需要在寻常事件中发现其中的不寻常，合理分析其思维脉络，找准新颖点，设计一门完整的教学课程，拓展学习者的思维，创新教学内容和课程。例如，学者内里·奥克斯斯曼及其团队开设了一门“跨越规模的设计”课程，课程讲授的设计规模从微生物扩展到天体物理学，课程学习的方式是参与型设计，通过科学家的实验进行深入研究。他们以全新的视角，重塑自身的思维方式，通过创客实验室来影响自身。

2. 精简的设计

精简的作用在于帮助我们将视野聚焦于核心点上，让它的价值在某个行业或者某个领域发挥作用。因此，我们要抓住事物的核心点，寻找问题的关键点，设计相应的教学环节，开发其应用价值。例如国内课程“5G 通信工程”的设计，5G 技术是实现人工智能、拓展移动学习的重要技术之一，是与时俱进的热点研究内容。该课程选题精准，教材编写者依据国际标准精选了很多实验案例。

3. 良好的体验

创客教学中，教育者要激发学习者的学习兴趣，这就要求设计者在设计教学活动时要考虑学习者的学习需求，找到能够引起学习者学习兴趣的关键环节，通过真实欢快的有趣体验，使他们能够自主学习。例如，广州的树德创意园以生活馆的方式向民众开放，以“助力中国设计”为目标，在生活馆中设计了讲座区、展览区、交流区等 8 个生活空间。民众可以随心所欲地发挥创作灵感，尝试多样化的设计，通过全身心的体验理解“好好生活”的理念。这个设计让大家知道创意无处不在，创意设计已进入日常生活中。

4. 合理地转化

把想法转变为现实时，我们需要考虑的是如何把高端的创新思维转化为具有更高价值的产品以及生活元素，这时需要一个有效的转化。设计一个有效的转化方案时，可以借助高校、科研机构和企业开展共同研究或合作研究的转化形式。例如，华南农业大学开设了“e 村 e 品”课程，学生尹然平让农村的优质产品通过互联网进入家家户户，通过“一村一品”项目成功拿到了金融投资。

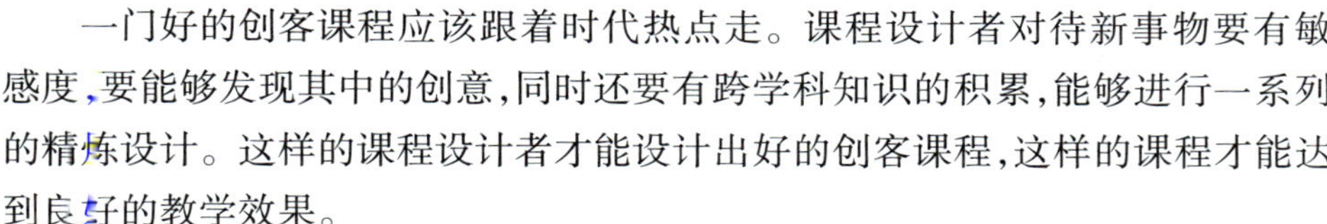

一门好的创客课程应该跟着时代热点走。课程设计者对待新事物要有敏感度，要能够发现其中的创意，同时还要有跨学科知识的积累，能够进行一系列的精炼设计。这样的课程设计者才能设计出好的创客课程，这样的课程才能达到良好的教学效果。

第三节　信息技术课程学习方法

《普通高中信息技术课程标准(2017 年版 2020 年修订)》推荐把项目式学习作为高中信息技术课程的主要教学方式和学习方法。《义务教育信息科技课程标准(2022 年版)》推荐了跨学科主题式教学和学习方法。主题式学习与本节将要介绍的研究性学习有相近之处。本节主要介绍团队学习和研究性学习。

一、团队学习①

团队学习是个体学习和协作学习的系统性整合与升华，注重发挥团队成员的集体智慧，使学习转化为现实的生产力。协作学习是两个或两个以上的个体在一起，通过合作交流互相促进、互相学习，以提高学习成效的一种学习形式。团队学习既不同于个体学习，也不同于协作学习(协作学习是个体之间的协作，立足点仍然是个体)。在个体学习和协作学习中，学习的主体都是个体；而在团队学习中，学习的主体不再是个体，而是团队。团队虽然是由个体组成的，但却以整体的形式存在和出现。

团队学习具有向心性、稳定性和调适性。在课堂教学中，应把握明确学习程序规则、建立互助学习关系、实现团队协作共赢的基本原则，并教给学生合作技能，提醒学生做好心理准备，发挥同伴教学的作用，留给学生独立自学的空间。当前，面对不断增加的学习压力，学生如果仍然以孤独的个体学习者出现，难免陷入失败的恐惧和焦虑中。这是当代学生存在厌学等严重心理健康问题的重要原因之一。解决这个难题的一个重要对策就是在学生中创建各种形式的学习化团队，包括学习型班级和班级中的专题研究型学习小组、学习型宿舍，以及跨年级、跨专业的学习型学生社团等，使学生从孤独的个体学习者变成强有力的团队学习者。

(一)如何有效地创建团队

创建学习团队的过程有 6 个：

① 桑新民. 学习科学与技术：信息时代学习能力的培养：第 2 版[M]. 北京：高等教育出版社，2017.

(1)组建团队

学习团队的建设应以完成课程的学习任务为基础和目标。在建立团队的初始阶段,教师必须完成从以往的主导者甚至主宰者向学习团队建设的指导者和参与者的角色转变,创造一种新型的师生关系。

团队的规模很重要,团队成员的人数会直接影响团队学习的效率:团队人数太多,每个人在全体成员面前交流和展示才华的机会就会变少,而且不可避免地会出现少数人忙、多数人闲的状况,不利于充分调动每个团队成员的主动性与创造性;而人数太少,团队中人气不旺,整体实力不足,也难以达到较高的团队学习水平。学习团队的规模不仅取决于团队的性质、目标、功能、组织形式,还取决于团队成员自主学习与协作学习的经验、水平和能力,以及团队组织者的管理水平与协调能力。

组建团队时应考虑到学习者的特征,还要充分考虑同质分组和异质分组对团队学习的影响。所谓同质分组是指团队成员在能力、性格、年龄、知识等方面比较接近。而通过异质分组建立起来的团队,其成员在上述各方面具有多样性和互补性。如果学习或研究专题的内容比较复杂,团队目标的实现需要多方面的知识和技能的支撑,则适宜采用异质分组来组建团队。团队分组时必须综合考虑多种因素,尽量使能力、水平各不相同的学生分为一组,使同一个学习小组有不同层次、个性的学生。在需要对团队成员进行调整时,必须向学生讲清理由,并且要充分尊重学生的意愿,采取民主协商的方式解决。

(2)建立信任关系

如果是临时团队,可以不过多介入;如果想要组建长期稳定的团队,则需要重点关注,比如可以采用做自我介绍、设置团队游戏,以及与学习以外的团队互动等方式来拉近团队成员之间的关系。

(3)形成共同愿景

共同愿景通俗地说就是通过团队学习,我们要追求和得到什么。首先,从成员的个人目标中归纳出团队的共同愿景,注意处理好个人目标、共同愿景和课程要求之间的关系,必要时可以适当地进行调整,以寻求三者之间的和谐统一。其次,分析共同愿景的可行性,列出团队所拥有的资源,如时间、知识、能力等。分析一下,为了实现共同愿景,团队中已经具备了哪些条件,还缺少哪些条件,团队能不能创造及如何创造所不具备的条件,是否需要调整共同愿景使之切实可行。再次,明确共同愿景。最终表述形式应该简洁、精练,有感召力,冗长或呆板的表述只会令人望而生畏。

记住,要让每个团队成员都有机会对以上任何问题发表意见和看法。在团队成员发表意见和看法时，要做好会议记录，最好把它写在线上平台讨论交流区中，让大家可以随时浏览或发表意见。

(4)制订、实施团队计划

许多计划在制订的时候就可以看出是无法执行的，原因就在于没有很好地分析上述因素，制订的计划缺乏可行性。如很多成员有其他学习活动和个人事务，因此无法每天按计划参加团队活动。在制订团队计划时需要综合考虑各方面的因素，使每一个具体目标都落在实处，以确保计划的可行性。需要考虑的因素包括实现愿景所需要的时间、人员、技术条件、外部支持、自身水平和能力以及其他团队所掌握的资源等。同时还应该制作一份详细的进度安排表，将每个阶段的各项工作安排都列出来，并明确时间要求。此外，必须在计划中明确团队成员的个人责任。当然，任何一项计划都不可能十全十美。由于认识上的不充分，随着时间的推移，事情还会发生变化，计划的调整也就不可避免。只有结合团队目标、时间和队员的能力不断地修正计划，使其逐步趋近科学、可行的方向，才能引导团队到达目的地。

(5)营造良好的团队学习氛围

交流是团队学习的一个最基本的要素，它贯穿于整个团队的学习和成长历程中。团队学习的成败，在很大程度上，取决于团队成员能否进行有效的交流。在交流过程中，所有参与者都必须视彼此为学习伙伴。创造一个平等开放的环境，有利于缓解交流时产生的不安，消除由个体差异导致的障碍，营造较好的团队互动氛围，进而相互理解、尊重、信赖，共同深入探讨和思考问题，并创造性地解决问题。当然学会聆听、互问探究、推理表达、化解冲突等技巧性的能力在团队学习氛围的营造中也很重要。

(6)反思与总结

此外，学习团队应该为集体反思和个人反思提供宽松的环境，树立正确的成败得失观。反思与总结应该成为个体学习与团队学习的一种良好习惯，贯穿于其他五个阶段之中，而且要在每个阶段结束时独立开展。

(二)团队有生命周期

团队和个体一样是有生命周期的。团队的生命周期分为组建期、震荡期、规范期、执行期和解散期 5 个阶段。

第一阶段是组建期。在该阶段，群体的目的、结构、领导都不确定。当群体成员开始把自己看作是群体的一部分时，意味着该阶段结束。

第二阶段是震荡期。这是群体内部极易产生冲突的阶段。群体成员接受了群体的存在，但抵制群体对他们的约束，并且对于谁可以控制群体这个问题还存在争议。直至群体领导层相对确立,这种情况才会消失。

第三阶段是规范期。在此阶段,群体内部成员之间开始形成亲密的关系,群体表现出一定的凝聚力。这时会产生强烈的群体身份感和友谊关系。当群体成员接受了群体,群体的结构稳定下来,群体成员对于什么是正确的成员行为达成共识时,此阶段结束。

第四阶段是执行期。在此阶段,群体结构已经开始充分发挥作用,并已被群体成员完全接受。群体成员的注意力已经从试图相互认识和理解转移到完成面临的任务上来。

第五阶段是解散期。在此阶段,群体开始准备解散,高绩效不再是压倒一切的首要任务,注意力放在了群体的收尾工作上。此时,群体成员的反应差别很大:有的很乐观,沉浸于群体的成就中;有的则很悲观,不舍得让群体解散,对在一起工作时建立起来的友谊关系即将破裂感到悲伤。

(三)课堂团队学习过程模型、原则、方法

前面讲述的团队学习适用于大部分学习环境,结合学生课堂学习的认知特点和行为规律,可将课堂教学背景下的团队学习过程模型确定为明确目标—分工实施—团队合作—共享信息—展示成果。①

第一,明确目标。教师提出明确的学习任务,目标要具体,难度要适中,且学习任务要易于学生理解。第二,分工实施。教师依据同质异构的原则将学生分组。在教师提出学习任务和目标后,团队内的每个学生都需要进一步明确各自承担的具体任务。第三,团队合作。团队内部成员完成各自的任务后,需要进一步合作,完成团队的总体目标。第四,共享信息。团队成员就各自完成任务的体会进行内部交流,实现信息共享。第五,展示成果。学习任务完成后,全班以团队为单位展示学习成果。

1. 团队学习教学策略的使用原则

(1)明确学习程序和学习规则

稳定的学习程序和清晰的学习规则是团队学习的重要标志。一般情况下,团队学习需要经历团队学习之前的团队构建、团队学习之中的分工合作、团队学习之后的展示交流这个基本流程。为了使团队运行有章可循,形成稳定的学习团队,产生良好的学习效果,教师还要向学生明确提出团队学习的规则:一是组织的规则,即团队学习中学生在发言、讨论、提问时应遵守的纪律要求;二是

① 王薇. 团队学习的概念模型与实践策略探究:基于课堂的环境视阈[J]. 课程教学研究,2021(11):13 – 20.

运行的规则，即团队内部运行需要构建起适合每个学生的任务分工机制；三是实施的规则，包括三个评价指标——倾听、合作、互动。

（2）建立互助学习关系

团队学习能够有效实施，依赖于团队内部学习关系的建立。一是要建立友善的同伴关系，为团队学习的顺利开展奠定环境基础。团队成员要彼此平等、相互尊重、友好相处、与人为善。二是要塑造开放的学习氛围，让团队中的每个成员都能有机会参与讨论，能够自如地表达自己的观点。三是要善于听取、采纳同伴的意见。在团队学习过程中，团队成员不仅要参与进来，主动发表自己的见解，敢于坚持自己的见解，更要积极听取组内同伴的意见，虚心接受其他同伴的建议，养成同伴之间学习讨论的习惯。四是学习处理团队内部的问题。团队诸多成员共同学习，不可避免地会出现一些矛盾甚至冲突。每个学生都要学习处理团队问题的基本方法，分析问题产生的原因，引导团队成员进行自我反思，协调成员之间的关系，从有利于完成团队整体任务的角度考虑解决问题的举措，提高团队的凝聚力和向心力。

（3）实现团队协作共赢

团队学习与个体学习最大的不同之处在于，团队学习具有共同目标和共同追求，具体体现在智育、精神、心理、品格、个性五个层面。在智育层面，表现为团队共同的学习成果；在精神层面，表现为团队成员的集体荣誉感和使命感；在心理层面，表现为团队互助的学习态度和合作的学习习惯；在品格方面，表现为团队成员为集体做贡献和乐于分享的品德；在个性方面，表现为团队特有的学习风格。为了实现团队共赢，教师和团队要了解每个成员的心理期待，协调组内人际关系，营造积极的团队氛围，发挥团队发展对个体成长的作用，鼓励团队个性化风格的形成和稳定。

2. 团队学习教学策略的运用方法

（1）划分小组

总体来看，目前课堂教学实践中的分组方法通常有同桌组合、优差组合、男女组合、自由组合等几种形式。这些分组形式没有从发挥学生主体性的角度出发，容易出现打击部分学生积极性的问题。例如，自由组合的方式可能致使一部分不遵守纪律或人际关系不好的学生不被同学接纳。教师可能将这样的学生安排在班干部身边，这是一种惩罚式教育理念，也是一种压制性教育思想。再如，优差组合的方式表面上看似乎能起到“好”学生帮助“差”生的作用，但这种方式很容易造成“差”生过分依赖“好”学生，或者出现“差”生由于跟不上而被团队边缘化的问题。为了解决这些问题，提高每个学生的参与度，发挥每个学生的主体性,团队学习小组的划分可采用"同质异构"的分组方式。同质,其对象指的是学业质量,即将学业质量相同的学生分在一个小组内,也就是成绩好的学生与成绩好的学生组合起来,成绩中等的学生与成绩中等的学生组合起来,成绩差的学生与成绩差的学生组合起来。异构,其对象指的是思维方式、认知倾向、性格特征等,即将思维方式、认知倾向、性格特征不同的学生合理搭配,使之各尽所长、相互作用、彼此影响。当然这种方式也存在一定的局限性,可根据具体的课堂情况进行调整。

(2)座位调整

一般的课堂教学中,"秧田式"是比较常见的座椅摆放形式,所有学生面朝教师,教师的主体地位突出,教师易于观察、约束和调控学生行为。团队学习教学策略要求改变"排排坐"的秧田式的固定形式,采用"团团坐"的圆桌式的灵活方式。这种座椅摆放方式适合学生讨论,很大程度上加强了师生之间、生生之间的语言交流和非语言交流,促进了学生在课堂上的社会化交往。

二、研究性学习①

研究性学习是学生在教师的指导下,从自然、社会和生活中选择和确定专题进行研究,并在研究过程中主动地获取知识、应用知识、解决问题的学习活动。2001 年,研究性学习与社会实践、社区服务、劳动技术教育共同构成"综合实践活动",作为必修课程列入《全日制普通高级中学课程计划(试验修订稿)》。在当前的信息技术课程教学中,该学习方式具有更加重要的地位。

(一)研究性学习的目标②

研究性学习强调对所学知识技能的实际运用,注重学习的过程和学生的实践与体验。因此,需要注意以下几项具体指标。

1. 获得亲身参与研究探索的体验

研究性学习强调学生通过自主参与类似于科学研究的学习活动,获得亲身体验,逐步形成善于质疑、乐于探究、勤于动手、努力求知的积极态度,产生积极的情感,激发探索、创新的欲望。

2. 培养发现问题和解决问题的能力

研究性学习通常围绕一个需要解决的实际问题展开。教师要引导和鼓励学生在学习的过程中自主地发现问题和提出问题,设计解决问题的方案,收集和分析资料,调查研究,得出结论并进行成果交流活动,引导学生应用已有的知

① 张肇丰. 试论研究性学习[J]. 课程·教材·教法,2000(6):42-45.

② 郑其恭. 研究性学习:学习方式的变革[J]. 教育导刊(上半月),2001(21):1-5.

识与经验，学习和掌握一些科学的研究方法，培养学生发现问题和解决问题的能力。

3. 培养收集、分析和利用信息的能力

研究性学习是一个开放的学习过程。在学习中，培养学生围绕研究主题主动收集、处理、加工和利用信息的能力是非常重要的。通过研究性学习，学生要学会利用多种有效手段、通过多种途径获取信息，学会整理与归纳信息，学会判断和识别信息的价值，并恰当地利用信息，以培养收集、分析和利用信息的能力。

4. 学会分享与合作

合作的意识和能力，是现代人所应具备的基本素质。在研究性学习的开展过程中，教师应努力创设有利于人际沟通与合作的教育环境，使学生学会交流和分享研究的信息、创意及成果，发扬乐于合作的团队精神。

5. 培养科学态度和科学道德

在研究性学习的过程中，学生要认真、踏实地探究，实事求是地获得结论，尊重他人的想法和成果，养成严谨、求实的科学态度和不断追求的进取精神，磨炼不怕吃苦、勇于克服困难的意志品质。

6. 培养对社会的责任心和使命感

在研究性学习的过程中，通过社会实践和调查研究，学生要深入了解科学对自然、社会与人类的意义与价值，学会关心国家和社会的进步，学会关注人类与环境的和谐发展，形成积极的人生态度。

（二）研究性学习的特点

研究性学习是师生共同探索新知的学习过程，是师生围绕着待解决的问题，共同完成研究性学习内容的确定、方法的选择以及为解决问题相互合作和交流的过程。它具有开放性、探究性和实践性的特点。

1. 开放性。研究性学习的内容不是特定的知识体系，而是来源于学生的学习生活和社会生活，致力于研究、解决学生关注的一些社会问题或其他问题，涉及的范围很广泛。它可能是某学科的，也可能是多学科综合、交叉的；可能偏重于实践方面，也可能偏重于理论研究方面。

在同一主题下，由于个人的兴趣、经验和研究活动的需要不同，研究视角的确定、研究目标的定位、切入口的选择、研究过程的设计、研究方法和手段的运用以及结果的表达等也各不相同。研究性学习具有很大的灵活性，为学习者、指导者发挥个性特长和才能提供了广阔的空间。因此，它是一个开放的学习过程。

2. 探究性。在研究性学习过程中,学习的内容是在教师的指导下,学生自主确定的研究课题;学习的方式不是被动地记忆、理解教师传授的知识,而是敏锐地发现问题,主动地提出问题,积极地寻求解决问题的方法,探求结论的自主学习的过程。因此,研究性学习不宜由教师指定某个材料让学生理解、记忆,而应引导、归纳、呈现一些需要学习、探究的问题。这个问题可以由展示一个案例、介绍某些背景或创设一种情景引出,也可以直接提出;可以由教师提出,也可以引导学生自己发现和提出。教师要鼓励学生自主探究解决问题的方法并得出结论。

3. 实践性。研究性学习强调理论与社会、科学和生活实际的联系,特别关注环境问题、现代科技对当代生活的影响,以及与社会发展密切相关的重大问题。教师要引导学生关注现实生活,亲身参与社会实践活动。同时,研究性学习的设计与实施应为学生参与社会实践活动提供条件和可能。

(三)研究性学习内容的选择和设计

1. 因地制宜,发掘资源。选择研究性学习的内容时,要注意把对文献资料的利用和对现实生活中"活"资料的利用结合起来,要引导学生充分关注当地自然环境、人文环境以及现实的生产、生活,关注赖以生存与发展的乡土和自己的生活环境,从中发现需要研究和解决的问题。把学生身边的事作为研究性学习的内容,有助于提高各地学校开展研究性学习的可行性,有利于培养学生爱家乡、爱祖国的情感以及社会责任感,有利于学生在研究性学习活动中保持较强的探索动机和创造欲望。

2. 重视资料积累,提供共享机会。学习内容的开放性为学生的主动探究、自主参与和师生合作探求新知识提供了广阔的空间。师生在研究性学习中所获取的信息、采用的方法策略、得到的体验和取得的成果,对于本人和他人都具有宝贵的启示、借鉴作用。将这些资料积累起来,成为广大师生共享并加以利用的学习资源,是学校进行研究性学习课程建设的重要途径。

3. 适应差异,发挥优势。不同地区、不同类型的学校和不同学生开展研究性学习在内容和方法上是有层次差异和类型区别的,因此在学习目标的确定上各有侧重,在内容选择上各有特点。学校应根据自身的传统优势和校内外教育资源的状况,形成有地域特色和学校特点的研究性学习内容,同时为学生根据自己的兴趣、爱好和具体条件,自主选择研究课题留下足够的余地。另外,教师要在日常的各科教学中,结合教学内容,注重引导学生通过主动探究,解决一些开放性的问题。这在一定程度上体现了研究性学习的价值,对于提高学科教学水平也具有积极的意义。

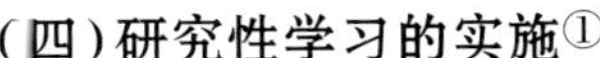

(四)研究性学习的实施①

在开展研究性学习的过程中,教师和学生的角色都具有新的特点,教育内容的呈现方式、学生的学习方式、教师的教学方式以及师生互动的方式都会发生较大的变化。

1. 研究性学习的实施类型

依据研究内容的不同,研究性学习的实施主要分为两大类:课题研究类和项目(活动)设计类。课题研究类以认识和解决某一问题为主要目的,具体包括调查研究、实验研究、文献研究等类型。

项目(活动)设计类以解决比较复杂的操作问题为主要目的,一般包括社会性活动的设计(如一次环境保护活动的策划)和科技类项目的设计(如某一设备、设施的制作、建设或改造的设计)两种类型。

一项专题的研究性学习活动,可以属于一种类型,也可以属于多种研究类型。综合性较强的专题,往往涉及多方面的研究内容,需要运用多种研究方法和手段,更需要参加者分工协作。

研究性学习的组织形式主要有三种类型——小组合作研究、个人独立研究、个人研究与全班集体讨论相结合。

小组合作研究是经常采用的组织形式。一般由 3 到 6 个学生组成课题组,聘请有一定专长的成人(如本校教师、校外人士)为指导教师。研究过程中,课题组成员各有独立的任务,既有分工,又有合作,各展所长,优势互补。

个人独立研究可以采用"开放式长作业"形式,即先由教师向全班学生布置研究性学习任务,可以提出一个综合性的研究专题,也可以不确定范围,由每个学生自定具体题目,并各自相对独立地开展研究活动,用几个月到半年的时间完成研究性学习作业。

采用个人研究与全班集体讨论相结合的形式时,全班同学围绕同一个研究主题,各自搜集资料、开展探究活动、取得结论或形成观点。再通过全班集体讨论或辩论,分享初步的研究成果,推动同学们在原有的基础上深化研究,之后进入第二轮研讨,或就此完成各自的论文。

2. 研究性学习实施的一般程序

研究性学习的实施一般分三个阶段——进入问题情境阶段、实践体验阶段和表达交流阶段。在学习进行的过程中,这三个阶段并不是截然分开的,而是相互交叉和交互推进的。

---

① 王升. 研究性学习的理论与实践[M]. 北京:教育科学出版社,2002.

(1)进入问题情境阶段

本阶段要求师生共同创设一定的问题情境,如开设讲座、组织参观访问,目的在于做好背景知识的铺垫,调动学生原有的知识和经验。然后经过讨论,提出核心问题,诱发学生探究的动机,在此基础上确定研究范围或研究题目。同时,教师应帮助学生通过搜集相关资料,了解有关研究题目的知识水平、该题目中隐含的争议性问题,使学生从多个角度认识、分析问题。在此基础上,学生可以建立研究小组,共同讨论和确定具体的研究方案,包括确定合适的研究方法、如何收集信息、可能采取的行动和可能得到的结果等。在此过程中,学生要反思所确定的研究问题是否合适,是否需要改变。

(2)实践体验阶段

在确定需要研究解决的问题以后,学生要进入解决问题的过程,通过实践、体验,形成一定的观念、态度,掌握一定的方法。

实践、体验的内容包括:①搜集和分析信息资料。学生应了解和学习收集资料的方法,掌握访谈、上网、查阅书刊、问卷等获取资料的方法,并选择有效的方法获取所需要的信息资料;要学会判断信息资料的真伪、优劣,识别对本课题研究有重要价值和关系的资料,淘汰边缘资料;学会有条理、有逻辑地整理与归纳资料,发现信息资料间的关联;最后综合整理信息,并进行判断,得出相应的结论。这时要反思所得结论是否充分地回答了所研究的问题,是否有必要采取其他方法获取证据以支持所得结论。②调查研究。学生应根据个人或小组集体设计的研究方案,按照确定的研究方法,选择合适的地方进行调查,获取调查结果。在这一过程中,学生应如实记载调查中所获得的基本信息,形成记录实践过程的文字、音像等多种形式的"作品";同时要学会从各种调研结果、实验、信息资料中归纳出解决问题的重要思路或观点,并反思是否获得足以支持研究结论的证据,是否还存在其他解释的可能。③进行初步的交流。学生就通过收集资料、调查研究得到的初步研究成果在小组内或个人之间进行充分的交流,学会认识客观事物,认真对待他人的意见和建议,正确地认识自我,并逐步丰富个人的研究成果,培养科学精神与科学态度。

(3)表达和交流阶段

在这一阶段,学生要将取得的收获进行归纳整理、总结提炼,形成书面材料和口头报告材料。成果的表达方式要提倡多样化,除了按一定要求撰写实验报告、调查报告,还可以采取开辩论会和研讨会、做展板、出墙报、编刊物(包括电子刊物)等方式。同时,学生还应以口头报告的方式向全班发布研究成果,或通过指导老师主持的答辩。学生通过交流、研讨,与同学们分享成果,这是研究性

学习不可缺少的环节。在交流、研讨中，学生要学会欣赏和发现他人的优点，学会理解和宽容他人，学会客观地分析和辩证地思考，也要敢于和善于申辩。

3. 研究性学习实施中的教师指导作用

研究性学习强调学生的主体作用，同时也重视教师的指导作用。在研究性学习实施过程中，教师应把学生作为学习探究和解决问题的主体，并注意转变自己的指导方式。在研究性学习的实施过程中，教师要及时了解学生开展研究活动时遇到的困难以及他们的需要，有针对性地进行指导。教师应成为学生的研究信息交汇的枢纽，成为交流的组织者和建议者。在这一过程中，教师要注意观察每一个学生在品德、能力、个性方面的发展，适时地给予鼓励和指导，帮助他们建立自信并进一步提高学习积极性。教师切忌将学生的研究引向已有的结论，而应该提供信息、启发思路、补充知识、介绍方法和线索，引导学生质疑、探究和创新。

在研究性学习的实施过程中，教师必须通过多种方式争取家长和社会有关方面的关心、理解和参与，与学生一起开发对实施研究性学习有价值的校内外教育资源，为学生开展研究性学习提供良好的条件。

在研究性学习的实施过程中，教师要指导学生写好研究日记、及时记录研究情况、真实记录个人体验，为以后进行总结和评价提供依据。

教师可以根据学校和班级实施研究性学习的不同目标和主客观条件，在不同的学习阶段进行重点的指导，如着重指导资料收集工作，或指导设计解决问题的方案，或指导学生形成结论。

（五）研究性学习的评价

评价是研究性学习过程中的重要环节。进行评价时必须充分关注学习态度，重视学习的过程与方法，重视交流与合作，重视动手实践。

1. 研究性学习评价的一般原则

研究性学习强调学习的过程，强调对知识技能的应用，强调学生亲身参与探索性实践活动并获得感悟和体验，强调学生的全员参与。因此，研究性学习评价要采用形成性评价的方式，重视对过程的评价和学习过程中的评价，重视学生在学习过程中的自我评价和自我改进，使评价成为学生学会实践和反思、发现自我、欣赏别人的过程；同时，要强调评价的激励性，鼓励学生发挥自己的个性特长，施展自己的才能，努力形成激励广大学生积极进取、勇于创新的氛围。

2. 研究性学习评价的特点

评价主体多元。评价者可以是教师或教师小组，可以是学生或学生小组，可以是家长，也可以是与开展项目内容相关的企业、社区或有关部门。如果成果参加评奖或在报刊上公开发表，则专业工作者和媒体也扮演了评价者的角色。研究性学习评价的内容通常涉及以下几个方面：

一是参与研究性学习活动的态度。它可以通过学生在活动过程中的表现来判断，如：是否认真参加每一次课题组活动；是否认真努力地完成自己所承担的任务；是否做好资料积累和分析处理工作；是否主动提出研究和工作设想、建议；能否与他人合作，采纳他人的意见。

二是在研究性学习活动中所获得的体验情况。这主要通过学生的自我陈述以及小组讨论记录、活动开展过程记录等来反映，也可以通过行为表现和学习结果反映出来。

三是学习和研究方法、技能掌握情况。这主要是指对学生在研究性学习活动各个环节中掌握和运用有关方法、技能的水平进行评价。如对学生所做的资料查阅和筛选工作、对资料的归类和统计分析工作、对新技术的使用情况、对研究结果的表达与交流情况等进行评价。

四是学生创新精神和实践能力的发展情况。这主要是指要考查学生在一项研究活动中从发现和提出问题、分析问题到解决问题的全过程所显示出的探究精神和能力，也要通过活动前后的比较和几次活动的比较来评价其发展状态。

五是学生的学习结果。研究性学习结果的形式多种多样，它可以是一篇研究论文、一份调查报告、一件模型、一块展板、一场主题演讲、一次口头报告、一本研究笔记，也可以是一项活动设计方案。教师需要灵活掌握评价标准。

评价手段和方法具有多样性。研究性学习的评价可以采取教师评价与学生自评、互评相结合，对小组的评价与对组内个人的评价相结合，对书面材料的评价与对学生口头报告、活动、结果的评价相结合，定性评价与定量评价相结合，以定性评价为主等做法。

3. 研究性学习评价的实施

评价要贯穿于研究性学习的全过程。操作时可以重点从三个环节，即开题评价、中期评价和结题评价着手。

开题评价要关注学生发现问题、提出问题、提出问题解决设想的意识和能力，促使学生以积极的态度进入解决问题的过程中。

中期评价主要是检查研究计划的实施情况，研究资料的积累情况，以及研究过程中遇到的问题、困难和解决问题、克服困难的情况等。对评价结果要及时反馈，在研究中学生自己难以解决的问题，要通过教师指点、学生小组内部讨论、学生小组间交流、寻求校外帮助等方式予以解决。

结题评价主要对学生参与研究性学习全过程的情况、体验情况、资料积累

情况、结题情况、研究结果及成果展示方式等进行评价。

评价的具体方案可以由指导教师提出,也可以在师生协商的基础上提出。鼓励学生个人或学生小组自己设计评价方案,对自己的研究情况加以评价,充分发挥评价的教育功能。

研究性学习评价既要考虑学生参与活动、达成研究性学习目标的一般情况,又要关注学生在某些方面的特别收获,顾及学生的个别差异;既要使认真参加研究性学习活动的学生普遍获得成功的体验,也要让研究卓有成效的少数优秀学生脱颖而出。研究性学习评价既要着眼于对整个小组的评价,又要注意到个人在课题研究中所承担的角色、发挥的具体作用及进步的幅度。

三、基于项目的学习

(一)基于项目的学习定义

基于项目的学习(project-based learning,简称 PBL),是学习过程围绕某个具体的学习项目,充分选择和利用最优化的学习资源,在实践体验、内化吸收、探索创新中获得较为完整和具体的知识,形成专门的技能和得到充分发展的学习。"项目(project)"一词指的是事物按性质分成的门类。教育领域中的"项目",指的是学生围绕所选主题进行的一系列调查、观察、研究、表达新学知识、展示和分享学习成果等的一种学习活动,一般分小组进行。基于项目的学习旨在把学生融入完成有意义的任务的过程中,让学生积极地学习、自主地进行知识的建构,以学生生成的知识和培养起来的能力为最高成就目标。①

(二)构成要素

基于项目的学习主要由内容、活动、情境和结果四大要素构成(如图 3.5 所示)。②

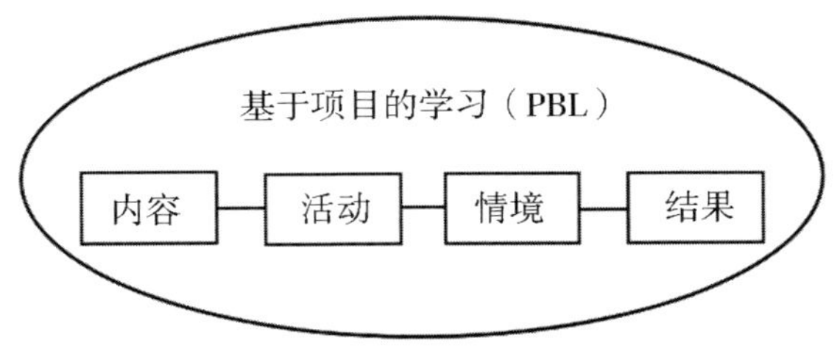

图 3.5　基于项目的学习(PBL)的构成要素

① 高志军,陶玉凤. 基于项目的学习(PBL)模式在教学中的应用[J]. 电化教育研究,2009(12):92－95.

② 刘景福,钟志贤. 基于项目的学习(PBL)模式研究[J]. 外国教育研究,2002(11):18－22.

1. 内容

基于项目的学习的主要内容是现实生活和真实情境中表现出来的各种复杂的、非预测性的、多学科知识交叉的问题。这种问题是真实的驱动型问题,包含有价值的内容,并以真实世界中的情境作为锚点,使得整个项目连贯一致。内容有如下特点:

第一,内容应该是来自现实生活的问题,是完整的而非零碎的知识片段,即强调知识的完整性和系统性;内容是值得学生进行深度探究、学生有能力进行探究的知识。

第二,内容应该与个人的兴趣一致。

2. 活动

基于项目的学习的活动主要指学生采用一定的技术工具(如计算机)和研究方法(如调查研究)解决所面临的问题所采取的探究行动。活动具有如下特点:

(1)活动具有一定的挑战性

在基于项目的学习中,学生会遇到一些具有一定困难的问题。探究活动能够促使学生掌握现实生活中复杂的概念和技能,在不同情境中运用这些技能完成类似“行家”般的任务,履行专业性的职责,形成一定的工作业绩。学生通过这一系列的活动可以提高自身的技能水平。

(2)活动具有建构性

因为基于项目的学习允许学生建构并生成自己的知识,所以他们很容易对知识进行记忆和迁移。在基于项目的学习中,活动给学生提供一种学习经历,学生能建构自身的知识。这种知识的建构是通过以下程序来实现的:学生确定问题、寻求解决问题的办法、对问题进行研究、选择信息、分析信息、合成信息,并将获得的信息与以前所学的知识联系起来。

(3)活动应该与学生的个性一致

基于项目的学习适合用不同的方法学习,能给学生提供多种方式参与和验证学习,适合各种各样的智力技能(如肌体运动技能、图像技能)的学习,也能适应不同的学习风格,如个别化学习或者小组合作学习,还能给家长提供其子女的各种业绩的信息。

3. 情境

情境是指支持学生进行探究学习的环境。情境既可以是物质实体的学习环境,也可以是借助信息技术条件所形成的虚拟环境。情境有如下特点:

(1)情境促进学生之间以及学生和社会团体之间的合作

和其他的学习模式相比，基于项目的学习能给学生提供更丰富的、更具真实性的学习经历，因为它是在社区环境中进行的。在这种情境中，学习和工作需要相互依赖和合作。这种环境同时也能使学生避免人际冲突，并且帮助其解决人际冲突。在没有压力、精诚合作的环境中，学生对能力发展充满了自信。

(2)情境有利于学生使用并掌握技术工具

情境为学生学会使用各种技术提供了一种理想的环境，能拓展学生的能力，并为他们走向社会做好准备。

4.结果

结果是指在学习过程中或学习结束时学生通过探究活动所学会的知识或技能，如小组合作学习技能、生活技能、自我管理技能。基于项目的学习模式同时也能够促进学生的高级认知技能和问题解决策略的形成，为培养专业技能和制定专业研究策略(如历史研究、人类学、文艺评论)提供服务，促使学生“学会学习”。

(三)基于项目的学习特征

基于项目的学习具有多种特征：

1.有一个驱动或引发性的问题，问题是用来组织和激发学习活动的，学习活动则是有意义的基于项目的学习主体。

2.有一个或一系列最终作品，而且学生之间要就作品制作进行交流和讨论，从而在交流和讨论中得出结论和发现一些新的问题。

3.关注的是多学科交叉的知识。来源于现实生活的问题是多种学科交叉的问题。在学习过程中，面对现实生活中的问题时，学生需综合运用多种学科知识来理解和分析，单纯地依靠一门学科的知识无法解决所遇到的问题。

4.强调学习活动中的合作。老师、学生以及设计该项活动的所有人员相互合作，形成“学习共同体”。在“学习共同体”中，成员之间是一种密切合作的关系。

5.学习具有一定的社会效益。基于项目的学习能促使师生与广大的社区进行联系。学生能够对作品，如学习所需的文献资料和学生的最终作品，与老师、家长以及商业团体进行交流和分享。学生制作的作品可以提供给商家在市面上销售，从而获得一定的经济效益。

6.学习是在现实生活中进行探究。基于项目的学习要求学生对现实生活中的问题进行探究，学生通过探究获得学科知识的核心概念和原理，从而掌握一定的技能。

7.学习过程中需运用多种认知工具和信息资源。在学习过程中，学生学会使用各种认知工具和信息资源来陈述观点，支持自己的学习。

（四）基于项目的教学的基本步骤

克伯屈将基于项目的教学分为目的、计划、实施、评价四个步骤，几乎所有对项目教学阶段的描述都是在克伯屈的四个步骤的基础上引申出来的。刘景福、钟志贤认为，基于项目的教学流程或实施步骤分为选定项目、制订计划、活动探究、作品制作、成果交流和活动评价六个基本步骤。这个观点受到众多研究者的认可。

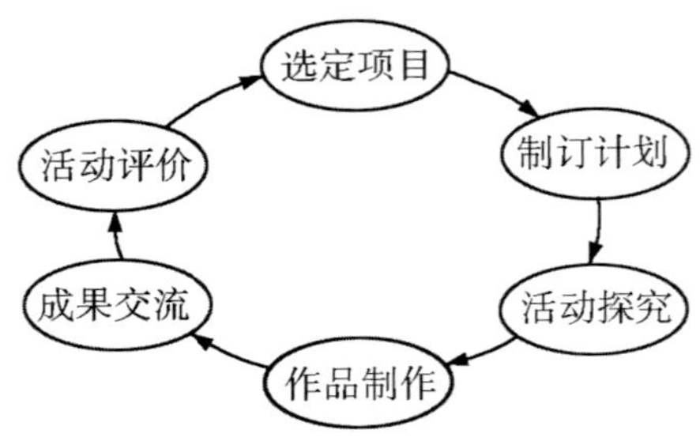

图 3.6　基于项目的教学实施步骤

1. 选定项目

在基于项目的学习中，项目的选择很重要，它应该由学生根据自己的兴趣来选择。教师在此过程中仅仅只能作为指导者，对学生选定的主题进行评价。首先，所选择的项目是否和学生的日常生活相关。其次，应该考虑学生是否有能力开展该项目的学习，并且项目应能融合多门学科，如自然、数学和语文。再次，项目应该丰富，值得学生进行至少一周时间的探究。最后，学校有能力对该项目学习进行检测。总之，在基于项目的学习中，教师应该充分考虑学生所选择的项目是否具有研究价值，以及学生是否有能力对该项目进行研究。根据评价的情况，如果有必要，可以对学生选择的项目进行适当的调整，或建议学生重新选择项目。

2. 制订计划

计划的内容有学习时间的详细安排和活动计划。时间安排是学生对项目学习所需的时间做一个总体规划，做一个详细的时间流程安排。活动计划是指对基于项目的学习中所设计的活动预先进行计划，如采访哪些专家、人员的具体分工、从什么地方获取资料。

3. 活动探究

这一阶段是基于项目的学习的主体，学生大部分知识内容的获得和技能、技巧的掌握都是在此过程中完成的，学习小组直接深入实地进行调查研究，通

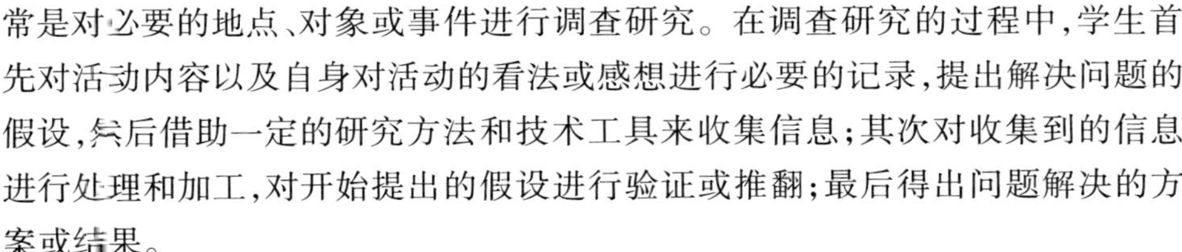

常是对必要的地点、对象或事件进行调查研究。在调查研究的过程中，学生首先对活动内容以及自身对活动的看法或感想进行必要的记录，提出解决问题的假设，然后借助一定的研究方法和技术工具来收集信息；其次对收集到的信息进行处理和加工，对开始提出的假设进行验证或推翻；最后得出问题解决的方案或结果。

4 作品制作

作品制作是基于项目的学习区别于一般活动教学的重要特征。在制作作品的过程中，学生运用在学习过程中所获得的知识和技能来完成作品的制作。作品的形式不固定，可以多种多样，如研究报告、实物模型、图片、录音片段、录像片段、电子幻灯片、网页和戏剧表演等。学习小组展示研究成果可以巩固他们在项目学习中所获得的知识和所掌握的技能。

5. 成果交流

作品制作出来之后，各学习小组要相互交流：交流学习过程中的经验和体会，分享作品制作的成功和喜悦。成果交流的形式多种多样，如举办展览会、报告会、辩论会、小型比赛。在成果交流中，参与的人员除了本校的领导、老师和学生，还可以有校外来宾，如家长、其他学校的教师和学生以及上级教育主管部门的领导和专家。

6. 活动评价

基于项目的学习与传统教学模式的一个重要区别是学习评价。在基于项目的学习中，评价要求由专家、学者、老师、同伴以及学习者自己共同来完成。它不但要求对结果进行评价，同时也强调对学习过程进行评价，真正做到了定量评价和定性评价、形成性评价和终结性评价、对个人的评价和对小组的评价、自我评价的良好结合。

评价的内容有课题的选择、学生在小组学习中的表现、计划、时间安排、结果表达和成果展示等。对结果的评价强调学生对知识和技能的掌握程度，对过程的评价强调对实验记录、各种原始数据、活动记录表、调查表、访谈表、学习体会等的评价。

（五）应用原则

1. 基本理念

（1）以激发学生的行为愿望和发展学生的行为能力为教学活动的核心目标

学生的行为愿望，即对项目的兴趣，是完成项目的内驱力。有了内驱力，学生才会在项目活动中主动参与、完成任务。项目教学中的项目活动为学生获得和提高行为能力提供了良好的平台。行为能力包括行为活动中的态度和价值观、过程和方法、技能和技巧等多方面的因素。任何一种行为能力的获得和提高都必须依靠实际行为来实现。基于项目的学习本质上是“教学做合一”，只是在项目教学中，“做”被具体化为项目的实施。“愿意做”和“能够做”是“学会做”的两大要素。因此，激发学生的行为愿望和行为能力是项目教学的核心目标。

(2)以帮助学生获得有用的生活经验为出发点设置教学情境

学校教育的根本目的是培养对社会发展有用、对自我发展有利的合格人才。因此，学生要面对的不仅是学校中的“学科世界”，还要面对社会和生活中的真实世界。基于项目的教学情境是由学生和教师共同营造的，可以是现实生活中的一个问题、一个任务。对学生而言，它是真实的、可以感知的。所设置的教学情境一般符合两个基本要求：一是能帮助学生形成新、旧经验之间的联结，从而持续稳定地获得经验的增长；二是能激发学生参与活动的积极性，所设置的情境是新鲜的、有挑战性的。

(3)以完成项目作品为主线进行教学活动的计划、实施和评价

基于项目的学习始终围绕着项目任务的完成展开，而项目任务又可以物化为完成项目的作品。在项目教学中，项目式教学围绕目标展开，师生共同确立项目所要完成的作品，然后以包括完成项目作品在内的教学目标为导向制订项目计划。

(4)以学生在项目小组中的自我组织和自主学习为教学活动的主要形式

项目教学的教学组织形式主要是学生在项目小组中进行活动，而学生的活动又是自我组织和自我负责的，即学生在项目小组中进行自主学习。

(5)教学资源的多样性和教学的开放性

与传统教学比较，基于项目的教学是一种充满变数、富有挑战性的开放式的教学活动。教学所需的资源具有多样性。对资源的开发具有动态性，而开发的主体不仅仅是教师，还包括学生。

2. 注意事项

(1)与传统教学法相配合

项目教学法并没有完全否定传统教学法，应与传统教学法配合使用。在对理论知识讲深、讲透的基础上开展项目教学，才能使学生学会应用理论来解决实际问题，达到锻炼分析问题和解决问题的能力的目的，收到事半功倍的效果。

(2)重视项目的选取

项目的选取既要紧贴理论知识，又要符合时代背景，也要与社会实践相关，

应尽量选取社会实践中的瓶颈问题。这样，项目既能紧跟时代，又能充分锻炼学生的创新实践能力。

(3)强调教师的角色转换

传统教学中，教师是知识的传授者，学生是知识的接受者；教师是“行家”，学生是“外行”。而项目教学中，教师应由传授者变为项目实施的引导者。此时，学生变为“行家”，教师充当“外行”，学生自主探究解决问题的方案。

(4)选择良好的硬件环境

传统教学模式对硬件环境要求较低，只需要教室和黑板，教学过程以教师讲授为主。而项目教学需要学生分组讨论、表演和汇报，教学过程以学生自主学习为主。因此，项目教学需要包括圆桌、学生实施项目的工具材料以及投影仪等在内的硬件设备。

参考文献：

1. 索耶. 剑桥学习科学手册[M]. 徐晓东，等译. 北京：教育科学出版社，2010.

2. 焦建利，贾义敏. 学习科学研究领域及其新进展：“学习科学新进展”系列论文引论[J]. 开放教育研究，2011，17(1)：33－41.

3. 布兰思福特. 人是如何学习的：大脑、心理、经验及学校：扩展版[M]. 程可拉，孙亚玲，王旭卿，译. 上海：华东师范大学出版社，2013.

4. 高文，等. 学习科学的关键词[M]. 上海：华东师范大学出版社，2009.

5. 桑新民. 学习科学与技术：信息时代学习能力的培养：第2版[M]. 北京：高等教育出版社，2017.

6. 张慧，张定文，黄荣怀. 智能教育时代认知负荷理论发展、应用与展望：“第十一届国际认知负荷理论大会”综述[J]. 现代远程教育研究，2018(6)：37－44.

7. 闫志明，宋述强. 信息技术教育应用的理论与实践[M]. 北京：高等教育出版社，2017.

8. MORENO R，VALDEZ A. Cognitive load and learning effects of having students organize pictures and words in multimedia environments：the role of student interactivity and feedback[J]. Educational technology research and development，2005，53(3)：35－45.

9. LEVY-DRORI S，HENIK A. Concreteness and context availability in lexical decision tasks[J]. American journal of science，2006，119(1)：45－65.

10. BOERS F，EYCKMANS J，STENGERS H. Presenting figurative idioms with a touch of etymology：more than mere mnemonics[J]. Language teaching research，2007，11(1)：43－62.

11. KANSKE P，KOTZ S A. Concreteness in emotional words：ERP evidence from a hemifield study[J]. Brain research，2007，1148：138－148.

12. 维果茨基. 维果茨基教育论著选[M]. 第2版. 余震球，译. 北京：人民教育出版社，2005.

13. 赵慧军. 活动理论的产生、发展及前景[J]. 东北师大学报(哲学社会科学版),1997(1):88-94.

14. ENGESTRÖM. Learning by expanding: an activity-theoretical approach to developmental research[M]. 2nd ed. Cambridge: Cambridge University Press,2014.

15. 项国雄,赖晓云. 活动理论及其对学习环境的影响[J]. 电化教育研究,2005(6): 9-14.

16. 钟启泉. 教学活动理论的考察[J]. 教育研究,2005(5):36-42,49.

17. 李沂. A. H. 列昂捷夫的活动理论[J]. 心理学报,1979(2):233-241.

18. 吕巾娇,刘美凤,史力范. 活动理论的发展脉络与应用探析[J]. 现代教育技术,2007(1):8-14.

19. CHEN C C,HUANG T C. Learning in a u-museum: developing a context-aware ubiquitous learning environment[J]. Computers & education,2012,59(3):873-883.

20. HWANG G J,CHANG H F. A formative assessment-based mobile learning approach to improving the learning attitudes and achievements of students[J]. Computers & education,2011,56(4):1023-1031.

21. LOOI C K,SEOW P,ZHANG B H,et al. Leveraging mobile technology for sustainable seamless learning: a research agenda[J]. British journal of educational technology,2010,41(2): 154-169.

22. FORBES D. Beyond lecture capture: Student-generated podcasts in teacher education[J]. Waikato journal of education,2011,16(1):51-63.

23. HAYES,WEIBELZAHL. Text messaging for out-of-class communication: impact on immediacy and affective learning[J]. Mobile learning design,2015:271-284.

24. 韩雪童. 大数据时代个性化学习的技术曲解、本源廓清与突围路径[J]. 电化教育研究,2022,43(6):25-31,60.

25. 王薇. 团队学习的概念模型与实践策略探究:基于课堂的环境视阈[J]. 课程教学研究,2021(11):13-20.

26. 教育部. 教育部关于印发《普通高中"研究性学习"实施指南(试行)》的通知[EB/OL]. (2001-04-09)[2008-04-25]. http://www.moe.gov.cn/srcsite/A06/s3732/200104/t20010409_82009.html.

第四章 信息技术课程的教学方法

本章拓展思考问题：

1. 教学方法在整个教学过程中如何定位？“教育价值观与被选择的教学方法应具有一致性”这个观点是否成立？

2. 对于信息技术课程教学来说，是否存在唯一不变的教学方法？当前社会背景下，如何理解“教无定法，贵在得法”这个观点？

3. 从“信息技术课程”转变为“信息科技课程”，教学方法是否有必然的变化？

第一节 教学方法概述

一、教学方法的概念

教学方法是师生为达到教学目的、完成教学任务而采用的教学措施和教学手段，是教师和学生相互结合的活动方式。它包括两个方面的含义：教师教的方法（教法）和学生学的方法（学法）。两者有紧密的联系：一方面，教师的教法必然要通过学生的学法来体现；另一方面，学生的学法实际上是在教师指导下的学习方法，尽管有时是以辅助教学或自学的形式进行的，但它是在教师的指导下或教师的影响下进行的学习活动。①

教学方法的内涵有以下几个方面：

1. 教学活动具有双边性

教学活动是由教师的教和学生的学两个方面组成的，教与学是相互的，如果只强调教师的教而没有学生学习的参与，那么教学是失败的；反过来也是一样的，只有学生的学而没有教师的教，那学生的学习只是停留在学生当前的认识水平上，其认识水平也不会提高。

2. 教与学的方法相互联系和作用

在教学方法的实施过程中，教师的教法制约着学生的学法，学生的学法也

---

① 周敦. 中小学信息技术教材教法：第3版[M]. 上海：人民邮电出版社，2013.

影响着教师的教法；教师的教法通过学生的学法体现出来，学生的学法实际上是在教师的教法指导下进行的。

3. 教学方法的实质是一种运动着的具有某种规定性的活动模式

（1）教学方法与教学手段有着内在的联系，又有着必然的区别。教学方法离不开教学工具和手段，是对教学工具和手段的有效利用。不能把教学方法等同于教学手段。

（2）教学方法是可变的系列活动，不能看成是固定的方式或动作。事实上，任何方法都是由一系列的活动构成的。现代正在使用的各种教学方法，实际上是教师和学生为了完成某种教学任务而特别组合在一起的教学活动成套化、系列化的总称。教学总是要实现某种目的，总是要通过若干教学活动来实现。

综上所述，教学方法是在教学过程中教师和学生为实现教学目的、完成教学任务而采取的一定的教学工具和手段、教与学相互作用的活动方式的总和，它具有多样性、综合性、发展性和可补偿性。

二、现代教学方法的特征

由于信息技术是知识性与技能性相结合的学科，而且工具性的特点特别明显，因此，在计算机课程的教学中应多采用适合其工具性的教学方法，更应注意教学方法的改革和创新，以满足素质教育的要求。现代教学方法应具备以下特征：

1. 以发展学生的智能为出发点

根据新课标的内容可知，现代教学方法已超出了传统的教学要求，越来越注重学生智力的开发和能力的培养，特别是计算思维、创造性思维和批判性思维的培养。学生不仅仅要习得书本知识，还要学习书本之外的各种适应现代社会发展的技能和能力。

2. 实现信息的多向传递

实施教学的过程中应把教师的主导作用与学生的主体地位结合起来，使学生在教师的指导下积极主动地获取知识，并通过答疑、讨论，加强学生之间、师生之间的思想交流，使学生真正成为教学活动的主体。同时，还应注重学生信息的反馈，强调教学效果。

3. 加强对学生学习方法的研究

现代教学法都以心理学为依据，许多教学法都是在研究学习方法的基础上创立的。在教学中既有教的要求也有学的要求，强调教会学生学习，培养学生独立获取知识的能力。加强对学生学习方法的研究具体体现在以下几个方面：（1）以研究学生的科学的学习方法作为创立现代新教学法的前提；（2）在教学方法的运用中将教法与学法结合;(3)以学生在学习中表现出的思维紧张程度、思维品质和水平等作为评价教学方法的基本标准。

4. 重视学生非智力因素的培养和调节

现代教学方法不仅仅考虑学生对知识、技能的把握,还涉及学生非智力因素的培养与调节。在课堂中,学生的活动有认识活动,还包括学生的心理活动。教师应多关注学生的非智力因素,非智力因素包括学生的情感、意志、性格、兴趣等。积极的情感体验可以增强教学效果。锻炼学生的意志以使学生在面对困难时不逃避,而是坚持完成一件事。教师应关注学生的不同性格,采取适合学生学习的方式进行教学。现代教学法强调情感在教学活动中的作用,情感能够激发学生的兴趣,让学生产生学习动力,学得轻松愉快,从而使学生思维活跃、记忆牢固。

5. 注意因材施教,促进发展

因材施教的核心是针对学生的差异采取不同的措施,使每一个学生都能在自身条件的基础上得到最好的发展。每个学生是不同的,教师应该尊重学生的不同,注意因材施教,从而促进学生的发展。

6. 对传统教学法做适当的保留并加以改造

传统教学法虽受到批评,但并未完全被抛弃,而是针对问题加以改进。例如:传统的讲授法现在仍不失为最经济而有效的教学法,同时可以通过改造成为积极的、能动的、有意义的教学法;程序教学法只要克服机械呆板的缺点,增加人性化和趣味性的因素,也可以达到很好的教学效果。现代教学法在传统教学法的基础上继续发挥传统教学法的优势,对其不足加以改进。

由此可见,现代教学法就是在传统教学法的基础上发展起来的。它更多地要求教学方法具有启发性、要求学生具有独立性,适合发展学生的各种能力。

第二节　讲　授　法

一、基本概念

(一)讲授法简介①

讲授法是教师通过语言向学生描绘情境、叙述事实、解释概念、论证原理和阐明规律的一种教学方法。从教师教的角度来说,它是一种传授的方法;从学生学的角度来看,它是一种接受性的学习方法。从原始社会仅仅依靠口头语言

① 董玉琦. 信息技术课程与教学[M]. 北京:电子工业出版社,2009.

讲述，到依靠文字、书写工具以及其他信息技术进行讲授，讲授法在教学中的运用逐渐趋于完善；讲授法依靠自身的优势在教学方法中一直处于比较重要的地位，也运用得越来越广泛。讲授法之所以具有如此顽强的生命力，是因为任何人要获得知识，都只有两条途径：一是亲身实践，获得直接经验；二是学习书本知识，获得间接经验。对学生个体来说，他们不可能也没有必要事事亲身经历去获得直接经验，不必重复前人所经历的曲折过程，主要靠学习书本知识获得间接经验。在学生所有学习知识的方式中，系统地听老师讲授是最主要的、起着主导作用的方式。

这种教学方法以语言传递为主，应用广泛，常与其他教学方法结合使用，共同发挥作用。成功地运用讲授法，教师可以通过生动形象的叙述、描绘，合乎逻辑的分析、论证，富有启发性的诱导、设疑、解惑，把知识教学、思想教育和智力开发三者有效地融为一体。讲授法能够较好地保证知识教学的完整性、连续性和系统性，能够最大限度地利用教学时间和空间，提高教学效率。

讲授法作为一种最常用的教学方法，同样适合新兴的信息技术学科。这种教学方法主要运用于信息技术常识性知识的教学，如计算机的发达史、计算机的组成；也适用于计算机操作性知识的原理讲解和操作步骤的讲解，如先用讲授法讲操作的实际意义，然后讲具体的操作步骤。

在教学活动的实际运用中，讲授法又有讲述、讲解、讲读、讲演等不同的形式。

1. 讲述

讲述侧重生动形象地描绘某些事物或现象、叙述事件发生和发展的过程，使学生理解鲜明的表象和概念，并从情绪上受到感染。低年级学生受形象性思维的限制，注意力不易持久集中，教师应较多采用讲述的方法。例如，在介绍计算机的发展史、介绍我国计算机教育的历程时，用讲述法比较合适。

2. 讲解

讲解主要是对一些较复杂的问题、概念、定理、原则等，进行较系统而严密的解释和论证。当讲述不能说明事物内部结构或联系时，就需要进行讲解。在教学中，讲解和讲述经常结合运用。

3. 讲读

讲读是教师指定学生以朗读的方式表述教材或其他读物的方法，常常在印证、补充所讲内容的时候运用，可以弥补教学语言的不足，增强讲授内容的生动性和可行性。教师在平时应注意收集有关材料，把朗读内容安排在恰当的时机，并注意将讲读与讲解结合。

4. 讲演

教师就教材中的某一专题进行有理有据、首尾连贯的论说，就是讲演。这种方法主要用于中学的高年级教学。

（二）讲授法的特点①

1. 讲授教学要根据一定的教学目的进行，口头语言、表情语言、体态语言是传递知识的基本工具。教师在讲授时，学生在倾听与反馈中建构知识。

2. 信息量大。学生能通过教师的说明、分析、论证、描述、设疑、解疑等教学语言，在短时间内获得大量系统的科学知识。因此讲授法适用于传授新知识、阐明学习目的、教会学习方法和进行思想教育等情况。

3. 灵活性、适应性强。无论是课内教学还是课外教学，无论是感性知识还是理性知识，都可以运用讲授法。它可以使学生通过感知、理解、应用达到巩固、掌握知识的目的，在教学进程中便于调控，且随时可以与组织教学等环节相结合。

4. 有利于教师主导作用的发挥。教师在教学过程中要完成传授知识、培养能力、进行思想教育三项工作，同时要通过说明目的、激发兴趣、教会方法、启发自觉学习等手段来调动学生的积极性。这些都可以用讲授法来实现。讲授法易于反映教师的知识水平、教学能力、人格修养、对学生的态度等，这些对学生的成长和发展起着不可估量的作用。

（三）讲授法的优点和缺点

讲授教学法是历史最为悠久的教学方法，虽然在发展过程中，常常被人抨击，但由于具有很多优点，因此直到今天仍被广泛运用，并且在将来也不可能完全被替代。

1. 讲授法的优点

（1）操作简单、方便

只要教师对学科知识有较多的了解，并事先准备充分的教学材料，就可以随时随地运用讲授法。教师一般对将要讲解的知识已经有比较深刻的认识，经过多次讲授之后也知道学生的学习盲点在哪里。这有利于教师顺利完成教学任务，避免学生在学习过程中的无序性和低效性。从现有的学科教学来说，它适合大多数学科、大多数情况下的教学。

（2）经济、省时

讲授法不受年级、时间和地域的限制，任何年级、任何地点、任何时间都可

① 赵波，段崇江，张杰. 信息技术课程标准与学科教学[M]. 北京：科学出版社，2013.

以运用讲授法。随着教育的普及,学生的人数越来越多,而教师的精力和时间有限。讲授法是一种高效的、非常经济的教学方法,能够最大限度地发挥教师的作用,使学生在较短的时间内掌握大量系统的科学文化知识。

(3)适宜传递较抽象的知识概念

一些较抽象的知识体系和概念,学生很难通过自学或研讨掌握,需要教师开启智慧之门。教师可以从不同的角度或通过具体例子对基本理论和概念进行阐释,帮助学生掌握。

(4)帮助学生奠定学习基础

一些基本的学科知识比较简单、具体,讲授法可以很好地帮助学生掌握这些基本知识,教师不需要其他更复杂的方式来进行教学,这样更省时,也更容易帮助学生奠定学习基础。对学生来说,学科的入门知识如果都不能很好地掌握,高深的知识就更无法掌握了。讲述教学可以让学生掌握最基本的学科基础知识。

(5)与其他教学方法互为补充

虽然近些年来出现了各种新式教学法,比如发现学习、小组学习、探究学习、合作学习,但它们都离不开教师的指导、点评等。例如探究教学前的要点、演示过程中的有关讲解、活动结束后的总结概括,都需要教师讲述,学生才能更好地理解。这些教学方法与讲述教学互相配合,可以优势互补。教学的对象是具有主观能动性的人,任何教学都不可能脱离教师。让学生自行探究学习是毫无意义的,也是低效率的。

2. 讲授法的局限性

(1)学生容易形成被动的学习习惯

由于学生只是一味地聆听教师讲述的内容,缺少变化;教师注重讲,而忽略了学生的主观能动性;学生很难有自己的思考,只会按着教师的节奏一步一步地来,动脑子的机会很少:这样不利于学习,很容易形成一种被动的学习习惯。

(2)学习单调乏味

教师在教学中一直处于主导地位,学生较少参与教学过程,再加上教师长时间的讲解缺乏必要的变化,势必导致学生学习兴趣减弱,学习因此显得单调乏味。

(3)无法考虑学生差异

教师往往面对三四十个甚至更多学生进行授课,主要为学生提供基础知识与基本技能,对学生的学习程度和水平等无法进行差异分析,因此在教学中难以顾及学生的个别差异。

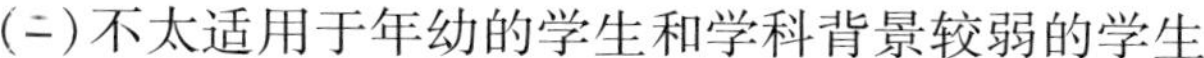
(4)不太适用于年幼的学生和学科背景较弱的学生

讲授教学法需要学生较长时间地集中注意力，因此对年幼的学生，尤其是小学生，不太适合；对缺乏学科基础知识、缺乏相关知识储备的学生，也不太适合。

(5)对教师的学科知识素养要求较高

讲授教学法的长处在于能深入浅出地、有层次地、有步骤地呈现学科内容。因此，教师必须对学科知识有较系统的了解，而且掌握了所要讲述的内容，只有这样才能讲解好知识，否则会漏洞百出。

(6)难以引导学生进行深层次思考，难以激发创造性思维

讲授教学法的表现形式和特点是教师讲、学生听，重在让学生掌握知识，难以引导学生对知识进行深入的思考，难以真正激发学生的创造性思维。

(四)讲授的基本步骤

讲授的基本步骤包括课前组织准备、导入新课、讲授新课、课堂练习、总结、评价等环节。

1. 导入新课环节

导入新课环节的主要目的在于吸引学生的注意力。一般先复习旧课，特别是要复习与新课有关的内容，在新、旧知识之间搭建桥梁，使新、旧知识的异同点明确显现，使学生由原有认知推导出新的认知。或者设置悬念，提出一些学生感兴趣、有启迪作用、与学生的生活和学习贴近的问题，激发学生学习的积极性。也可以阐明意义，直接开讲。导入新课的方法有很多，例如复习导入、悬疑导入、实验导入、问题导入、故事导入。导入新课时应注意所呈现的材料具有较大的包摄性。

2. 讲授新课环节

这是教学程序的中心环节，以系统讲授为主，帮助学生改造和重组认知结构。这一环节要求教师突出重点、突破难点、理清思路，注意教学的趣味性，注意与学生的双向沟通，做到少讲、精讲，还要注意运用谈话、反诘、提问等方式，以及比较、分析、综合、归纳、演绎等方法，保持和提高学生学习的兴趣，引导学生把新、旧知识联系起来，构成新的知识系统。讲解新课的过程中一定要注意命题、概念、原理等在推导过程中的一致性。以老师讲解为主，并不排斥运用多媒体、模型、实物等认知工具辅助学生认知。

3. 课堂练习环节

这一环节主要是对新的认知联结进行巩固强化，同时加深学生对新、旧知识之间联系的理解。课堂练习有巩固知识的作用，及时对所学知识进行巩固，

有利于学生快速记忆重点知识。如果隔一两天再来练习，效果没有及时练习好，学生会忘记一些知识点，而且花的时间会更长，付出的精力也会更多。

4. 课堂小结与作业布置

这一环节是对认知结构改造和重组的确认、升华和反思。虽然课堂小结所花费的时间不过一两分钟，但是其意义却非常重大。作业要能最大限度地激发个体的学习兴趣和动力，培养他们积极活动、独立思考的能力。作业不宜太难，否则适得其反。

（五）讲授法的基本要求

1. 教师认真备课，熟练掌握教材内容，对讲授的知识要点、系统、结构、联系等做到胸有成竹、出口成章，讲起来才精神饱满、充满信心。同时要注意学生反馈，调控教学活动的进行。

2. 教学语言要准确、精练，有严密的科学性、逻辑性；吐字清楚；音调适中，速度及轻重音适宜；生动、形象，有感染力，注意感情投入。讲授用语要亲切、自然，使学生能切实感受到教师的良好愿望，从而心悦诚服地接受教师的教诲。遣词用语要礼貌得体，语调要亲切和蔼，随时调整失误用语。禁止使用具有讽刺和挖苦意味的词句以及有辱学生人格的词句。用语必须切合学生的特点，必须通俗易懂，必须调整好教学内容的深度、广度，必须合乎社会的语言规范。讲授用语还必须与教学目标密切相关；必须保证师生双方能够相互沟通，使教师与学生、学生与学生之间能够进行交流；必须与学生的认识规律相符合。

3. 遵循启发式教学原则。讲授的内容必须是教材中的重点、难点和关键知识点，使学生随着教师的讲解或讲述开动脑筋思考问题，讲中有导，讲中有练。教师要善于通过观察学生的表情来判断其是否注意听和是否听懂，以调整自己的讲授内容；要让学生发挥主体作用，愿学、愿想，学生愿学、愿想才能使讲授法运用得顺利。

4. 讲授内容具有科学性和思想性，观点与材料统一。对教学内容要进行精心组织，使之条理清楚、主次分明、重点突出。应考虑教材的全面性和系统性，同时抓住它的重点、难点和关键，组织好授课内容，内容应具体形象。对于抽象的概念、原理，要尽量结合其他方法一起讲解，使之形象化，易于理解。

5. 讲授过程中要结合板书与直观教具。板书可以提示教学要点、显示教学进程，使讲授内容形象化、具体化。直观教具如地图、图片、图表、模型，可以边讲边演示，以加深学生对讲授内容的理解。

6. 精讲多练，讲练结合。精讲，主要是讲清基础知识、基本概念；多练，即对基本技能加强练习。练习包括书面练习和上机操作练习。

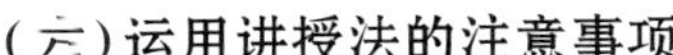

(六)运用讲授法的注意事项

1. 讲授时要联系学生原有知识和认知结构。大卫·奥苏伯尔等信息加工心理学家都强调先前知识的重要性。他们认为,学生很难学习与已有知识无关的新知识和技能;他们利用已有的知识来帮助自己获得更复杂的认识过程①。在学生原有的知识基础上架起通往新知的桥梁,运用制造冲突、寻找异同点、解剖典型、分析迁移方法来实现知识的同化和顺应。教师在进行教学活动时,应认真分析教材,把握教材的编排意图,准确找到知识之间的联系,这样有助于教师实施教学活动。

2. 激发学生的主体意识,增强其学习的内动力。要提高教学效果,就必须提高学生学习的积极性和自觉性;而要提高学生学习的积极性和自觉性,就必须激发学生的主体意识,增强其学习的内动力,这也是课堂讲授教学的一个重要原则。

3. 设疑、激趣相结合,增强讲授的吸引力。讲授的吸引力主要来源于教师讲授时的设疑激趣,因为只有设好疑,才能促使学生去解疑;只有激准趣,才能吸引学生去听讲。设疑和激趣,是一个问题的两个方面,要相互结合才能使课堂教学更具吸引力。

4. 科学、透辟相顾,增强讲授的说服力。这里的科学,不仅指讲授内容的科学性,也指讲授方法的科学性;而透辟则指讲授的程度和效果透彻、精辟。课堂教学中,要用科学的力量来征服学生,使学生心悦诚服地接受。

5. 注重生动和形象,增强讲授的感染力。生动和形象,是课堂讲授的最基本要求之一。教师讲授时要尽量选取生动和形象的教学内容,并注重运用比喻、设问等修辞手法,使教学方法灵活多样。

6. 注意与其他教学法融合。在众多教学方法中,讲授法是最古老、最基本的方法,有自身的优势。同时过多地讲授会让不同层次的学生出现不同程度的掉队情况。针对这样的现象,教师要在课堂教学的过程中,结合使用多种方法。在与其他教学方法综合运用时,应该扬长避短。教师可以先把整节课的知识点罗列出来,然后选择不同的教学方法进行教学,不同的教学方式能不同程度地调动学生的积极性。

(七)讲授法的适用情况

讲授法具有自身的特点,通常与其他教法结合起来运用。在信息技术课程教学中,应根据教学目标、教学内容、教学对象等教学要素的具体需要来选择讲

---

① 董玉琦.信息技术课程与教学[M].北京:电子工业出版社,2009.

授法。具体来说，讲授法主要适用于以下情形：

1. 学习新知识时必需的、学生又缺乏了解的背景知识。

2. 教学中难度较大的知识。

3. 难度不大，但容易被学生忽视的基本概念、原理、定律。

4. 易被学生混淆的相关词语、概念。

5. 知识单元、教学环节之间的过渡、衔接。

6. 在时间上不容许学生进行充分讨论、探索的时候。

7. 学生自学未形成系统而全面的知识体系，教师需要在这个基础上进行适当的点拨、归纳、总结、概括。

在教学应用中要认清讲授法的优势和局限性，同时结合其他教学方法，尽可能地扬长避短。在信息技术教学中，在运用讲授法时要特别注意与上机练习的结合。如果在教学过程中教师只讲授理论知识，而不给学生充分的练习时间，信息技术教学就失去了意义；反之，教师不讲解，只让学生盲目地上机练习，那么学习效率也难以保证。因此，讲解要和操作练习结合起来。讲授与学生操作练习结合起来，学生们才可能将教师讲授的知识应用于实践并巩固所学知识，最后熟练掌握，取得较好的教学效果。在当前基础教育课程改革不断深化，将课堂教学改革作为亮点的形势下，讲授法依旧是教师课堂教学方法中最重要的一种。讲授法可以最直接地解决“知与不知”的矛盾，并保证知识传递的基本效能。

第三节　讨　论　法

一、基本概念

（一）讨论法简介

讨论法是在教师的指导下，学生以班级或小组为单位，围绕学习内容的中心问题展开交流、议论或辩论，从而获得和巩固知识、促进学生发展的教学方法。讨论可以在全班进行，也可以分组进行；可以在课堂上进行，也可以在课后进行。课堂讨论的时间可以是一节课或更长时间、半节课或更短时间。课堂讨论可以是专题讨论，也可以是讲课过程中对某一关键问题的讨论。这种对关键问题的讨论可以引起学生对问题的注意，也可以调节课堂气氛。讨论效果如何，决定于学生的准备情况及教师的组织引导能力。讨论法可以使学生加深对知识的理解，培养学生独立思考问题、分析问题、研究问题和解决问题的能力；讨论法还对促进创造性思维和批判性思维的发展特别有效。

讨论法强调学习群体通过交流共同获得知识的过程。讨论基本由问题提出与问题回答构成。因此,在课堂讨论过程中,教师提问作为言语工具,联系学生、教师的个体认知,沟通师生间、学生间的群体认知,连接思考、发言与学习过程,推动课堂讨论深入进行。讨论式教学法改变了学生的学习状态——变被动为主动,体现了现代教育理念,是发展学生思维和创新能力、培养学生科学精神和独立人格的有效途径之一。讨论式教学法是现代教学改革中比较受推崇的一种教学方法。

讨论的主题有很多,以信息技术课程为例:

(1)讨论的主题可以是教材的重点和难点。如:信息的特点是什么?因特网上的信息资源的主要特征是什么?各类信息资源分别有哪些局限性?网络信息检索的主要策略与技巧有哪些?

(2)探讨性的题目。如在教学中,学生对某个问题的认识发生分歧,或者学生对课本结论产生怀疑时,教师不做正面回答,而将分歧点和疑点交给学生讨论,让学生勇敢地表达自己的看法。

(3)针对学生态度、行为、价值观设置的题目。这类题目培养学生辩证地看待与信息技术相关问题的能力,培养学生良好的行为习惯和正确的价值观。比如:在上网时需要遵守的网络规则有哪些?哪些上网行为违反了网络规则?

(二)讨论法的特点①

1. 教学民主性

从本质上看,讨论是一种对话,开展对话的前提是对话者是平等的,否则对话无从谈起,因此讨论必须是人与人之间的平等交流。讨论涉及观点的表达,只有意识到教师把自己视为平等对话者时,学生才敢于表达,愿意参与讨论。

2. 思想开放性

讨论法重视人的尊严、主体的重要性、交流的多边性、思维的同步性,通过语言交流达到人与人之间的平等与民主,通过观念的碰撞开阔人们的思想视野,通过交锋激发人们冲破思想的禁锢,因而能够培养学习者形成以人的发展为核心的思想方法。

3. 关注学生的思维过程

学习的过程是获得间接经验的过程,包括感觉、知觉、记忆、想象、思维等心理过程。思维是认识过程的核心。传授式教学的主要呈现方式是“讲”和

① 严丽萍. 课堂教学中讨论法运用的条件:兼谈当前小学课堂教学中讨论法运用的实效性[J]. 当代教育科学,2013(6):22－23,37.

"听"。如果不能保证学生的思维过程与教师的讲授同步,那教学就很难打开思维,即便打开了思维也会被知识的灌输架空,很难有延伸意义。讨论式教学关注教育主体的参与和碰撞。知识的传授可以选择更灵活的方式,譬如在课前或者课后。通过教学过程中的交流和讨论,教师可以关注学生思维的过程并加以引导,保证思维过程的层次和有效性。

4. 提高学生学习动机

讨论式教学在学生讨论的过程中赋予每个学生阐述自己观点的机会,从而激发学生的积极性。学生为了讨论必须了解与讨论主题相关的内容。讨论结束后,学生基于对讨论问题的深刻认识,后期将持续关注该问题,从而强化探究动机。

5. 鼓励学生主动建构

学习过程不是一个被动接受的过程,而是以学习者已有的知识结构为基础,通过与外界相互作用建构新的"图式"来接受新知识的过程,是学习者主动建构知识的过程。这个过程需要学生对给定的材料进行选择、加工和改造并赋予独特意义。与传统的纯粹讲授式教学相比,讨论式教学的学生主动参与讨论的积极性更强。

(三)讨论法的优点和缺点

1. 讨论法的优点①

讨论法的优点在于,它较好地体现了现代教育理念,以学生为教学主体,能够发挥学生在教学活动中的主观能动性,体现民主教学,融洽师生关系,使学生积极参与到学习活动中来;学生通过讨论能够相互启发、集思广益、取长补短,深入地理解和消化所学的知识;能够活跃学生的思维,激发学生的学习兴趣;师生双方共同参与,容易形成热烈、活跃的课堂教学氛围,使学生的认知和情感因素得到全面和谐的发展。

(1)发展学生的综合能力。讨论法可以锻炼学生的多种能力,比如对信息的加工能力。学生在讨论之前需要了解与讨论主题相关的知识,需要收集资料、了解知识、对知识进行加工,才能够加入讨论的队伍。讨论法还能提升学生的批判性思维、创新思维,提高书面表达能力,等等。

(2)创设良好的学习情境。讨论教学在学生之间或师生之间的合作中进行,可以调动学生的学习积极性,让学生在相互之间的智慧碰撞中掌握知识。学生参与到可以自由表达观点的讨论中,新颖的情境将成为激励因素,促进自

① 杨欢耸. 小学信息技术课程与教学[M]. 上海:华东师范大学出版社,2009.

身知识的构建。讨论提供了一个平台，使学生可以自由地表达想法和观点。这种集体性解决问题的方式，比个人解决问题更有效。

(3)显著提升教学效果。在讨论过程中，学生通过自身的思考和与他人的交流、辩驳增进了对知识的理解。这种经由自己探索得来的知识，比教师讲授的知识，掌握得更牢固。课堂讨论有助于促进学生对学科内容的掌握，培养学生的问题解决能力，促进学生道德发展，促进态度的改变，培养学生的交流技能。课堂讨论锻炼了学生的语言运用能力与思维方式，使学生学会运用已有的生活经验加深对主题的理解，从事更多的反映真实世界的问题解决活动。

(4)讨论法有助于合作学习。讨论中，教师和学生要耐心倾听所有讨论者的观点，经过争论后，必须放弃某些人的观点，才能达成小组内的共识。这种共识是大家互相尊重、努力合作的结果，是合作学习的成果展示。

(5)讨论法有助于学生共同进步。在讨论中学习者通过体验差异、接受差异，感受到了新思维、新观点、新视角和新方法的角逐过程，这种过程带给讨论者的是不断求新的努力和不断感受新奇的体验。

(6)讨论法有助于学习者成为知识的共享者和创造者。讨论创造了一个多元知识的交汇场。人际互动促进了学生多角度地思考、辨析、归纳，学习者不仅主动参与知识传递，而且在知识的探究中常常推陈出新，成为新知识的共同创造者。

(7)形成开放的胸襟和民主的态度。学生通过讨论了解他人的看法，针对问题提出自己的怀疑，清楚地表达自己的意见，并且从别人的回应中察觉自己所存在的偏见，在不断地分享、争论、合作中培养自己接纳他人和尊重别人的态度。

2. 讨论法的局限性

(1)教学环境的局限

在我国中小学的教学环境中，教师和学生通常在较为狭小的空间里实施教学活动。每个教室少则四五十人，多则六七十人甚至更多。座位的摆放也不利于学生自由走动，即使调整座位也会对正常的教学造成一系列影响。在这样的场景中，讨论难以有效地进行。

(2)教学时间的局限

不仅教师要花费比较多的时间，学生也要花费较多的时间去了解相关知识，这不利于在单位时间内完成预期的教学任务。因此，在教学课时有限的条件下，许多教师反复权衡后会放弃讨论教学法的运用。

(3)教学管理的局限

讨论教学法需要教师具有多方面的教学能力和管理技能，如讨论过程的调控、讨论中突发事件的处理、讨论后的提炼与汇总等。教师常常因为这样或那样的顾虑，最终放弃在课堂上运用讨论教学法。

(4)学生人数的限制

大多数中小学的班级成员有三四十人，有的达到了六七十人。学生人数比较多，对于讨论法的组织是一个很大的难题。教师很难兼顾到每一个讨论小组，可能会忽略个别小组，很难达到讨论的预期效果。

二、应用原则

(一)讨论法的教学过程

1. 提出讨论的主题

教师在上课前设计一些讨论主题，讨论主题可以从书本上的知识中选取，也可以结合学生的生活实际来选取。当然，讨论主题不一定由教师提出，学生自己也可以提出问题。比如学习中碰到的难题、生活中出现的较难解决的问题都可以成为讨论主题。

2. 列出讨论的提纲

为防止讨论走题，或者没有焦点，教师可以预先准备一个讨论的提纲，以便学生在讨论时能有次序、有焦点地进行。提纲不需要太详细，因为在讨论过程中难免会出现这样那样的问题。教师面对讨论中出现的突发事件时要随机应变。

3. 宣布讨论的原则

教师要向学生介绍讨论的题目、目的以及评价等具体问题，根据讨论的形式做必要的准备。教师也可以向学生提供一些基本材料，或者告诉学生与讨论主题有关的资源网站，让学生有一个大致的查找资料的方向。

4. 展开讨论

学生分组讨论，也可以全班一起讨论，讨论的形式由教师或者学生定。学生在讨论过程中可以尽情地表达自己的看法。对于性格比较内向、不爱表达的学生，教师可以做一些鼓励的措施，鼓励他们勇敢地发言表达，尽量做到讨论对每个同学都有帮助。组织学生发言可以采取自由发言、指定发言人发言、临时指定发言人发言或轮流发言等方式。

5. 总结

教师可以从以下几个方面进行总结：概述讨论情况；点评学生在讨论中的表现；分析讨论结果；指导学生自己做总结。

（二）运用讨论法的要求

教师需要谨慎地运用讨论教学法，切忌随便找一两个题目给学生讨论。在教学过程中需要注意以下几点：

1. 考虑学生的能力水平

学生的认知能力、聆听能力、口语表达能力、人际沟通能力、与他人合作的意愿和能力等，都是讨论能够顺利进行并取得成功的基本要素。这些要素的培养不是一朝一夕实现的，教师应循序渐进地进行培养。在开始讨论时，教师要多进行引导，讨论的人数不宜太多，讨论的范围应相对较窄，问题的取向应接近生活事实。一段时间后，学生的讨论能力提高了，再增加讨论的难度。

2. 注重与其他教学活动配合

在实际教学中，教师时常会感到讨论花费时间过多，认为讨论教学法是较为“奢侈”的教学方法。事实上，如果在教学中，教师单一地使用讨论教学法，把讨论作为教学中唯一的活动，的确会存在这一问题。但是，如果教师把讨论看作教学整体的一个组成部分，辅之以其他教学方法，视情况将其置于教学的不同阶段，取得的效果会更好。①

3. 要做好充分的准备

对于讨论的问题，教师要做精心的准备。除了题目的设计，教师还要对与题目相关的材料做细致的了解，以便应对来自课堂上的种种问题。此外，教师要在讨论的组织上有较为充分的设计，对分组的原则、分组的方式、教师引导的方式等做相应的准备。

4. 精心选择讨论问题

讨论法是师生双方围绕一定的教学问题来展开讨论的方法。教师在设计和筛选论题时，要注意论题的新颖性，确保论题能够激发学生的学习兴趣；要注意论题的思维价值，确保论题能够促进学生进行分析、比较、推理和想象等思维活动。

5. 注意控制讨论时间

讨论的时间通常会因学生的踊跃参与或参与不足而与原有设计有较大的差异，教师在讨论过程中，要注意把握现场情景，调控讨论的全过程。这样做不只是因为教学时间有限，也可以培养学生管理时间的能力，让他们明了在完成相关任务时，需要有时间概念和对时间进行掌控。

---

① 董玉琦. 信息技术课程与教学[M]. 北京：电子工业出版社，2009.

6. 注意调控讨论进程

组织讨论时，教师要发挥主导作用，自始至终把握好教学活动的方向和进程，要随时注意和处理课堂中可能出现的突发、意外事件；学贵有疑，要鼓励和培养学生的质疑能力与创新精神，提倡勤于思考、乐于钻研、敢于争鸣的学习风气；要充分发扬教育民主，让学生畅所欲言并尊重他们的意见，切忌主观武断、态度粗暴地对待学生。

7. 注意归纳总结

一般来说，讨论的最后环节通常是教师归纳和总结。这样可以梳理出讨论中的基本知识点和主要观点，提炼讨论的精华，纠正学生讨论中出现的不当看法，对学生参与讨论的情况进行评析。在实施讨论教学法时，这一环节非常重要。

（三）讨论的注意事项

教师在组织讨论时应考虑到的基本要件如下：

（1）教师在讨论前应做好充分的准备，提前布置讨论题目，明确讨论的要求，指导学生查阅有关知识、收集资料并写好发言提纲；

（2）教师要组织讨论，鼓励学生大胆发言、相互交流，讨论要围绕中心发言，不能偏题太远；

（3）要尽量使全体学生都参加到讨论中来；

（4）教师与学生以平等的地位进行讨论；

（5）尽可能使学生畅所欲言，各抒己见，发表自己真实的想法；

（6）学生对讨论的问题要有背景知识，在讨论前要去了解相关的知识，避免对主题不了解；

（7）不一定非要寻求绝对正确和完美的答案，应容许有各种解答，只要有道理，讨论不分对错；

（8）教师应适时进行引导，以使讨论深入下去；

（9）讨论结束后，教师要做讨论小结，提出需要进一步思考的问题，供学生学习和研究。

（四）讨论法运用的条件①

1. 教师要有必要的组织能力和足够的准备时间

首先，讨论的问题是由教师确定的，即便问题由学生提出，也必须在教师认

① 姚利民，杨莉. 课堂讨论国外研究述评[J]. 外国中小学教育，2015(7)：60－65.

定有讨论意义和价值的情况下才能成为学生讨论的对象；其次，讨论何时开始、以何种方式开始、采用何种组织形式等，大多由教师决定；再次，学生讨论过程中，由于种种原因，常常会出现“缄口无言”的尴尬和“离题万里”的窘境，需要教师的点拨和指导；最后，讨论要有始有终，而讨论何时结束、以何种方式结束，决定权在教师。所以，讨论法的运用要求教师有组织能力。教师需要花大量的时间去阅读与主题有关的材料。教师要有充足的知识储备才能够把控好学生讨论的内容。可见，讨论法运用过程中，教师起着主导作用：讨论法运用的成效，在很大程度上取决于教师，取决于教师对课堂讨论的组织能力和准备状况。如果教师有足够的驾驭课堂讨论的能力，并有足够的准备时间，那么讨论法就能取得较为理想的效果。

2. 学生必须有参与讨论的知识经验基础、思维能力和语言发展水平

讨论法是一种以语言传递为主的教学方法。在双向或多向信息交流的环境中，每一个成员都必须同时具备两个方面的素质：一是能清楚地表达自己的所思所想；二是能准确地理解别人所表达的信息。课堂教学中，讨论法的运用，要以学生的知识经验基础、思维能力和语言发展水平等为条件，即只有当学生具备了足以支撑讨论的知识经验基础、思维能力和语言发展水平，课堂教学中讨论法的运用才有效。所以在讨论前，学生需要花时间去了解与讨论主题有关的知识，来丰富自己的知识经验。学生的思维能力和语言发展水平这两种能力需要长时间的练习才会有所提高，教师在设计讨论主题时要考虑到这两种能力。

3. 要有足以展开讨论的时间保障和空间构成

课堂教学中的讨论是一种集体交流。课堂讨论是需要时间的，不仅信息发送者需要时间思考以形成对问题的主要看法并进行正确编码和传递，信息接收者也需要时间思考，以求得对所接收信息的理解并做出合理的反馈。若没有足够的时间展开思维活动并将活动成果加以传递，信息交流将难以持续，更谈不上多重信息环流的形成。同时，课堂讨论也需要特定空间，因为讨论过程中的信息传递有语言的，也有非语言的。无论是语言的信息交流还是非语言的信息交流，都对参与讨论的人的空间位置有一定的要求，即相互之间能听到对方的言语、看到对方的表情和动作。否则，不仅非语言信息尽失，语言信息的传递也会受到很大影响。

第四节　任务驱动教学法

一、基本概念

(一)任务驱动教学法简介

任务驱动教学是指教师根据教学内容进度,结合学生学习的实际情况,给每节课设定实际任务,让学生通过学习在本堂课中完成教师设定的任务。任务驱动教学法是一种信息技术学科性比较强的一种教学方法。此教学法多用于信息技术操作方面的内容的教学。信息技术教学以应用为主,开放性任务驱动尤其适合信息技术教学,能充分培养学生的问题解决能力和协作精神。任务驱动教学法的成败关键在于任务的确定:任务要求定得太高,学生无法完成;任务要求定得太低,则会造成学习时效性差。

任务驱动教学法是建立在建构主义教学理论基础上的一种教学法。这种教学方法主张教师将教学内容巧妙地隐含在通过使用信息技术完成的工作任务中,以完成任务作为教学活动的中心,使学生在完成任务过程中达到掌握所学知识与技能的目的。学生在任务的驱动下,积极主动地对任务进行分析、讨论,提出问题,并研究解决问题的方法、途径等。学生通过对工作任务和学习资源的主动分析与探索,熟悉了信息技术应用的过程与方法,培养了获取、加工、表达、交流信息的能力,以及开展协作、分析问题与解决问题的能力,并最终提升信息素养。而且在完成一个又一个任务的过程中,学生会不断获得满足感,满足感又转变成学习的内在动机,进一步激发他们的兴趣和求知欲望,最终形成一个良性循环。建构主义教学理论强调让学生在有意义的情境中主动地建构知识。因此任务驱动教学法同样强调让学生在有意义的任务情境中,在密切联系学生学习、生活经验和社会实际的情境中,通过完成任务来学习知识、获得技能、形成能力。

任务驱动教学模式充分体现了学生的学习主体性,充分发挥了学生学习的能动性,改变了传统教学中“教师讲,学生听”的被动教学模式。此模式中教师是学习情境的创设者、学习任务的设计者、学习资源的支援者、学习活动的组织者和学习方法的指导者。它是一种以学定教,尊重学生个性发展,培养学生探索、创新意识,提高创新实践能力的新型教学模式。

（二）任务的类型①

根据不同的分类标准，可以把任务分为不同的类型。常见的分类方法有以下几种：

1. 按照任务规定的学习目标的开放性程度，可以分为封闭型任务和开放型任务。

（1）封闭型任务

封闭型任务是每个学生都应该自主完成的任务，主要包含学生没有学过的知识，要求每个学生都掌握。这类任务规定了较明确的学习目标、任务主题、任务要求和相关资源，多采用个体学习的组织形式。例如，插入一幅图并使文字协调地环绕在它的周围。

（2）开放型任务

开放型任务一般需要每个小组的学生共同探讨完成，任务完成的结果通常是一个电子信息作品。任务涉及的内容主要是已经学过的知识，允许学生在一个较大的框架范围内自主选择和设计任务类型和任务主题。此类任务相对较重，但应控制在两课时内完成。如果需要两课时，则最好连堂上课。例如，利用文字处理软件制作一个电子作品，要求内容丰富、排版合理、页面美观等。又如，在电子表格的教学中，要求学生能使用电子表格工具针对一份完整的数据做一个统计分析报告。

2. 根据任务的复杂程度，可以分为简单的任务和复杂的任务。

（1）简单的任务

简单的任务通常比较单一、简单、具体，能在较短的时间内完成。简单的任务一般学生个人就能完成。

（2）复杂的任务

复杂的任务通常需要小组分工协作完成，需要获取多方面的信息，需要对信息进行整理、分析、评价，最终得到完成任务的方法，通常需要较长的时间完成。

简单的任务和复杂的任务两者是相对而言的。例如：在高中信息技术教学过程中，特定信息的搜索、收发 E-mail 这样的任务相对比较简单、具体，要求每个学生都能独立完成，属于简单的任务；而“配置计算机方案的设计”这个综合的任务，涵盖了信息的搜索、管理、分析、处理、表达和发布等方面的知识与技能，需要学生相互合作、交流，在老师的指导和帮助下共同完成，属于复杂的

① 李艺，李冬梅. 信息技术教学方法：继承与创新[M]. 高等教育出版社，2006.

任务。

(三)任务驱动教学法的特点

1. 以学生为主体,教师为主导

任务驱动教学法注重学生的主观能动性,教师在教学中起主导作用。教师告诉学生学习任务,在学生完成任务过程中,给予适当的指导。

2. 注重实践能力的培养

在信息技术学科教学中,任务驱动教学法比较常用,比如一些多媒体软件的学习。任务驱动教学法注重学生实践能力的培养,让学生在操作过程中主动获取知识。

3. 鼓励学生主动创新

在布置任务后,教师不限定完成任务的方法和思路及作品的形式和内容,这就为学生发挥想象力和自由创作留有充分的余地。这样学生的作品也就内容丰富,形式多样。学生不但掌握了教师要求掌握的内容和方法,而且在很多操作细节上能举一反三、灵活变化、自由发挥,真正实现“授人以渔”,鼓励学生大胆创新的教学目标。

(四)任务驱动教学法的优点和缺点

1. 任务驱动教学法的优点

(1)任务驱动教学法体现了“以学生为主体”的教学思想,改变了传统教学中的教师讲、学生听的教学模式。学生在学习中起主体作用,是学习的主人。教师在教学中起组织、引导、促进、评价、咨询的作用。

(2)任务驱动教学法容易激发和保持学生的学习积极性。在教学中,随着一个个任务的完成,学生的成就感油然而生,学生更自信,对学习信息技术的兴趣更浓厚,改变了传统教学中学生无所适从的局面。

(3)任务驱动教学法可以锻炼学生的合作精神和沟通能力,可以促进学生在学习过程中表达自己的见解、聆听他人的意见、理解他人的想法,促进学生思维能力的培养,提升学生的信息素养。

(4)任务驱动教学法对提高学生的实践和创新能力、改善学生的学习效果、促进学生的个性化发展、培养学生的探索精神、锻炼学生的顽强意志等方面有很好的促进作用。

2. 任务驱动教学法的缺点

(1)任务的特定性,导致学生对知识点的掌握不够全面、系统。

在任务驱动教学过程中,教师会根据教学目标设置任务,但很难保证知识点的全面性和规律性。这导致教学目标不能够完全实现,知识点的归纳过程杂

乱无章。

(2)学生主体地位的突显导致教学效率不高。

任务驱动教学法强调的是教师对学生的引导作用，不是教会学生知识与技能，而是引导学生如何获得知识与技能。所以教师在课堂教学中需要大量的时间来引导学生去探究，这样势必会降低学习效率，甚至导致本节课的教学目标没有完成。

二、应用原则

(一)任务驱动法的实施过程

1. 创设情境，提出任务

教师结合学生的生活实际，给学生创设学习情境，激发学生的学习兴趣，调动学生学习的积极性，使学生在开始上课时就明确本节课的学习任务和学习方向，促使学生在以后的各个环节主动地围绕目标进行探索。

2. 明确任务

教师向学生提出具体的任务要求，让学生带着明确的任务，利用恰当的方法，高效地完成任务。

3. 自主学习、协作学习

学生按照教师的要求进行自学或协作学习，积极思考和操作实践。教师要让学生积极主动地探究知识，培养自主学习能力和操作能力。教师的职责主要是督促学生学习，及时表扬学习速度快、效果好的学生，激励他们更加认真地学习。学生也可以共同完成学习任务，有问题一起解决，多讨论和交流。通过不同观点的碰撞，学生能够开阔自己的视野。

4. 展示结果，评价效果

学生分组展示学习成果，采用自评与互评的方式来评价学习成果，让学生自由讨论，更正自己的错误。之后教师给予评价，做出反馈，或者根据学生的观点做补充，最后再引导学生进行归纳，将结果上升为理论，指导以后的教学。

(二)如何设计“任务”①

1. 设计教学任务应把握的要素

在信息技术教育中，设计任务驱动教学中的“任务”，应紧扣课程核心素养，把握以下要素：

(1)要考虑教学内容的知识结构

首先要弄清楚教学内容的重、难点，根据重、难点来确定学习任务，其次要

① 董玉琦. 信息技术课程与教学[M]. 上海：电子工业出版社，2009.

考虑知识的连贯性,使得学生在完成任务的过程中便于联系新、旧知识。再次,要根据教学内容的难易程度来确定教学任务,最好循序渐进地发布教学任务。最后,教学任务必须来源于学生的学习、生活和实践。这样才能使学生产生强烈的认知需求和动手实践完成任务的冲动。

(2)准确分析学生特征

分析学生的特征时,教师不仅要考虑信息技术学科内容的知识结构,而且要充分考虑到学生的认知规律和学习特点,循序渐进,合理安排教学任务。

(3)把握课程思政切入角度

设计教学任务中要注意融入思想教育、道德教育和素质教育等内容。当前我国的中小学教育已经由应试教育向全面素质教育转化。计算机是信息处理工具,它的应用已经涉及方方面面。因此我们在设计教学任务时,要注意融入一定的思想教育、道德教育和素质教育等内容。例如:在学习文字处理软件时,可以设计一个让学生利用该软件制作班级板报的任务;在学习画图软件时,可以设计一个让学生制作"教师节贺卡""母亲节贺卡""新年贺卡"之类的任务;在学习网络知识时,可以设计一个让学生上网查询"环境保护""生命的起源""网络安全"等内容的任务。

(4)要注意信息技术与其他课程的整合

课程整合的最基本特征是学科交叉性和立足于能力的培养。我们在设计教学任务时,不仅要融合信息技术的文化性、综合性,而且要整合其他学科知识。例如,可以从物理、化学、地理、生物、数学等学科中挑选任务设计的素材,通过一个或几个任务,把相关的学科知识和能力要求作为一个整体,有机地结合在一起。

(5)在设计教学任务时,教师要设计任务的引申与可扩展点

在设计教学任务时,教师要考虑到学生的计算机水平的差异性,设计的任务不仅要包含基本的任务,而且要包含任务的引申与可扩展点。这样在完成基本任务时,不同的学生就可以根据自己不同的条件与需求,对任务中的"可扩展点"做进一步的发挥与改善。这样的设计既能控制整体教学进度,又可以因材施教,发挥学生学习的自主能动性,激发学生的创造欲望。

2. 任务的形式

根据任务驱动教学中"任务"的性质,可以采用如下两种形式设计教学任务:

(1)自主学习,独立完成

这种形式强调发挥学生的自主性和创造性,挖掘学生的潜能,培养学生的

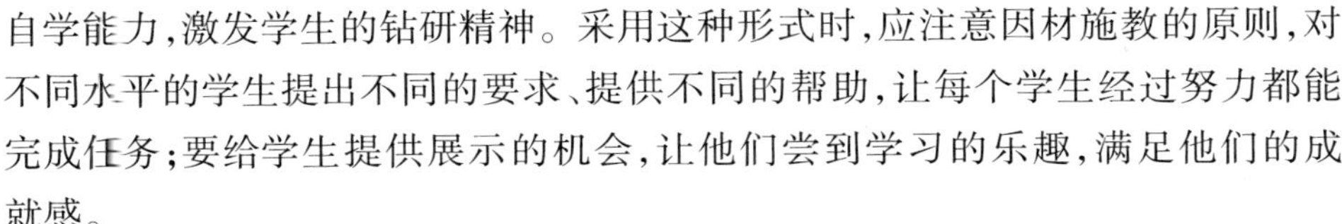

自学能力，激发学生的钻研精神。采用这种形式时，应注意因材施教的原则，对不同水平的学生提出不同的要求、提供不同的帮助，让每个学生经过努力都能完成任务；要给学生提供展示的机会，让他们尝到学习的乐趣，满足他们的成就感。

(2)协作学习，集体完成

根据学习水平和特长搭配分组，使学生通过交流、沟通、争论、协商，群策群力，合作互助，取长补短；培养学生从多个角度思考问题、解决问题的能力，选择、整合其他成员观点的能力，获得与他人合作的技能。

(三)任务驱动教学法实施的注意事项

1. 注意所设计任务的特点

学习任务可以是一个问题、案例、项目或观点。任务通常具有如下特点：

(1)真实性。任务通常是学生所熟悉的现实生活中具有实际意义的各种活动。因为真实的任务具有一定的复杂性，能够激发学生学习、探究的欲望，能够驱动学生积极主动地学习。

(2)可操作性。可操作性是指任务是具体的、明确的，学生在已有的认知结构的基础上能够按要求完成。

(3)适宜性。适宜性是指任务的难易程度要适宜，大小要适当，要符合学生的认识水平。任务的完成要能够有效促进学生的发展，培养学生自主协作学习、分析解决问题的能力，全面提升学生的信息素养。

(4)可行性。也就是说任务设计时要考虑任务的大小、知识点的多少等多个方面，使得所提出的任务适合学生现有的知识水平，任务太难或者太简单都会导致学生积极性消退。

(5)灵活性。任务设计应该灵活，有层次感，符合学生的实际学习能力，并且尽可能地照顾每个学生的个性差异，使他们都能在原有的基础上不断进步。

2. 注意教学中对任务的分析与讨论

由教师指导和组织的任务分析、讨论也是非常重要的环节。对所要完成的任务的详细分析与讨论有助于学生形成正确的思维方式，使学生注意到任务中的重点和难点，高效率地完成任务，从而避免走不必要的弯路。另外，通过对任务的分析，可以将任务分解为多个子任务。随着一个个子任务的完成，一个个知识点的掌握，成就感的不断产生，学生学习信息技术的兴趣更浓厚，自信日益增强。在任务分析、讨论的过程中，教师充当指导者的角色，应给学生留下思考和尝试的空间。

3. 注意成果交流与展示

在课程结束时让尽可能多的同学交流与展示自己的作品，教师应以鼓励为主，以发展为方向，与学习前的能力进行比较，对学生的作品做出点评，增强学生学习信息技术的自信心，保持学生学习信息技术的持久兴趣。除了教师点评外也可学生互评，甚至可把作品放到网上让更多的人进行评价。

第五节　范例教学法

一、基本概念

（一）范例教学法简介

范例教学法是教师在教学中选择真正基础的本质的知识作为教学内容，通过“范例”内容的讲授，使学生学会举一反三，掌握同一类知识的规律的方法。运用此法的目的在于促进学生独立学习，不是让学生复述式地掌握知识，而是使学生所学的知识迁移到其他方面，进一步发展所学的知识，来改变学生的思维方法和行动的能力。

范例教学法的思想由来已久，它源于20世纪50年代出现的一种影响深远的教学理论流派——范例教学。在1951年《图宾根决议》中，海姆佩尔就提出了范例教学设想。会议之后，瓦根舍因首先在数学和物理学科教学中不断实践范例教学法。在之后的40余年里，他做了大量的课堂教学实例，留下丰硕的范例教学论著，并最终将范例教学思想逐渐系统化。他提出的范例思想是目前公认最早成形的范例教学理论。他对现代范例教学的研究和发展起了决定性的作用。后来，克拉夫基在瓦根舍因研究的基础上，将范例教学的研讨向纵深推进了一大步，提出了一些新的构想，并通过实践来加以检验。以克拉夫基为代表的这批教育家，不断将范例教学的理论研究和实践探究引向更深层次，使其完整充实和发展成熟，形成今天的范例教学理论。

到20世纪80年代，范例教学理论才开始在我国传播，很多教育工作者对此做了深入的理论探讨和广泛的教学实践，并在与中小学教学相结合的过程中，产生了丰富的成功案例。这些实践的成功表明了范例教学在基础教育中确实行之有效，说明范例教学法在学科教学中具有旺盛的生命力和广阔的发展前景。同时进入信息时代后，在一些教学领域中，特别是高校和成人教育的一些学科，面临着巨量的知识点和有限的教学时间之间的矛盾。运用范例教学法可以很好地解决这些矛盾，教师在课堂上教授最基础的知识，教会学生学习的方法和方向，然后再进行帮助和辅导；而学生在课堂上只需要学习最简单、经典的

东西，掌握学习方法，在课后的时间里自主学习，自我探索，由此及彼、由表及里，获得尽可能多的知识。相信这种方法会在更广泛的教育领域的教学实践中得到应用。

（二）范例教学法的基本思想①

范例教学法的重点始终都聚焦于对“范例”概念的正确把握。因而，对范例的选取就成为整个运用过程中的重点。“范例”一词源于拉丁语“exemplum”，寓意是“好的、特别清楚的例子”“典型的例子”。海姆佩尔提出“范例教学”时的最初解释是：根据好的典型的特别清楚的例子教与学。瓦根舍因认为：“范例”就是“隐含着本质因素、根本因素、基础因素的典型事例”。范例教学理论的另一位代表人物克拉夫基指出：“范例”更确切地说就是“好的例子”“典型的例子”“学生能够理解的例子”。

“范例教学”中的范例都是为明确的教学目标和实现一定的教学任务而设计的。范例教学中学生是教学关注的焦点。教师是教学中的组织者、引导者、促进者与范例的提供者。范例教学过程是教师与学生互动的教学过程。教师通过范例教学，可以提高学生的学习兴趣，提升教学效果。范例教学更多地强调教学过程中学习者所获得的独立思考能力、批判能力、认识能力以及自我继续学习的能力。所以，范例教学法不仅是一种教学方法，也是一种自我学习的方法，反对庞杂的传统课程内容和死记硬背的注入式教学方法。因为它实际上使学生掌握的知识少，丢弃的知识多。范例教学提倡实施“缺漏”教学，让学生学习最基本的、有可能一辈子都记住的东西。在信息技术快速发展、知识量剧增的情况下，想什么都教，无异于参加一项毫无希望获胜的竞赛。只有注重发展学生“有教养性”的知识能力，使之在这个基础上改变思想方法，主动地去发现知识的规则、原理、结构，才能使知识如滚雪球般地扩展，使学生获得打开知识大门的钥匙。根据范例教学的定义和特点，并结合克拉夫基的范例教学思想，我们可以从中概括出范例教学的基本思想，即有教养性的学习、主动性的学习、发生性的学习，以及开放式的学习。

（三）范例教学法的特点

1. 范例教学的优点

（1）可以全面地培养学生的综合素养。范例教学强调范例与学生学习和生活实际相结合，提倡“教学与训育的统一”和“范例性地获得关于世界和生活的

① 宫云龙. 范例教学与学习：联邦德国 W. 克拉夫基教授在华东师大的演讲之三[J]. 外国教育资料，1987(2)：46－50.

经验”。这一方面可以激发学生的学习积极性和主动性;另一方面,不仅使学生获得了知识、掌握了技能,而且也使他们的智能得到发展,情操得到了陶冶,精神世界得以丰富和拓展。

(2)注重学生的实际水平。范例教学与讲究“繁、难、偏、旧”的传统教学有着天壤之别。首先,范例所精选出来的知识内容,与学生实际生活以及科学、技术、文化的发展有密切的关系,所以不“偏”也不“旧”。再加上范例教学中所选范例包含的是与学生认知发展水平相适应的基本概念、定理、理论,强调的是对基本概念和原理的认识,与传统的“难”与“深”也有本质差别。

(3)教学的开放性。从特殊到一般、由点到面即是一种开放式的教学,不同于封闭式的、条条框框的传统教学,有利于培养学生开阔的视野。而且这种点面结合的教学思路,开阔视野的形成,可以激发学生对那些与范例相关的内容做进一步探索的欲望,使学生利用掌握的一般规律指导认知特殊的事物,使学生的学习不再局限于课堂上,而是延伸到学生的整个学习和日常生活。学生不仅善于接受知识,还学会了自己去探究知识,从而习得社会化学习和终身学习的能力,这其实也就是它所强调的“教养性学习”。

(4)教学效果具有较大的迁移效应。范例教学强调从特殊中获得一般规律,非常容易引起学生的联想、类比,使学生学会举一反三、触类旁通。从心理学的角度看,范例教学不是机械的教学和知识的灌输,而是一种有意义的教与学的过程,可以帮助学生形成良好的认识结构,易于同化或顺应新的知识。

2. 范例教学法的局限性

(1)范例选择比较难。要选择具有基本性、基础性和范例性的典型范例不是一件容易的事情。很多时候是没有这样的范例的,需要学科教师把现有的教学范例修改、补充和扩展成合格的范例。

(2)在教学中比较难把握教学过程,如果处理不好会影响学生对本学科知识的系统掌握。

(3)范例教学对学科教师的业务能力有一定要求:需要具备宽广的知识面、丰富的教学经验等较高的业务能力。这对尝试引用范例进行教学的新教师是一项不小的挑战。

二、应用原则

范例教学法的主要原则和实施程序可以归纳为四句话:教学内容上坚持三个特性,教学要求上达到四个统一,教师备课上做到五个分析,教学程序上遵循四个步骤。部分内容在前面已经提到过,这里逐一进行详细叙述:

(一)教学内容上要坚持三个特性①

三个特性即“基本性”“基础性”和“范例性”。

1. 基本性

“基本性”是指教学应教给学生最基本的知识,即基本概念、知识结构和基本科学规律。要求所选范例必须包含教材内容中的基本知识,针对学科教学目标,通过示范材料使学生获得更高水平的知识。不管何种教学方法,其本质都在于较好地传递知识,使学生能举一反三,提高综合能力,为进入社会做准备。范例教学法要适应基础教育阶段的教学需要,在选择范例时,首要遵循的原则便是基本性原则。教学犹如盖房子,必须先教给学生最基本的概念和最基本的原理,夯实其学习基础。因而在选取范例过程中,必须注意范例与教材内容之间的内在关联,在范例中体现所要学习知识的基本概念、基本原理、基本结构和基本规律等。

2. 基础性

“基础性”是指教学内容应适合学生的智力发展水平,适应他们的基本经验和切合他们的生活实际。克拉夫基将“基础性”原则定义为教给学生与其基本经历、智力水平相一致的基本经验。基本性原则和基础性原则在形式上似乎相似,但在范例教学中克拉夫基已明确阐释过两者之间的区别,认为基本性原则是教学过程中对教材内容事例性讲解的运用原则,而基础性原则主要从学生认知发展规律和个性特点出发,强调学生在教学活动中的主体地位;两者从不同视角出发,是范例教学法遵循的两个不同原则。

3. 范例性

范例教学法不同于其他教学方法的显著特征在于对范例性原则的遵循。范例性原则是范例教学法所必须遵循的核心原则。范例性原则是促使基本性原则与基础性原则得以实现的中介,是范例教学法的核心观点,是区别于其他教学方法的特色原则,也是范例教学法的灵魂所在。范例性原则要求所选事例必须经过精挑细选,具有典型性和示范性,能促使学生从特殊到一般地进行知识迁移和归纳总结。

(二)教学要求上要达到四个统一

范例教学法在教学要求上有四个统一,即“教学与教育相统一”“问题解决学习与系统学习相统一”“掌握知识与培养能力相统一”和“主体与客体相统

① 高翔,张伟平.新课改背景下范例教学理论再审视[J].现代教育科学,2008(3):62-64

一”。

1. 教学与教育相统一

教学与教育相统一就是要寓教学于教育，坚持教学的教育性；在传授知识、技能的同时，进行思想道德等精神领域的教育，两手都要抓。

2. 问题解决学习与系统学习相统一

问题解决学习与系统学习相统一就是在教学中既要针对学生存在的问题，形成一个个的课题；从这些课题出发，围绕课题解决课题；也要保证学生所学知识的系统性、严密性和完整性。这些看似独立的课题，应该是一门学科知识体系中的有机组成部分，保证学习者学到的知识不是零碎的、孤立的，而是整体的、系统的。

3. 掌握知识和培养能力相统一

掌握知识和培养能力相统一也称为“实质训练和形式训练相统一”。这条原则要求把传授知识和培养能力统一于同一个教学过程中，把传授知识与教给学生科学思考学习方法统一起来，既要向学习者传授知识技能，又要培养他们思考、学习的方法。将“授人以鱼”和“授人以渔”相结合，让学习者在掌握知识的同时，也发展智力和能力。

4. 主体与客体相统一

主体是指学习者，客体指的是教材。它们的统一，就是教师既要熟悉和掌握教材，又要了解和熟悉学生，特别是要熟悉学生的智力水平和个性特征。在教学中要把两个主要教学论因素结合起来考虑。只有做到了主体与客体相统一，才能使讲授的知识变活，并使学生学活。这样学生的兴趣才能被充分地激发，主动性和积极性才能最大限度地被调动起来。

（三）教师备课上要做到五个分析

1. 基本原理分析。分析教材中哪些是带有普遍意义的内容，这些内容对今后教学起什么作用，选择哪些范例，通过探讨范例使学生掌握哪些原理、规律和方法。

2. 智力作用分析。分析课题内容对学生智力活动所起的作用。

3. 未来章义分析。分析课题内容对学生未来学习的意义。

4. 内容结构分析。分析组成内容的基本要素，这些要素之间的关系在教材中所处的地位；分析课题内容的整个结构。

5. 内容特点分析。分析这个课题有哪些特点，哪些内容能引起学生的兴趣，通过哪些直观的手段能引发学生提出问题，布置什么作业才能使学生有效地应用知识等。

（四）教学程序上要遵循四个步骤

1. 阐明“个”的阶段

该阶段，应根据某些现象（这些现象总是与设计好的范例相关联）提出问题，激发学生思考问题，并寻找解决问题的方法，提出解决问题的设想，引出范例；然后，把精力集中在这个特别的典型范例的教学上，通过教师的讲解和实际演练说明该范例的特征和使用方法，通过学生的实际操作尝试和体验它的应用，从具体的“个”的范例中引导学生理解和掌握该范例。教学中所选用的范例要直接针对需要解决的实际问题，要能激发学生的学习动机。例如，以百度搜索引擎为范例，使学生了解百度搜索引擎的功能特征和搜索信息的方法。

2. 探索“类”的阶段

从“个”的本质特征去探讨“类”的事例，对个别事例进行归类，目的在于使学生从“个”的学习迁移到“类”的学习。此阶段要求学生积极思考、主动运用，教师要引导他们尝试多个“个”范例，从一个“个”的发现走向另一个“个”的发现，在众多“个”的尝试中探索一般规律。例如，把百度搜索引擎归为众多搜索引擎的一个，尝试使用其他搜索引擎搜索信息，发现不同搜索引擎的优势。

3. 理解规律和范畴的阶段

要求在前两个阶段获得的知识的基础上，进一步探究归纳出规律性的认识；要求在前两个阶段的基础上找出隐藏在“类”背后的某种规律性的内容，把对客观世界的认识提高到规律性的认识上。因此，教师要引导学生对各种个别事例和现象进行总结，理解某一类事物的普遍特征和一般规律。教师的作用就是提供帮助，使学生的认识更加深入。比如：比较搜索引擎的异同点，概括出不同搜索引擎的使用方法、功能特征、不足之处等，达到举一反三的目的。再如：在大多数 Word 对象上单击鼠标右键时，一般会弹出一个菜单，以便于操作者进行设置；操作者比较后发现其他软件也有类似的操作规律，从而达到广泛迁移的效果。

4. 获得有关世界经验和生活经验的阶段

这一阶段是前三个阶段的升华，把教学的重点从客观内容转向学生精神世界的开拓，目的在于使学生不仅认识客观世界，也认识自己和人类社会，以及它们之间的关系，使他们在获得客观知识的同时，把这种知识转化为自己的认识和经验，转化为指导自己行为的能力，真正掌握“个”和“类”的知识，全面实现教育所要达到的目的。实施信息技术教育，要求教师积极鼓励学生利用获得的“个”和“类”的知识去解释和解决世界和生活中的实际问题，引导学生了解信息技术的发展变化及其与人们的工作、生活和学习的关系，辩证地看待信息技术对个人、社会发展的积极作用和局限性，实现信息文化的真正内化。比如，通过使用搜索引擎获取有用的信息，理解搜索引擎对人们(包括自己)生活和学习的作用和影响，认识到搜索引擎虽然存在不足，但仍是人类在信息社会生存和发展的一种重要工具。

第六节　基于问题的学习

一、基本概念

(一)基于问题的学习的简介①

基于问题的学习(problem-based learning，简称 PBL)，又叫问题式学习，1969 年由美国神经病学教授巴罗斯在加拿大首创，先后在 60 多所医科学校中推广、修正。现在，很多院校采用这种方法进行教学或教学改革，目前它已成为国际上较流行的一种教学方法。基于问题的学习以信息加工心理学和认知心理学为基础，属于建构主义学习理论的范畴，是建构主义教学改革设想当中的“一条被广泛采用的核心思路”。

不同的专家和学者有着不同的定义。基于问题的学习的提出者巴罗斯等人认为基于问题的学习是课程，通过严谨科学地选取问题、提出问题、解决问题，让学习者掌握相关的知识，总结出解决问题的技巧，掌握积极主动学习的方法，增强与人沟通合作的能力。英国的教育专家欧瓦盾认为：基于问题的学习主要指的是学习过程中采用的一种方式，问题本身具有特殊的意义，不仅为完整的学习活动提供了一个大环境，还能推动教学活动的开展；学生学习知识是通过问题展开的。目前，关于基于问题的学习的定义，在我国比较权威的观点是由钟志贤提出的，即指把学习置于复杂的、有意义的问题情境中，通过让学生以小组合作的形式共同解决复杂的、实际的或真实的问题，来学习隐含于问题背后的知识，形成解决问题的能力，发展自主学习和终身学习的能力。它是以学生为中心、以问题解决为中心的教学方法。整个教学过程围绕一个劣构问题的解决进行，学生在学习过程中进行分组和协作，在教师的帮助下，组织多种形式的学习活动，通过多种形式获取信息，形成问题解决的方案，并以作品展示等方式对问题解决和学习成果进行表达。

---

① 赵海涛. 论美国“基于问题的学习”模式[J]. 全球教育展望，2004(12)：50－53.

基于问题的学习在培养学生的自我认知能力、合作学习能力、推理判断能力等方面都具有相当大的优势。在信息技术支持下的基于问题的学习中，学生以问题为中心，运用各种采集、搜索工具搜索和查找信息，对信息进行鉴别，通过信息交流工具与他人进行交流、合作，通过比较分析、运用创造性思维发现信息生长点、创造新的信息。此外，他们还要用恰当的形式、方法对信息进行编码，向他人展示自己的结果。由此可见，基于问题的学习是培养学生信息素养的一种好的学习方式。随着信息化教育的开展，越来越多的学者开始着手构建“信息技术+基于问题的学习”的新模式。

（二）基于问题的学习的特征①

1. 探究的系统性

基于问题的学习（PBL）是一种基于真实、劣构问题的探究性学习活动，强调学生通过观察、发现来主动感知问题，形成相关的问题假设，通过自主搜集数据资料、小组资源共享等多种途径，最终形成科学合理的解释来验证前期假设的正确性。

2. 问题的综合性

在传统的课堂教学中，教师往往按照教材编排的顺序一节一节地讲授新课，新的知识往往被拆成零碎的片段而缺乏综合性。因此，基于问题的学习也是帮助学习者进行知识体系重构的过程。在解答问题的过程中，学生要综合运用已经掌握的学科知识和方法来表征问题，设计问题解决方案，验证假设，进而梳理清楚各类知识之间的关系，形成更加密切、系统、鲜明的知识体系。

3. 思维的广博性

由于师生角色的多样化以及信息技术的支持，基于问题的学习也更具有广博性与包容性。它不局限在课堂范围内的师生交流探讨，还可以突破时空范围的限制，将互动交流推向更广阔的空间。譬如网络学习空间，学生可以随时随地发起讨论。另外这种教学还能激发和提升学习者的高水平思维，鼓励争论以及让学生对学习内容和过程进行反思等。

4. 角色的多样性

小组合作学习是问题式学习最主要的学习方式，为学生间的交流合作提供了广阔的平台。学生可以是资源的提供者，同其他小组成员共享资源；也可以

① 姜美玲. 基于问题的学习：一种可资借鉴的教学模式［J］. 全球教育展望，2003，32（3）：62－66.

是活动方案的设计者,为问题解决出谋划策;还可以是学习的帮促者,帮助其他同学答疑解惑。

5. 能力的综合性

在寻求问题答案的过程中,不同的小组有着不同的思维方式,因而最后的答案也不具有唯一性。问题式学习为教学评价提供了更宽泛的评价标准。其中,学生自我评价、同伴评价具有非常重要的作用,使得学习小组能够在问题的探究过程中最大限度地集思广益,从而获得创新性的研究成果。

(三)基于问题的学习的局限性

通过上面的这些比较,我们可以看到,基于问题的学习在教学中具有很多优势,但也存在一些局限性,如:问题选择有一定的难度;基于问题的学习强调从实际问题出发组织学习和教学,所获知识具有一定的随机性和零散性。因此,在设计和实施问题式学习时,我们需要在学科知识的系统性与解决实际问题时所获知识的随机性之间保持一定的张力和平衡,要基于整体课程与知识结构的系统性来设计问题。问题越真实,对学生理解知识、应用知识的要求就越高,所要实现的教学目标就越具有全面性、整体性及综合性:这对学生的知识基础与基本能力就具有更大的挑战。

(四)基于问题的学习与基于项目的学习

两者的缩写都是 PBL,这两种类型的研究性学习既有联系又有区别。联系在于二者之间有很多共同之处:学生处在真实的任务中;开放性的任务或问题有多种解决办法或答案;项目和问题要能模拟专业情景;以学生为中心;教师是促进者;需要学生长期以小组的形式工作;鼓励学生多方寻求信息;强调真实性和基于绩效的评价;为学生的自我反省和自我评价提供充足的时间和方法等。

区别在于二者开展学习的思路各具特色:

基于项目的学习的特色:起点是一件最终的产品或者头脑中的一件制品;更多的是跨学科问题;时间相对较长;包含公开的成果展示;可以使用虚拟的任务设置,但通常是真实情境和真实的任务设置;项目任务是真实确定的;最终产品是学习的驱动力。

基于问题的学习的特色:起点是解决一个问题或者学习一个问题;一般是单学科;一般课程时间相对较短,但也可以开展周期长的课程;问题被设计在一个情景中或者个案研究中;为了反映现实生活的复杂性,问题常常是不明确的;使用探究的模式;学生需要呈现的是解决问题的方案,不必创造出一个产品;问题是学习的驱动力。

二、应用原则

(一)基于问题的学习的教学实施过程①

1. 步骤一:创设情境,提出问题

许多老师可能和我们有同样的体验,虽然学生对信息技术课比较感兴趣,但是想长时间地吸引学生的注意力还是非常困难。有些基础较好的学生认为教师反复讲解实在无聊。一个有效的办法就是创设一个与学生生活密切相关、能够引起学生兴趣的情境,让生活走近课堂。

根据教学目的和教学内容的需要创设情境,呈现情境的方式可以多种多样,例如讲一个故事、放一段录像、听一首音乐、观察一组调查数据、浏览一个网站、呈现一种现象。如果情境比较复杂,教师可以与学生一起分析问题的情境。例如:这是一组关于什么的数据?哪位同学可以描述一下这种现象?引导学生回忆关于这个问题情境的体会,学生可以以“我曾经遇到过一件相似的事情”“我听过……”“我看见过……”“我感觉……”等为题进行讨论,加深对问题情境的理解。同时,教师可以提出一些引导性的问题,例如:为什么会出现这种现象?这种现象背后的实质是什么?如何消除这种现象?

2. 步骤二:界定问题,分析问题,组织分工

进一步仔细分析问题情境,可以与临近的同学讨论自己对情节和情形的理解,分析情境背后的问题实质。例如:电脑死机是硬件原因、软件原因、病毒入侵、操作不当还是其他原因引起的?界定自己要研究的问题,例如,某个同学认为电脑死机是硬件的原因,那么他可能继续研究:哪些硬件会引起电脑死机?硬件引起电脑死机会出现什么现象?教师呈现的情境中有这种现象吗?有什么解决办法吗?

将全班同学分成小组,小组成员进一步确定需要解决的问题,可以以列表的形式记录小组成员关于问题的意见,同时可以进一步讨论以下问题:对于需要解决的问题,已经知道了哪些信息?还需要搜集哪些信息?可以从哪些渠道获取这些信息?通过什么方式获取这些信息?有哪些可以利用的资源?等等。提出解决问题的假设,明确需要做的事情和确定研究计划后,进行小组成员分工。

3. 步骤三:探究问题,解决问题

探究问题、解决问题的过程就是“从当前状态向目标状态转化所需要的一系列操作”。仍以“电脑死机”为例,呈现的现象是“开机后黑屏,听不到硬盘自

① 刘晓艳.基于问题的学习模式(PBL)研究[D].南昌:江西师范大学,2002.

检的声音,有时能听到喇叭的鸣叫”,探究解决问题的过程可能是:考虑硬件是否接触不良;打开机箱检查设备连线、电源插座以及插接卡是否松动;如果有需要,把各个插接卡拔下再重新插一遍;等等。

如果原有的知识不能解决问题,可以通过各种途径(调查、访谈、查阅书籍、上网等)搜集相关的信息。将小组搜集的信息进行汇总、整理、分析、加工、评价,判断信息的有效性、充足性,判断所搜集的信息是否能够解决问题。在获取信息的基础上,讨论、交流解决问题的建议、主张、方案,实施解决方案,查看效果。如果问题没有解决,可以继续寻找原因和解决办法。

4. 步骤四:展示结果,汇总成果

展示的结果可以是小组对解决问题的建议、推论、方案等,教师也可以鼓励学生简单地阐述自己或小组解决问题的过程。例如:小组成员是如何开展活动的?对搜集的信息是如何分析处理的?怎样分析问题以及怎样根据搜集的信息确定解决方案?等等。教师也可以询问学生的某个想法是怎样与事实相联系的。可能有些学生或者小组汇报时,依然没有成形的问题解决方案,教师可以鼓励学生汇报目前的进展以及困惑,所有的同学帮助他们出谋划策。通过小组之间的交流,在资源、方法、过程、成果等方面相互支持和共享。

如果有必要,在展示之前可以先将各小组的资料彼此交换和查阅,便于提问和讨论。在小组汇报完成之后,为了让学生从其他人那里获取更多的信息,教师可以尝试这样引导学生:请大家回忆一下其他小组的观点和论据,想想你有什么收获?你对自己的观点要进行调整吗?或者让学生制作一份表格,包括“我学到了……”“我开始以为……”“我现在认识到……”“我不同意……”“关于……我想找出更多的……”等等。建议学生使用多种方式表现成果,可以是电子文档、多媒体、动画、表格、网页程序设计等,也可以写成简单的书面报告,如调查报告、解决方案报告。

5. 步骤五:评价、总结与反思

教师可以采取多种方式对学生进行评价,如同伴互评、教师评价、自我评价。除了对小组解决方案进行评价,还可以对小组合作情况、活动开展情况、小组成员表现等进行评价。评价可以采取多种形式,如口头陈述、书面报告、作品集、实践考试、书面考试。反思主要指学生对学习的内容和学习的过程进行反思。

(二)基于问题的学习实施时的注意事项

首先,“问题”设计要有明确的目标,将大的教学目标细化成具体的子目标,引导学生从不同角度来分析和解决问题,防止思维的绝对化和僵硬化。

其次,"问题"设计并不要求有确定的答案或解决方法。大部分教师在找到解决方法前往往觉得不安。事实上,教师和学生同样需要去体验"问题"所带来的不确定性和焦虑感,因为教师的使命之一就是让学生明白在问题的解决过程中不可避免地会遇到挫折,但这绝不是失败。

再次,"问题"设计要符合学生的特点,充分考虑学生的年龄、兴趣、知识结构和生活环境,循序渐进地教授教学内容,尽可能地体现以"学生为中心、教师为主导"的教学策略。

最后,团队合作解决问题的过程中,老师的作用不是针对问题提供具体信息,而是在问题的解决过程中确保学生分析问题和解决问题的顺利进行。学生成员在小组中充当不同的角色,如组长、抄写员、计时员、问题阅读者、分析者。问题本身具有复杂性和丰富性,要求团队制订工作计划,调查和收集资料,需要学生进行讨论和意见综合等协作学习,这实际上是共同建构知识的过程。

参考文献:

1. 周敦. 中小学信息技术教材教法:第 3 版[M]. 上海:人民邮电出版社,2013.
2. 董玉琦. 信息技术课程与教学[M]. 北京:电子工业出版社,2009.
3. 赵波,段崇江,张杰. 信息技术课程标准与学科教学[M]. 北京:科学出版社,2013.
4. 徐克强. 中小学信息技术课程教学论[M]. 北京:清华大学出版社,2011.
5. 杨欢耸. 小学信息技术课程与教学[M]. 上海:华东师范大学出版社,2009.
6. 姚利民,杨莉. 课堂讨论国外研究述评[J]. 外国中小学教育,2015(7):60 - 65.
7. 严丽萍. 课堂教学中讨论法运用的条件:兼谈当前小学课堂教学中讨论法运用的实效性[J]. 当代教育科学,2013(6):22 - 23,37.
8. 梁中贤. 讨论法:不仅仅是一种教学方法[J]. 中国高教研究,2012(1):104 - 106.
9. 刘晓艳. 基于问题的学习模式(PBL)研究[D]. 南昌:江西师范大学,2002.
10. 姜美玲. 基于问题的学习:一种可资借鉴的教学模式[J]. 全球教育展望,2003,32(3):62 - 66.
11. 高翔,张伟平. 新课改背景下范例教学理论再审视[J]. 现代教育科学,2008(3):62 - 64.
12. 宫云龙. 范例教学与学习:联邦德国 W. 克拉夫基教授在华东师大的讲演之三[J]. 外国教育资料,1987(2):46 - 50.
13. 雷体南,叶良明. 信息技术教学论:第 2 版[M]. 北京:北京大学出版社,2013.
14. 李艺,李冬梅. 信息技术教学方法:继承与创新[M]. 北京:高等教育出版社,2006.

第五章　信息技术课程教学评价方法

本章拓展思考问题：

1. 教学评价理念的发展蕴含着哪些教育理念的变化？

2. 在深化新时代教育评价改革的背景下，信息技术课程教学评价应该做哪些改变？

3. 针对不同层级的信息技术课程，核心素养的教学评价应该如何选择评价方法？

第一节　教学评价基本理论

一、评价理念的发展

（一）教学评价理念的由来

教学评价活动由来已久，但具有现代意义的教学评价雏形起始于20世纪初的美国教育测验运动，并于八年研究得以正式发展。

1. 美国教育测验运动

（1）开拓期：1904年至1915年

这一时期是测验运动的探索与初步发展时期。1904年，桑代克发表了测量学史上的巨著——《心理与社会测量导论》。该书较为系统地介绍了统计方法在测量中的应用和编制测验的基本原理，并标出"凡存在的东西都有数量，凡有数量的东西都可测量"的信条。桑代克在量表与测验方面的奉献促使教育测验运动不断发展。1905年，法国人比奈与助手西蒙发表了《异常儿童诊断的新方法》一文。文中介绍了比奈智力测验量表，即比奈—西蒙量表，通过该量表可以测量不同的智力水平。促使测验运动走向客观化、科学化与标准化是此阶段的主要目的。

（2）兴盛期：1915年至1930年

在这一时期，测验的种类陆续确定。教学评价工作的中心开始集中于编制各种测验量表以测量学生的技能与特征，包括学业测验、智力测验、人格测验等层面。在学业测验方面，测验量表层出不穷，测验范围包含教育诊断、课程调查以及教育实验各个方面，出版的相关量表达3000种之多，并且被应用于教学之中。在智力测验方面，1916年斯坦福大学的推孟教授修订了比奈量表，推出了斯坦福—比奈智力量表，开始将测验结果进行量化，并引用了德国心理学家斯特恩的智能商数（IQ）。1923年，美国出版了第一个标准化成绩测验——斯坦福成绩测验，为后续的正式评价活动奠定了基础。在人格测验方面，其测验关注点集中于性格、行为等方面的测量，开始重视学生的个性化特征。这些测验方案与工具的改进促使评价走向正规化、系统化。

（3）批判期：1930年至1940年

虽然先前的测验运动使得学习结果客观化、标准化，能将学习能力以数字的形式一一形象展现出来，便于人们客观了解自我水平，但测验关注的结果仅仅局限于学历测验，没有涉及学生的学习态度、所掌握的相关操作技术、兴趣、创新能力、价值观等层面，因而难以全面掌握学生的全部水平，容易造成测验结果片面化、不科学化。这种传统的偏重记忆的测验方式因此受到了美国进步主义教育联盟（Progressive Education Association，简称PEA）组织的批判。具体批判结果如下：

①测验是片段式的，只能进行片段的测定，难以全面掌握人格发展与知识的学习过程。

②测验仅仅注重客观的信度，对质的妥当性难以说明。

③教师为测量成绩所采用的学业测验，是教科书中心主义。

④测量或考试必然会养成个人主义与被动的学习态度，而个人主义的学习态度与被动式的教学方法不符合新教育精神。①

2. 八年研究

八年研究（Eight Years Study）是指在1933年起至1940年期间以艾金为主的美国进步主义教育联盟（PEA）领导的课程改革委员会对30多所中学以及7所大学的学生的学习情况进行追踪研究，为期8年。八年研究委员会认为，教育的中心目标不是灌输知识，而是促进学生的全面发展。因此八年研究委员会开始停止宣扬测验运动，并开始提倡教育评价（educational evaluation）。为了达到新教育目标，符合新教育精神，发展新的评价工具就成为研究的首要任务，于是一个以泰勒为组长的专门评价小组在此背景下成立。该小组立足于新教育学理论，依据新心理学理论，以全面发展人的才能为主要目标，研究教育成绩考察方法，帮助学校设计出各种评价方法。具有现代意义的教育教学评价得以出

① 瞿葆奎.教育评价[M].北京：人民教育出版社，1989.

现,并由泰勒在1933年作为正式概念提出。泰勒明确提出了不同于测量概念的评价概念,他认为:“教育评价的历程在本质上是一种测定教育目标在课程和教学方案中究竟被实现多少的过程。”①此外,他在总结八年研究实验的成就时指出:根据八年研究的基本思想,设计教育评价方案的出发点是注重教育效果的价值观,分析应达到的目标,再根据目标来评价教育效果。② 八年研究的成果及其思想标志着具有现代意义的教育评价正式形成。

(二)教学评价的内涵

泰勒提出了教育评价的正式概念,这标志着现代教育评价理念正式形成,而人们在不断认识教育评价的过程中,对教育评价的内涵开始起争议,也出现了以不同学者为代表的教育评价思想。

1. 以泰勒为代表的“目标说”

以泰勒为代表的目标说认为,教育评价是判断教育目标或教育计划的实现程度的手段。在教育活动开展之前,首先要确定教育目标,依据教育目标来评价教育效果,判断教育目标的实现程度,明确教育目标与教育实践的差距。其实施步骤一般为:(1)拟定教育的一般目的(broad goals)和具体目标(objectives);(2)把目的和目标进行分类;(3)用行为化的术语界定目标;(4)建立可以展示具体目标业已达成的情景;(5)选择和编制客观性、可靠度、有效性较高的测验量表,确定问卷、观察、交谈、作品分析等评价手段;(6)收集学生行为表现的资料;(7)把学生的行为表现与既定目标进行比较;(8)修改方案,重新执行方案。③

2. 以克隆巴赫为代表的“收集信息说”

以克隆巴赫为代表“收集信息说”认为,教育评价是为教育决策提供信息和依据的过程。1963年,克隆巴赫发表了《通过评价改进课程》(Course Improvement Through Evaluation)的论文,对泰勒模式提出了质疑。他认为评价者不仅应关心教育的目标,检验教育目标达到的程度,更应关心教育的决策;评价的重点应放在教育过程之中,而不是在教育过程结束之后;此外,评价应该作为一个收集和反馈信息的过程。④ “信息收集说”突破了“目标说”单纯对目标实现程

① 泰勒.测量、描述、判断与建构课程与教学的基本原理[M].施良方,译.北京:人民教育出版社,1994.

② 程书肖.教育评价方法技术[M].北京:北京师范大学出版社,2004.

③ 卢立涛.测量、描述、判断与建构:四代教育评价理论述评[J].教育测量与评价(理论版),2009(3):4-7,17.

④ 肖远军.教育评价原理及运用[M].杭州:浙江大学出版社,2004.

度进行判断的思想，突出了评价对教育决策的重要性。

3. 以斯克里芬和豪斯为代表的“描述和判断说”

以斯克里芬和豪斯为代表的“描述和判断说”认为，教育评价就是对教育现象进行描述和价值判断。斯克里芬在其发表的《评价方法论》(The Methodology of Evaluation)一文中明确指出“评价的目的本来就包括对长处、优点和价值等方面的估计”。随后他又提出了目标游离评价(goal-free evaluation)。该评价强调把教育目标与评价活动分离开来，旨在保证评价者考虑到教育和教育结果的实际效应，而不是依靠确定教育目标考虑其预期效应；此外评价者应该收集大量有关实际效应的资料，强调评价这些效应在满足教育需要方面的重要性。总体而言，该学说认为教育评价应该侧重于判断教育活动、教育过程与教育结果所产生的效益，对其结果进行价值判断。

(三)教学评价的理念变革

1. 评价理念：从终结性评价到形成性评价、发展性评价，以学评教

根据评价目的与功能，课堂教学评价可以分为诊断性评价、形成性评价和终结性评价。早期的教学评价主要以课后终结性评价为主，而在践行形成性评价的过程中又出现了“满堂灌”的课堂缺位、“满堂问”的课堂虚位和“满堂动”的课堂错位，致使课堂教学评价一直未能“在其位”以谋取教学的育人价值，存在严重的形式主义问题。① 随着我国教育评价理论研究的发展，兼顾过程取向和目标取向的“学习性评价”取代了“形成性评价”。② 作为一种内部非正式评价，“学习性评价”是“为了学习的评价”，由“形成性评价”演变而来，强调评价贯穿教学全过程；促进教师专业发展；注重有效、即时的学习反馈；促进学生认知发展、动机建立；发展学生自主评价能力。

2. 评价标准：从以教论教转向以学评教

受凯洛夫教育学影响，我国传统课堂教学评价标准主要关注“以教论教”视角下的教学目标、教学内容、教学过程、教学结果等维度。很明显，这是一种以教师为中心的效能尺度，忽视了学生的发展和教学的育人属性。随着形成性评价、发展性评价等评价理念的提出，有效教学、深度学习、学习中心等教学理念的发展，翻转课堂、智慧课堂、慕课等教学模式的应用，信息技术的发展和大数据时代的到来，评价标准逐渐开始关注“学”与“评”的内在联系，旨在推进素质

① 卢臻. 课堂评价为何迟迟难以到位[J]. 人民教育，2015(6)：52－55.

② 杨华，文秋芳. 课堂即时形成性评估研究述评：思考与建议[J]. 外语教学理论与实践，2013(3)：33－38，95.

教育,深化教学改革。①

3. 评价工具:从单一考试转向综合评价

常见的评价工具有如下两种:第一种是测验型评价工具,如纸笔测验卷、成绩报告单;第二种是非测验型评价工具,如观察量表、调查问卷、档案袋、互动分析记录表。② 较早引入且较为典型的课堂分析工具包括弗兰德斯互动分析系统(FIAS)、学生 - 教师(S-T)分析法、课堂评分系统(CLASS)、交际法教学观察量表(COLT)等。随着信息技术与课堂教学的整合,多种包含技术因素的课堂观察工具如 LTPT、UTAP、TELAR、ICOT 等应运而生。③ 改进型弗兰德斯互动分析系统 iFIAS、改进型 S-T 分析法、LICC 范式等评价工具应运而生。除上述综合性分析工具外,一些学科性评价工具也进入了各科教学论研究者的视野,如数学学科的 MQI、UTOP、FFT-Math,英语语言学科的 PLATO、FFT-ELA 等。近年来,国内学者首次提出基于人工智能等最新信息技术的课堂教学"自动评价"技术,这是一项对课堂教学众多评价指标进行量化建模、自动分析与评价、服务于课堂评价实践的计算机应用技术,也是一项改进课堂教学效果的综合评价技术。④

(四)教学评价基本理论

1. 布卢姆的教学评价理论

布卢姆认为,现代教学评价的目的是为改善和优化教学过程提供信息和依据,是"改善教学过程和学习过程"的手段。他把教学评价与教学目标密切地联系起来,指出评价必须首先明确教学目标,以分析目标为出发点,然后评价学生达到目标要求的程度;通过评价,积极提供改进教学的信息和依据,从而改善和优化教学过程,提高教学质量。布卢姆抨击了传统的教育观念,并于 1971 年提出教学评价的新概念。为了对照教学目标对教学做出价值判断,使教学评价参与教学的全过程,成为控制和调节教学过程的信息反馈机制,他提出了贯穿教学全过程的各项评价,包括诊断性评价、形成性评价、总结性评价。

(1)诊断性评价

诊断性评价(diagnostic evaluation)是指教师在教学前进行的评价。其目的

---

① 许娜,高巍,郭庆. 新课改 20 年课堂教学评价研究的逻辑演进[J]. 教育研究与实验,2020(6):49 - 55.

② 莫景祺. 教师如何实施课堂教学评价[J]. 课程 · 教材 · 教法,2008(11):14 - 18,58.

③ 王晓晨,江绍祥,黄荣怀. 面向智慧教室的中小学课堂互动观察工具研究[J]. 电化教育研究,2015(9):49 - 53.

④ 骆祖莹,张丹慧. 课堂教学自动评价及其初步研究成果[J]. 现代教育技术,2018(8):38 - 44.

在于了解学生在教学前是否具有学习新的教学单元目标所必需的基本能力和技能。根据诊断性评价的结果，教师可以确定教学的起点，安排教学计划。布卢姆强调：如果所有的学习者都具有必要的认知和情感方面的先决条件，而且教学的质量也符合学生的背景和特性，那么所有学生或大多数学生应该能够掌握这门新的功课。学生在学习某门功课上存在差异与学生在成绩、动机和态度等方面存在不同的经历有很大关系。① 因此，教师在教学前需要对学生的学习情况进行诊断，教学诊断不是为了给学生评分数或排名次，而是以发现错误为目的，以便分析、诊断学习状况，采取补救措施，使学生更加顺利地学习。

(2)形成性评价

形成性评价(formative evaluation)是指教学过程中实施的教学评价，往往是在某一个知识点或者某一个教学单元将要结束时进行的，主要可以用来帮助教师了解教学效果，掌握学生在某一阶段的学习情况及其存在的困难和缺陷，从而便于教师及时调整教学工作，帮助学生改善学习效果。

在进行形成性评价之前，教师首先要确定学习步骤，把一门学科的结构分解成一系列单元的教学序列，然后再进一步分析每个学习单元或学习任务。形成性评价的重要价值在于对学生的学习能够起积极的促进作用。根据形成性评价，教师可以及时了解每个学生对哪些内容已经达到学习目标，没有达到最终目标的难点所在，以及从每个学生达到目标的不同学习模式中找出共同的学习难点，使教师知道需要改进和补充的地方。这样教师在教学活动中就有可能对不同的学生进行不同的指导，使大多数学生达到学习单元的目标。②

(3)总结性评价

总结性评价(summative evaluation)是指在教学结束时进行的教学评价，主要用于评定学生对一学期、一学年或一个学习单元的教学目标达到的程度，判断教师所用的教学方法是否有效，并全面评价学生的学习结果。其目的是研究不同学生达到的不同水准或彼此之间的相对地位。在实际的教学中，教学的总目标无法在形成性评价中全部体现，需要通过总结性评价来考察各单元知识的横向联系。总结性评价在教学中具有重要地位和独特的功能，具有一系列教学指导的总结意义。它除了用于评定学生成绩，还能预测在随后的教学过程中学

---

① 刘欣. 论布卢姆的教学评价观及其现实意义[J]. 齐齐哈尔大学学报(哲学社会科学版),2001(1):110-111.

② 张必芳. 布卢姆教学评价理论述评[J]. 山东师范大学学报(人文社会科学版),1987(2):41-46.

习者能否取得成功并确定随后的教学的起点，能够对学生进行反馈，对学生的技能和相关能力进行验证。教师也可以将它作为依据决定下一学年的教学应从何处着手，并把这个测验同改进日后的教学活动结合起来，使它们朝着更好的方向发展。

2. CIPP 评价理论

CIPP 评价模式，亦称决策导向或改良导向评价模式。该理论认为评价就是为管理者做决策提供信息服务的过程，评价者通过为决策者、政策制定者、学校董事会、教师和其他需要评价信息的人服务，从而更好地为教育服务。该评价理论由斯塔弗宾等人于 1966 年提出。评价最重要的意图不是为了证明，而是为了改进，CIPP 方法正是建立在这种观点上。

CIPP 是由四种评价名称的第一个字母组成的缩略词："C"代表背景评价；"I"代表输入评价；第一个"P"指过程评价；第二个"P"指成果评价。

(1)背景评价(context evaluation)

背景评价就是在特定的环境下评定其需要、问题、资源和机会。"需要"主要包括那些为实现目的所必需的、有用的事物；"问题"是指在满足需要时必须克服的障碍："资源"是指在本地可以得到的专家和提供的服务；"机会"主要指满足需要和解决相关问题的时机。背景评价的主要目的在于：①描述所需服务的背景情况；②界定预期的受益人并评定其需要；③弄清满足需要所存在的问题和障碍；④界定本地资源和资助时机；⑤评定方案、教学和其他服务目标的清晰度和适切性。背景评价的基本取向在于确认方案目标与方案的实际影响之间的差距，本质上属于诊断性评价。①

(2)输入评价(input evaluation)

输入评价是在背景评价的基础上，对达到目标所需的条件、资源以及各被选方案的相对优点所做的评价，其实质是对方案的可行性和效用性进行判断。输入评价所要回答的问题是：①采用了何种计划、程序和预算来满足这些需要，其实现目标的可能性有多大？②考虑过哪些备选方案？③为什么选择此方案而不选择其他方案？④所选方案的合理性、合法性、道德性程度有多大？⑤它潜在的成功程度如何？⑥预算资金能在多大程度上满足评定的需要？⑦各种人员的利用以及对外界资源的需要等。输入评价的全部用意在于帮助委托人在需求与环境允许的前提下，考虑各种可能的方案策略，发展一些适用的方案，

① MADAUS, SCRIVEN, STUFFLEBEAM. Evaluation models: viewpoints on educational and human services evaluation[M]. 2nd ed. Boston: Kluwer Academic Publishers, 2000.

形成一个最佳方案。

(三)过程评价(process evaluation)

过程评价是指在方案实施过程中做连续不断的监督、检查和反馈。其目的在于:为方案制订者、管理人员、执行人员提供反馈信息,以便他们了解方案实施的进度,方案是否依原计划实施,以及是否有效地利用可用的资源。由于一个方案不可能在事先设计时面面俱到,因此,过程评价可以用于发现方案实施过程中的潜在问题,为修正方案提供指导;为定期评估方案参与人员的工作情况提供有效信息;为真正付诸实施的方案提供详尽的记录,包括实施的方案与原定方案的比较、方案实施过程中的账目情况以及观察者与参与者对方案品质的整体评判等。过程评价要回答的问题有:①方案实施的程序是怎样的?②方案本身及实施过程要不要调整或修改;若要修改,该如何修改?过程评价还要求对实施过程进行全面记录,以获得文字资料信息。总之,过程评价主要用来调整和改进实施过程,本质上属于形成性评价。

(4)结果评价(product evaluation)

结果评价是对目标达到程度所做的评价,包括测量、判断、解释方案的成就,确定人们的需要满足的程度等。结果评价所要回答的问题有:①观察到哪种结果(肯定的和否定的、预期的和非预期的)?②各类资助人如何看待这些结果的价值和优点?③获得的结果满足方案预期对象需要的程度如何?结果评价本质上属于终结性评价。

上述四种评价的目的、方法与功效各不相同,详情见表5.1。

表5.1 CIPP评价对比①

	背景评价	输入评价	过程评价	结果评价
目标	界定机构或服务的背景;确认对象及其需求;确认满足需求的可能方式;诊断需求所显示的困难;判断目标能否充分满足已知的需求	确认和评估系统的各种能力;确认和评估选择方案的策略;确认和评估实施策略的程序设计、预算及进度	确认或预测程序设计或实施中的缺点;为计划好的决策提供信息;记录和判断依次发生的各种事件及活动	搜集对结果的描述及判断;将其与目标、背景、输入及过程的信息相联系;解释其价值及意义

① STUFFLEBEAM,SHINKFIELD. Systematic evaluation:a self-instructional guide to theory and practice[M]. Boston:Kluwer Nijhoff,1985.

续表

	背景评价	输入评价	过程评价	结果评价
方法	使用系统分析、调查、文献评论、举办听证会、晤谈、诊断测验以及德尔菲技术	调查和分析可用的人力和物力资源、解决问题的策略以及程序设计相应的可行性和经济性;利用文献探讨、访问典型方案、成立建议小组以及做小型实验等方法	控制活动中的潜在障碍,并对非预期的障碍保持警觉;为方案决策获得特殊的信息;描述真实的过程;与方案工作人员不断交流,并观察他们的活动	制订可操作、可测量的评价结果标准;搜集与方案有关的各种人员对结果的判断,并从质与量上加以分析
在变革过程中与做决策的关系	为计划所需的变革,决定方案实施的背景,满足与需要有关的目的或使用时机以及与解决问题有关的目标,提供判断结果的基础	为组织变革活动,选择资助来源、解决问题的策略以及程序设计,提供判断方案实施状况的基础	为有效地控制过程、实施和完善方案设计及程序,并为以后解释结果,提供大量真正过程的记录	为决定继续、终止、修正或重组变革活动,提供清晰的有关效果(预期的与非预期的、积极的与消极的)的记录

3. SOLO 分类评价理论

"SOLO"是英文"structure of the observed learning outcome"的首字母缩写,即可观察的学习成果结构。1982 年,约翰·比格思教授根据心理学建构理论提出 SOLO 分类评价法。这是一种以等级描述为基本特征的质性评价方法,意在为学校教师提供一种描述并评价学习者学习结果的系统方法。这种方法主要是从学习结果的结构复杂性角度来对学习者的学习进行分层评价。SOLO 的评价理念是基于这样一种理念:任何学习结果的数量和质量都是由学习过程中的教学程序和学生的特点决定的。它根据学生的已有知识结构、学习投入及学习策略等多方面的特征,从具体到抽象,从单维到多维,从组织的无序到有序。① SOLO 分类法的理论基础是结构主义学说。它把个体认知发展的思维操作模式划分为四种方式:感知运动方式、直觉方式、具体思运方式、形式思运方式,而每一种思维操作模式下的学习结果又可划分为五个水平(或五个结构),各个水平(或结构)之间呈递进的关系。每一种思维操作模式下的抽象拓展水平相当于

① SOLO 分类理论[EB/OL]. https://baike.sogou.com/v798280.htm?fromTitle=SOLO%E5%88%86%E7%B1%BB%E7%90%86%E8%AE%BA.

更高水平的思维操作模式下的前结构水平。五种回答结构①见表5.2，其含义如下：

(1)前结构(prestructural)

前结构是指处于这一结构层次的学生在回答问题上缺乏逻辑联系，其回答的结果可能包括三种情况：①拒绝，指学生在回答问题时并没有过多地思考，不想认真地投入学习中，在被要求回答问题时常常以“不知道”或胡乱回答作为结果；②同义反复，指简单地将问题重复一遍，并没有依据提出的问题做出相应的回答；③转换，学生未能在逻辑的基础上对问题进行解答，而是依据自我感觉随意进行判断。此外，学生也可能因为没有掌握与问题有关的简单知识，或者为以前所学的无关知识所困扰，所以找不出任何解决问题的办法——缺乏相应的能力。处于前结构层次的学生的能力最低。

(2)单点结构(unistructure)

单点结构是指学生关注题干中的相关内容，并能找到解决问题的办法，但往往只能联系单一事件，找到一个线索就立即停止思考，只能对单一的事件进行概括。学生的学习结果仅仅涉及构成问题的众多要点中的一个。

(3)多点结构(mulstructure)

多点结构指学生的学习结果涉及构成问题的若干要点，但学生只简单地罗列这些要点，而这些要点之间是相互独立、并无关联的。这说明学生已经具有找到越来越多正确答案的相关特征的能力，能联系多个孤立事件，但还是缺乏将各个独立要点进行有机整合的能力。

(4)关联结构(relational)

关联结构指学生能够整合各部分内容，使其成为一个有机整体，学生的学习结果涉及已经构成问题的若干要点，表现为学生能够回答或解决较为复杂的具体问题，并且能够把这些要点组织成一个连贯一致的整体，能在设定的情景或在已有的经验范围内利用相关知识对所答问题进行概括。处于这一层次的学生已经具有较高的道德能力水平，且真正理解了问题。

(5)抽象拓展结构(extended abstract)

抽象拓展结构指学生能够归纳问题，并能对未经历的情景进行概括。学生具有学习更多抽象知识的能力，对问题做出的结论更具有开放性，使得问题本

① 彼格斯，科利斯. 学习质量评价：SOLO分类理论：可观察的学习成果结构[M]. 高凌飚，张洪岩，译. 北京：人民教育出版社，2010.

身的意义得到拓展。这代表了一种更高层次的学习能力。这一层次的学生表现出更强的钻研和创造意识。只有那些达到一定年龄并具有一定抽象思维能力的学生才能达到这一层次，它是属于教学目标预料之外的。

表 5.2　SOLO 层次与回答结构

SOLO 层次	回答结构
前结构	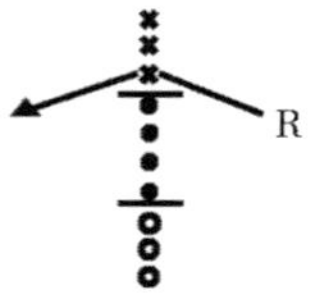 R
单点结构	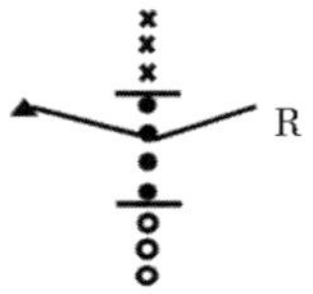 R
多点结构	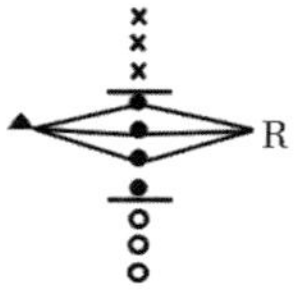 R
关联结构	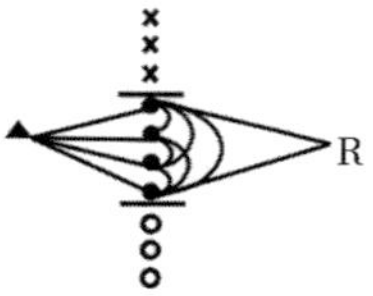 R
抽象拓展结构	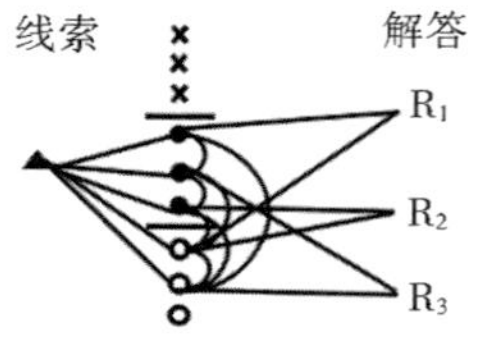 线索　解答　R_1　R_2　R_3

二、评价的工具

（一）档案袋评价

1. 档案袋评价的内涵

档案袋评价（portfolio assessment），又称“文件夹评价”或“学生成长记录袋评价”是以档案袋为依据对学生所进行的客观、综合的评价。其主要目的是通过收集学生在学习过程中的作品以及教师和学生对作品的评论与反思,记录学生的学习过程,从而较客观地反映出学生某方面的进步、成就及存在的问题,以增强学生的自信心,提高学生自我评价与自我反省的能力,促进学生的成长与进步。

2. 档案袋评价的类型

(1)过程型档案袋

过程型档案袋一般用于诊断学生在学习过程中所取得的成绩及存在的问题,记录学生在某一领域的进步过程或成长历程,帮助学生提高对自己的学习过程或经历进行思考和评估的能力。该类档案袋收集的内容往往与教师制定的教学目标和学生的学习状况相关。学生上传相关的学习作品或其他材料,教师可依据学生提供的学习数据做出相应的反馈。

(2)文件型档案袋

文件型档案袋最早来源于幼儿教育,极少用于评估。它主要是描述学生在一段时间内的进步以及教师的期望,它包括系统的、正在进行的记录和学生进步的样本。其目的是记载学生一段时间内的学习情况,采用的方法是教师观察、逸事记录、访谈以及学生活动,材料往往由教师提供。①

(3)评价型档案袋

评价型档案袋的主要目的是收集事实以系统地评价学生的学习,并将结果报告给其他人。这些档案袋要按照特定的目的或学习者的结果进行评分或赋予等级。②

(4)展示型档案袋

展示型档案袋也称最佳成果型档案袋,用于展示学生在某一学期或学年在某一学科领域所取得的成果。通过成果展示,教师可以更加直观地关注到学生间的个体差异,让每个学生都有机会展示自我,由此提高学生的自信心和可持续学习能力。通过这种评价方式,能有效提高学生的积极性,也有利于学生自我激励。

---

① CHITTENDEN, COURTNEY. Assessment of young children's reading: documentation as an alternative to testing[A]. //STRICTLAND, MORROW. Emergent literacy: young children learn to read and write[C]. Newark, DE: International reading association. 1989.

② SALINGER T, CHITTENDEN E. Analysis of an early literacy portfolio: consequences for instruction[J]. Language arts, 1994, 71(6): 446 - 452.

(5)复合型档案袋

复合型档案袋是上述几种档案袋的整合。这种档案袋通常用来构建学生的作品,记录学生在一段时间内的成长情况,评价学生在重要学习结果上的表现,获悉课堂教学的进程并报告给其他人。①

(二)概念图评价

概念图(concept map)由 Novak 于 1972 年提出,是一种以图表的形式反映概念和概念之间关系的知识结构图,通常包括节点、连线、连接词、命题和层次几个基本要素,如图 5.1 所示。节点表示概念,如"生物""动物""植物"都表示概念。连线表示概念之间的联系,用箭头表示方向。连接词指在连线上用于表明两个概念之间关系的字、词、符号或短语,如图中的"例如""包括"等。命题是两个概念之间通过连线、连接词而形成的概念、原理的更深层的意义关系,如我们从图 5.1 可获得"生物体包括动物和植物"的命题。层级是同一知识领域中的概念依据其概括性水平所进行的分层排布:概括性最强、最一般的概念处于图的最上层;从属的概念放到中间一层;具体的事例处于图的最下层。②

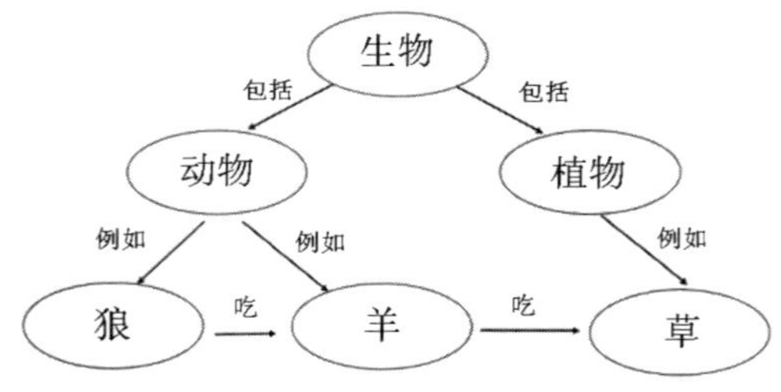

图 5.1　概念图示例

概念图作为一种组织与表征知识的工具,可以形象化地表征出学习者对某一具体知识领域某一主题的概念体系及其组织形式。美国学者 M. A. 鲁伊斯 - 普里莫和理查德 · J. 晒尔森等人于 1996 年首次提出将概念图作为一种替代性的评价工具,并将其应用于学生学业评价领域。M. A. 鲁伊斯 - 普里莫和理查德 · J. 晒尔森对概念图在科学教育评价中的运用做了深入研究,提出概念图的评价是"评价任务""反应方式"和"评分体系"的综合体。作为评价工具的概念

① VALENCIA. Literacy portfolios in action[M]. [S. L.]: Harcourt Brace College Publishers, 1998.

② NOVAK, GOWIN. Learning how to learn[M]. New York: Cambridge University Press, 1984.

图主要由以下三个部分组成:①要求学生提供表明他们在某一领域的知识结构的任务(task);②学生的反应方式(response format);③将学生所绘的概念图进行准确、稳定评定的计分体系(scoring system)。①

1. 评价任务

在概念图评价中,所设计的试题首先要具有“引导学生给出某一领域范围内关于知识结构信息的任务”;评价者要针对某领域中的具体概念或命题给出某种形式的题目,引导学生给出相关的知识信息。概念图的评价任务是多种多样的,如:有的要求学生在一张纸上直接画出概念图;有的给出画好的概念图,要求学生在给定的空白处填上一至两个词,标明概念间的关系;有的给出关于某一知识主题的短文,要求学生用所给定的所有概念构建一个层级式概念图。为了对评价任务进行更简洁而又明确的界定,M. A. 鲁伊斯 - 普里莫和理查德 · J. 晒尔森确立了三个任务的变量:任务要求(task demand)、任务规范(task constraint)、内容结构(content structure)。任务要求是指当学生在构建概念图时对他们所做的要求。例如:评价者要求学生在试题中填空,构建一个概念图或描述概念间的关系。任务规范是指对完成任务的一些约束条件。例如:是否在试题中为学生提供完成任务所使用的概念名称。内容结构是指针对不同的内容,应该有相应的要求和规范。例如:如果评价者所提供的概念图的内容结构是有层次的,那么学生绘出的概念图也应是层级式的。

2. 反应方式

反应方式是指学生所做出的反应,即学生采用何种方式回答问题。例如:学生可以通过画图、填空或口头报告等方式完成概念图评价任务。试题的题型决定学生的作答方式。概念图评价的题型大致分为填空型、据图答题型和构建型几种。填空型试题一般给出一个不完整的概念图,同时提供中心概念和概念图的整体框架,但缺失部分节点(概念)和连接词,要求学生根据已掌握的知识填补空缺。该题型相对来说比较简单,学生容易作答。据图答题型试题通常以一个填空型的概念图形式给出知识背景,学生要以简答或填空的方式回答相关问题。学生必须在掌握原有知识的基础上看懂概念图,充分理解知识结构和知识点之间的关系,并能灵活运用,才能正确答题。构建型试题由评价者给出一个与概念相关的背景知识——可以是一个简单的中心概念词,也可以是一段比较简短的背景知识的描述;学生根据对所学知识的理解和掌握绘制出完整的概

---

① RUIZ-PRIMO M A, SHAVELSON R J. Problem and issues in the use of concept maps in science assessment[J]. Journal of research in science teaching, 1996, 33(6): 569 - 600.

念图。①

3. 评分体系

试题的评分方法可分为结构评分法、关系评分法和标准图对照法三种。结构评分法主要关注概念图的三个主要方面即命题、层次水平和实例。关系评分法则只关注命题的三个方面,即概念间存在的联系、连接词的正确性以及表示两个概念之间的层次或因果关系的方向箭头。标准图对照法主要是将学生的概念图与标准图进行对照并打分。

综上所述,评价任务、反应方式、评分体系三者是相互联系的,这三个维度构成了概念图的评价技术。具体的评价任务决定学生的作答形式,同时也在一定程度上影响着教师对学生的作答评分;试题的评分体系要以学生的作答方式为基础和依据;概念图评价的目标是检测学生建构知识的能力和水平:三个要素在实现概念图的评价目标上发挥着各自的作用。

(三)学习契约

学习契约(learning contract)是一种由学生与指导教师共同设计的书面协议。计划的内容主要包括学习者需要达到的学习目标、学习进程、学习资源、学习策略、达到目标的依据和学习活动的日期等。学习契约是结构性方案。通过此方案,每个学习者能与指导教师协商、设计、实施可行性的学习活动。Malcolm Knowles(1986)认为:学习契约包括学习者与帮促者(专家、指导教师或学友)关于学习目标(包括知识、技能、态度及评价)、实现学习的方法(包括学习资源和策略)、学习活动预定的日期、学习者达到既定学习目标的依据、判断/验证依据的标准、得分标准和等级评定等方面达成的书面协议。② 在一份学习契约中,以下几个元素是必不可少的,如表 5.3 所示。

表 5.3 学习契约表

契约元素	设计要求
学习者姓名及详细信息	清楚、明晰
课程名称与级别	界定清楚所学课程的级别对于清晰地设置级别标准非常重要。

① 于志. 概念图评价的试题设计:美国概念图评价研究的新进展[J]. 教育测量与评价(理论版),2009(11):56 - 59.

② CODDE J R. Using learning contracts in the college classroom[EB/OL]. http://www.msu.edu/user/coddejos/contract.htm,2022 - 4 - 8.

续表

契约元素	设计要求
学习目标	学习目标不一定要以最后学习结果的形式陈述出来,但一定要与学习者的学习需求相关(包括知识、技能、态度等方面)。
确定目标实现依据	依据可以有多种形式,如档案袋、项目、影碟、学习者所做作品。如果指导教师签订此契约,也就表示他同意了此学习成果的表现形式。
评分标准	具体、明晰,可采取量规的形式,突出评价的倾向性。
验证依据的标准	不同类型的目标有不同的依据标准。
学习资源及策略	学习资源的获得是双向的:学习者既可以通过各种途径查找所需资源,也可以通过教师的帮助获取资源。如:教师检查契约初稿、提供图书馆没有的资料或引荐被访问者。同时,这一部分也可以包括其他更为复杂的方面。如:以什么形式完成合作任务(个人作业或小组合作);在小组合作中,任务怎样分配。
时间	包括契约的起始日期,每项学习活动的具体时间、反馈时间。根据具体情况,允许时间有一定的弹性。
签名	只有当学习者及指导者双方都签了字,契约才真正生效。通常,学习者保留副本,教师保留正本。教师签名表明教师认可学习者的学习结果并将给予相应的成绩。

1. 学习契约的设计

(1)诊断学习需要

学习需要就是指某一能力领域内学习者当前状态与预期状态之间的差距。

(2)确定学习目标

将学习需要转化为学习目标,即学习者期望学习的内容、达到的结果或状态。学习目标应当具体明确、量化、具有现实可行性(在既定的时间和学习者已有的能力范围内),且用清晰具体的目标行为动词描述。

(3)规划学习资源和策略

学习资源包括人力资源(如教师或同伴的指导)、物力资源(如书籍材料、计算机软硬件)和时间资源。学习策略的选择除了要考虑学习者的学习风格,还要考虑运用该策略所需的学习资源和实现目标的难易程度,争取以最小的投入高效完成学习目标。规划学习资源和策略,就是描述如何实现每个学习子目标,使学习资源和策略与所要达到的学习子目标紧密联系起来。

(4)确定目标实现的依据

确定目标实现的依据即如何判断学习者实现了学习目标。判断的依据可以是档案袋、反思日志、影碟、学生作品、学生编制的电脑程序等。具体以什么为依据,可以由学习者与指导教师共同协商确定。

(5)确定验证依据的标准

依据的设定只是从宏观上对学习者完成学习任务、达成学习目标提供了参照。在实际操作中,学习者还要通过确定验证依据的标准来检验学习所达到的程度。每个目标会有不同的标准,例如:知识目标的标准是综合性、深度、精确度、清晰度、真实性、有效性和学术性等;技能目标的标准是灵活性、精密度、平衡性、速度和想象力等。由于不同的目标所需要的各个标准的倾向性不同,学习契约中的标准还可以采用量规的形式来呈现。

(6)学习活动的日程安排

教师应根据规定的期限和学习者的实际情况安排具体的学习进程,日程安排允许有一定的弹性。

2. 实施学习契约

在实施学习契约的过程中,学习者可能会产生改变初始的有关学习内容和学习方式的想法。因此,当继续执行计划时,学习者必须与指导教师协商,以重新修正学习契约。在协商时,学习者着重思考以下问题:①学习目标的清晰度、可理解性和现实性如何?学习契约中所预设的内容能描述你计划学习的内容吗?②学习契约所预设的目标能否拓展出适合你的其他相关学习目标?③学习资源、学习策略的合理性、合适性和有效性如何?④学习契约中规划的资源、策略能拓展出其他适合你的资源、策略吗?⑤依据与目标之间的相关性如何?能证明你实现了学习目标吗?⑥证明依据的标准和方法的清晰度、相关性和可信度如何?⑦学习契约能提出适合你的其他证明方法吗?⑧学习契约时间框架的合理性如何?

(四)评价量规

1. 评价量规的内涵

评价量规(rubric)的出现源自表现性评价的兴起,是一种基于学生能力表现的评价工具。关于评价量规的内涵,研究者们给出了不同的解释。有研究者认为“评价量规是一个评估工具,使用明确规定的评价标准和熟练水平来衡量学生在这些标准上的学业成就。根据学生能够做什么,描述了学生在每一个水平上的表现。它帮助教师测量学生学习的成果、进步和过程”[①]。有研究者认为“评价量规是一种评分工具,描述的是对某项任务的具体期望。评价量规将任务分成多个组成部分,并对每个部分合格或不合格的表现进行了详细的描述。评价量规可用于多种任务,包括研究论文、书评、讨论、实验报告、档案、小组活动、口头陈述等”[②]。综上可知,评价量规实际上是一种评价工具或评分指南,用于评判学生学习作品、学习过程和学习成就等方面的学习表现。它是一种结构化的等级评价,具体描述了学生在不同水平上的实际表现,一般由评价指标、等级水平、表现描述以及具体样例等部分构成。

评价指标:指评定表现任务、行为或作品质量的各个指标。

等级水平:说明学生在表现任务中处于什么样的水平。

表现描述:描述评价准则在质量上从差到好(或从好到差)的序列,评价准则在每个等级水平上的表现是什么样的。

2. 制定评价量规的步骤

制定量规的一般步骤:

①选择已有的评价材料,将这些材料分成优、良、中、差四个等级。

②分析材料,找出各自所具有的特点,初步确定优、良、中、差四个等级标准。

③将分解出的四个等级标准进一步细化,制定出量规的二级指标。

④小范围内使用制定出的量规。

⑤根据使用情况修改量规。

3. 评价量规的类型

(1)整体性评价量规

整体型评价量规(holistic rubric)是把学生的学习表现或成果的重要因素综合起来,给出一个整体的评价。其优势是评价简单的成果或表现,快速获得对总体水平或整体成绩的评定,对成果或表现给出“印象分”;缺点是缺乏对成果或表现的详细分析,起不到诊断与反馈作用,不能很好地区分学生的能力差别。其基本样式见表5.4。

---

① MONTGOMERY K. Classroom rubrics: systematizing what teachers do naturally[J]. The clearing house,2000,73(6):324－328.

② 史蒂文斯,利维. 评价量表:快捷有效的教学评价工具:第2版[M]. 陈定刚,译. 广州:华南师范大学出版社,2014.

表 5.4　整体性评价量规基本样式

等级	等级水平描述
5	完全理解了问题,回答中包含了任务的所有要求
4	理解了问题的大部分,回答中包含了任务的所有要求
3	理解了问题的一部分,回答中包含了大多数任务要求
2	理解了问题的很少一部分,回答中包含很少的任务要求
1	没有理解问题
0	没有回答或没有对任务进行尝试

(2)分析型评价量规

分析型评价量规(analytic rubric)是把学生的学习成果或表现分解成基本的要素或维度,对它们分别做出评价。分析型评价量规特别适用于评价复杂的任务表现,能提供更有针对性的反馈信息,便于更好地改进。其缺点是所需的时间比较长,评价的效率和可信度难以保证。其基本样式见表 5.5。

表 5.5　分析型评价量规基本样式

评价项目	4	3	2	1
问题	回答了所有问题	回答了大部分问题	回答了一些问题	仅回答了少数问题
信息	至少利用了三个信息源	至少利用了两个信息源	至少利用了一个信息源	没有利用信息源
句子	全部使用完整的句子	大部分情况下使用完整的句子	半数情况下使用完整的句子	使用了许多不完整的句子
书写和语法	没有书写和语法错误	在书写和语法方面的错误很少	在书写和语法方面有一些错误	在书写和语法方面的错误很多
整洁度	书写或打印得十分整洁	书写整洁	书写比较整洁	书写很不整洁

第二节　信息技术课程学习绩效评价

一、绩效与绩效评价

"绩效"一词源于英文单词"performance",原意指性能、能力、成绩、工作成果等,与"主体行为""工作过程"以及"结果和效能"相关。这一理念被广泛用于企业中,表示工作效益、业绩。而绩效评价(performance appraisal,简称 PA)则是定期考察和评价个人或小组工作业绩的一种正式制度①。教育绩效是绩效理念在教育领域中的延伸，其通常被认为是教育活动综合效果的反映，包含了教育目标的实现情况、教育目标实现过程中的资源配置状况和过程安排情况。教育领域的绩效评价是“让学生通过实际任务来表现知识和技能成就的”一种评价。②

二、教育绩效评价的原则

1. 学习活动的绩效是其他所有教育绩效评价的基础

现代教育思想已经将关注的重心从“教”转向了“学”，认为学生才是一切教育活动的出发点和终极目标。教育活动主要围绕学生开展，目的在于促进学生的学习活动，所有教育目标都在学生的身心变化中得到实现。学生对学习资源（包括学习者的时间、体力和注意力等）的使用、对学习过程的安排以及学习的成绩和效益，体现了教育活动的价值，它们是衡量所有教育绩效的基础和前提。

2. 经济效益是教育绩效评价的重要尺度

教育目标实现过程的经济效益决定了其绩效水平。若能有效地利用现有资源，解决资源配置中的瓶颈问题，实现过程的优化，就说明其实现了较好的经济效益，教育绩效水平就较高。反之，在过度使用教育资源（如迫使学习者投入过多的时间进行学习）或教育资源配置不当（如一方面花巨额资金购买电脑，另一方面忽视对教学软件的建设和操作人员的培训）的情况下，即使有一定的教育结果，其教育绩效也属于低级水平。

3. 教育绩效评价要以社会效益为主

教育活动并不直接产生利润，教育活动中的直接经济效益主要表现在资源利用率上。在宏观层面，经济效益主要表现为社会教育存量的提高增强了人们的法制观念，改良了社会文化环境；在微观层面，经济效益主要表现为学生一旦从小形成良好的行为习惯，将终身受益匪浅：这些是教育活动的主要价值所在。

4. 教育绩效评价要避免绝对、划一的标准

宏观上，从区域教育来看，每个地区在某一时间段内制定的具体教育目标不尽相同，所拥有的教育资源储备也不尽相同，为实现教育目标所制定的实施步骤也各有特色；微观上，对于个体学习者而言，每一个学生都是从自己的认知

① 蒙迪，诺埃. 人力资源管理：第六版[M]. 葛新权，郑兆红，王斌，等译. 北京：经济科学出版社，1998.

② 殷雅竹，李艺. 论教育绩效评价[J]. 电化教育研究，2002(9)：20－24.

结构出发，主动地建构对信息的解释，学生对学习资源的利用和对学习过程的安排建立在各不相同的基础上。因此，教育绩效评价可以建立框架性、主题性的评价目标，应避免使用绝对、划一的具体标准来衡量不同的评价对象。

5. 评价者应尽可能地获取教育活动的现场资料

教育绩效评价要求对教育、学习活动中的资源使用情况和活动过程的安排情况做出评价。而要对这些情况做出客观评价，评价者就应当获取教育、学习活动现场的第一手资料。

6. 教育绩效评价应将外部评价与内部评价相结合

教育绩效评价不仅仅是一种操作，更应当是一种理念，它应当深入教育工作者的思想和实践中，成为教育工作者的自觉行为。只有教育评价的思想成为所有教育工作者的指导思想，教育绩效评价才有可能真正贯穿教育活动的全过程，教育绩效评价对教育活动的改进功能也才可能完全发挥。

三、教育绩效评价的内容

1. 学校教育的目标定位

学校教育目标定位的绩效评价主要包括三个方面。①学校基础教育目标的制定情况，要分析学校总目标是否围绕着恒定而恰当的办学思想，是否考虑了学生的特点、师资队伍的水平以及学校发展的中长期规划，是否与学生、教师和学校发展的总体要求一致。②学校基础教育目标是否反映了总的基础教育目标，学校在制定目标中是否体现了“德、智、体、美、劳全面而个性充分发展的人”的理念。③学校基础教育目标是否考虑了当地的经济、文化和社会背景、教育环境①。换句话来说，教育目标与当地的经济结构是否相适应，与当地的教育投入是否吻合，对当地的经济发展是否有推动作用；教育目标能否培养为当地经济、文化、社会发展服务的人；教育目标是否体现了地域文化的特殊性，是否有助于促进地方文化建设和发展，是否在特定的地域文化中形成，是否适应了当地基础教育的大环境，是否符合当地基础教育发展的要求，是否与当地的基础教育发展具有一致性；教育目标的制定是否完全考虑到基础教育资源的基本状况，是否展现了独特性和唯一性。

2. 学校教育目标的实现程度

学校基础教育目标实现程度的评价是将基础教育资源配置情况和学校宏观方面的发展情况进行整合。评价内容包括学校的办学特色是否形成、办学思

① 冉隆锋. 绩效评价：基础教育评价的应然选择[J]. 教育测量与评价（理论版），2010（5）：24－27.

想是否逐渐明晰；学校的社会声誉是否不断提高，社会效益、经济效益是否日益提高，是否有超越性的发展；学校层面所拥有的教育资源是否得到合理优化配置。

3. 学生学习活动的绩效

学生的绩效评价不能仅仅以试卷的形式展现，还要通过访谈、问卷调查、观察以及量表等形式全方位地进行，以全面考核学生的学习活动情况。在评价内容上，不仅要包括知识的考评，还应关注学生的一些隐性发展，例如学生的道德法制观念、思想品德发展、身心素质、信息素养等。

4. 教师的教育教学业绩

教师的绩效评价理应包括教师教学工作过程评价与教师教学工作结果评价两个方面。由于教育效果具有复杂性，因此人们对教师的绩效评价侧重于从教师教学过程的维度进行①，具体包括教师的师德师风、教师的工作能力与工作态度、教师的专业水平等多个层面。

5. 学校教育活动的过程安排

对学校基础教育活动的过程评价主要围绕教育活动的实施过程、步骤的合理性和优化程度开展。整个基础教育活动的安排过程或教育目标的实施过程都围绕学生、教师、校长进行，因此对基础教育活动过程安排的评价应包括校长等高层领导的整体设计，中层管理人员为贯彻实践高层领导设计的各类方案所提供的服务、监督、指导情况，教师根据学生特点、自身优势、具体操作情况以及学生在整个教育活动中主观能动性的表现。

四、信息技术课程学习绩效评价

（一）中小学信息技术课程性质

信息技术已经融入人们的日常生活，成为人们学习、工作、娱乐的基本工具和基本手段。为了适应世界范围内的信息技术革命，全面提高我国未来公民的信息素养，从 2001 年起，我国开始在全国范围内逐步开设中小学信息技术必修课程。根据提出的信息技术课程标准，我们可以归纳出中小学信息技术课程具有以下几个性质：②

1. 基础性

中小学信息技术课程的基础性表现在：

① 张俊友. 重新认识教师绩效评价[J]. 中国教育学刊，2007(2)：74 – 77.

② 程锐. 中小学信息技术课程绩效评价的理论与实践研究[D]. 武汉：华中师范大学，2004.

(1)内容的基础性

由于学习课程的对象可能是从未接触过信息技术的学生,而课程的目标主要是培养学生的基本信息素养和技能,因此其教学内容必然具有基础性和启蒙性。

(2)学科的基础性

信息技术课程是学生学习信息技术的起点,是学生在今后的学习、生活和工作中应用信息技术的基础,也是学生在未来的学习型社会中自我发展和持续发展的基础。

2. 实践性

信息技术课程是一门实践性很强的课程,在传授信息技术基本知识的同时,还注重学生实践动手能力的培养。学生在上机操作的过程中,不仅要学习应用常见的信息技术工具,还要较为熟练地掌握信息的获取、加工、管理、表达和交流的基本方式和手段。

3. 综合性

信息技术课程的综合性表现在:其内容既包括信息技术的基础知识、信息技术的基本操作技能,也包括将信息技术应用于其他学科或者生活中去解决实际问题的方法,以及信息技术所涉及的权利义务、伦理道德、法律法规等相关内容。

4. 人文性

信息技术的人文性表现在:课程的基本目标是提高学习者的信息素养和综合素质,实现学习者的全面发展。从课程内容来看,课程既具有基本的工具价值,又表现出丰富的文化价值;既有适当的技术内涵,又体现了科学精神和人文精神。

5. 前瞻性

信息技术发展日新月异,决定了信息技术课程内容需要不断变化和发展。为了保证课程的相对稳定,必然要求信息技术课程具有一定的前瞻性。

(二)信息技术课程绩效评价的功能

1. 确定课程目标达到的程度;

2. 诊断课程;

3. 改进课程;

4. 激励被评价者;

5. 促进课程整合;

6. 预估教育需要。

（三）信息技术课程学习绩效评价的原则

1. 注重评价的激励、诊断和促进作用，弱化评价的选拔和甄别功能；

2. 评价范围要涵盖学生认知、技能与情感各个方面；

3. 评价主体应多元化；

4. 兼顾形成性评价与总结性评价；

5. 综合运用多种评价方式。

（四）信息技术课程学习绩效评价的分类

评价的分类标准多种多样，任何一种都有优势。本文根据评价活动所发挥的作用将信息技术课程绩效评价分为决策性评价、研究性评价和工作性评价三种。

1. 决策性评价

决策性评价要对运行过程中的信息技术课程的价值与合理性做出判断，从而对课程进行政策性调整，或者对方案进行改革。它通常是由国家教育行政部门组织力量和委托专门机构开展的。其规模较大，评价时间相对集中，重视课程实施的效果。这种评价通常采用问卷调查、标准化测验、座谈等方法来完成，实际进行时往往结合采用几种方法，以便搜集到足够的信息，使评价结果更加科学化、客观化。

2. 研究性评价

研究性评价同样关注信息技术课程的价值与合理性，同样是为课程的调整和改革服务的，但它更关注导致各种结果的内在原因，并且要求对这些原因进行深入细致的分析，以便积累和获得课程改进和完善所需要的更为具体的资料和信息。研究性评价在规模上通常没有决策性评价大，但往往会持续更长的时间，多数情况下是由教育专家、课程专家或者研究人员来设计、完成的。除了决策性评价采用的那些方法外，研究性评价还可以采用观察、追踪调查、个案分析、因素分析、对比实验等方法。

3. 工作性评价

工作性评价关注的仅仅是信息技术课程的教学效果，而对课程的合理性不做判断。其研究内容包括：学生学习了哪些知识，掌握的程度怎样？学生的哪些能力提高了？学生的情感和态度有了怎样的转变？等等。这种评价的结果不是针对课程本身，而是针对学生个体，是对学生学习和发展情况的判断。这种评价也是判断教师工作质量和教学水平的主要依据。工作性评价通常以信息技术课程的教师为主体，采用的方法可以是学校中的考试、考查、日常作业等。

（五）信息技术课程学习绩效评价的过程

1. 计划阶段

（1）评价目标、对象和类型的确定

在进行评价之前，我们首先必须明确评价目标是什么，为了解决什么问题或了解什么情况，为什么人服务，从而决定评价的对象或侧重点，决定评价的类型是决策性评价、研究性评价还是工作性评价。当被评价对象是人的时候，我们还需要预测可能出现的各种非预期的负效应，并设计相应的对策。

（2）评价范围分析

在计划阶段，设计者们需要充分考虑评价方案的适应范围，明确评价的范围是全国性的还是地区性的，是个别学校、个别年级还是个别班级。除了考虑评价范围，还要分析评价内容，设计者们需要明确评价是针对课程的全部内容还是某一章或者某一节的内容，等等。

（3）相关文献、资料的调查和检索

在对评价范围以及评价内容界定清晰后，需要搜集和整理大量相关的文献和资料，为后续设计以及实施提供帮助。

（4）评价依据的确定

评价工作的开展需要以一定的评价指标和标准体系作为依据。这个评价指标和标准体系可以借用他人已经制定好的，也可以以他人制定的指标体系为依据，自己重新制定。

（5）经费、设备、人员的准备

为了方案的顺利施行，我们需要向有关部门申请或者募集一定的经费，购置、准备相应的设备、器材，招募或组织相关的评价、工作人员，等等。

（6）制定评价的原则和进度安排

在计划阶段，我们还要制定评价设计和实施的原则，以及对评价设计和实施的日程和进度做出安排。

2. 设计阶段

（1）建立评价指标体系

在建立评价指标体系前，首先需要明晰评价指标体系的构成，确定评价指标，制定评价标准，确定指标权重。

（2）指标加权

在评价过程中，由于各项评价指标的重要程度不同，因此需要依据不同的评价目的、评价对象等因素加以区分。对不同的评价指标需要确定不同的比例系数，也就是指标加权。通常，指标加权的权数分为自重权数和加重权数。

所谓自重权数，是指直接把权数作为指标相应的分值或等级值。所谓加重权数，是指在各个指标自重权数的基础上设立的权数。具体案例见表5.6，其中a_i为自重权数，b_i为加重权数。

表5.6　评价评标体系表

评价指标	等级(a_i)				权重	得分(F_i)
	优秀(4)	良好(3)	合格(2)	不合格(1)	b_i	$F_i = a_i * b_i$
准确性		√			2	6
内容丰富性			√		1.5	3
美观性			√		1	2
科学性	√				1.5	6

在实际的评价工作中，通常可以通过以下几种方式来确定指标权数：

①简单调查统计法

该方法的具体做法是先制订一份列有所有指标项目的调查表，然后邀请若干专家，请他们根据自己的理解对调查表中所罗列的各项指标进行打分，或者直接给出权重；再对他们给出的分数或者权重进行统计，得出平均值，从而确定每一项指标的权重。如果专家们给出的是分数，那么还需要对分数进行归一化处理，即把同级的每个指标的得分，分别除以该级的所有指标的得分之和，所得到的相对值即为各指标的权重。所有指标权重之和为1。具体指标情况如表5.7所示。

表5.7　用简单调查统计法得出的具体指标情况

指标	平均值	归一处理	权重(w_i)
认知	4.7	4.7/10	0.47
动作技能	3.5	3.5/10	0.35
情感态度	1.8	1.8/10	0.18

②特尔斐法

特尔斐法(Delphi technique)是美国的兰德公司在20世纪50年代提出的一种专家咨询的方法。它通过组织一组专家(一般10—50人)，由组织人员初步拟定调查提纲或调查表，分几轮征求、分析、归纳和汇总各专家的意见，从而得出最终的结论。这种方式也被用于确定评价指标的权重。

采用特尔斐法确定指标权重，首先要由评价组织人员设计第一轮的权重调查表，并将权重调查表分发给各位专家。第一轮的调查表一般包括指标和判断指标重要程度的等级，如表5.8中的例子所示。

表5.8 特尔斐法第一轮调查表指标等级

指标	重要程度等级			
	很重要（0.4）	重要（0.3）	一般（0.2）	不重要（0.1）
认知				
动作技能				
情感态度				

为了使各个专家对指标内涵以及重要程度的理解尽可能一致，组织人员需要对指标内涵以及重要程度等级进行明确的定义，使专家们明确各个等级的确切含义，从而在每个等级上赋予指标加权系数的估计值。其次，收回第一轮的调查表，进行统计处理，并根据统计结果设计第二轮的调查表。第二轮的调查表与以后各轮的表格形式一样，如下表5.9所示。

表5.9 特尔斐法第二轮调查表指标等级

指标	上一轮估计值		此次估计值
	平均估计值	偏差	
认知			
动作技能			
情感态度			

经过几轮的反复咨询后，专家的意见逐渐趋于一致，经统计和归一处理后，即可确定每项指标的权重。

3. 评价样本的抽取和选择

在评价设计阶段，需要选定评价对象，即评价样本。因设备、经费以及人员方面的限制，需要选取部分对象进行评价。抽样是评价工作中至关重要的一环。抽样过程的科学性直接影响到评价结果的科学性和准确性。

一般来说，抽样方法分为概率抽样和非概率抽样两类。概率抽样包括简单随机抽样、系统抽样、分层抽样、整群抽样等具体抽样方法。非概率抽样包括有目的抽样、随意抽样、定额抽样等方法。

4. 实施阶段

在评价的实施阶段，评价人员需要按照既定的评价设计来进行数据与信息的搜集、处理和分析，从而对信息技术课程做出价值判断。

5. 总结阶段

在评价完成后，评价者需要进行总结，其主要任务是根据在评价实施过程中所搜集到的资料和统计数据，以及由此形成的价值判断来撰写课程评价报告，报告需要提交给相关人员（通常是各级教育决策人员）；对评价活动本身进行总结和反思；判断评价的信度和效度；评价活动受到哪些因素的干扰，从而在下次评价活动中尽量避免这些干扰。

评价报告可以分为中期报告和总结报告两种。中期报告是课程评价过程中反映各阶段性成果的报告，通常被提交给相关教学研究人员以及决策人员作为课程后期调整的依据，反映的是形成性评价的结果。总结报告是课程评价的最终报告，将被提交给教育决策人员作为今后课程改革的直接依据。它是总结性评价结果的体现。一份完整的报告通常包括评价的任务、目标、活动、参与人员、相关证据、评价结论等。

参考文献：

1. 瞿葆奎. 教育评价[M]. 北京：人民教育出版社，1989.

2. 泰勒. 测量、描述、判断与建构课程与教学的基本原理[M]. 施良方，译. 北京：人民教育出版社，1994.

3. 程书肖. 教育评价方法技术[M]. 北京：北京师范大学出版社，2004.

4. 卢立涛. 测量、描述、判断与建构：四代教育评价理论述评[J]. 教育测量与评价（理论版），2009(3)：4－7，17.

5. 肖远军. 教育评价原理及运用[M]. 杭州：浙江大学出版社，2004.

6. 卢臻. 课堂评价为何迟迟难以到位[J]. 人民教育，2015(6)：52－55.

7. 杨华，文秋芳. 课堂即时形成性评估研究述评：思考与建议[J]. 外语教学理论与实践，2013(3)：33－38，95.

8. 丁邦平. 学习性评价：含义、方法及原理[J]. 比较教育研究，2006(2)：1－6.

9. 许娜，高巍，郭庆. 新课改20年课堂教学评价研究的逻辑演进[J]. 教育研究与实验，2020(6)：49－55.

10. 莫景祺. 教师如何实施课堂教学评价[J]. 课程·教材·教法，2008(11)：14－18，58.

11. 王晓晨，江绍祥，黄荣怀. 面向智慧教室的中小学课堂互动观察工具研究[J]. 电化教育研究，2015(9)：49－53.

12. 程锐. 中小学信息技术课程绩效评价的理论与实践研究[D]. 武汉：华中师范大学，2004.

13. 骆祖莹，张丹慧. 课堂教学自动评价及其初步研究成果[J]. 现代教育技术，2018(8)：38－44.

14. 刘欣. 论布卢姆的教学评价观及其现实意义[J]. 齐齐哈尔大学学报(哲学社会科学版),2001(1):110－111.

15. 张必芳. 布卢姆教学评价理论述评[J]. 山东师范大学学报(人文社会科学版),1987(2):41－46.

16. 张俊友. 重新认识教师绩效评价[J]. 中国教育学刊,2007(2):74－77.

17. MADAUS, SCRIVEN, STUFFLEBEAM. Evaluation models: viewpoints on educational and human services evaluation[M]. 2nd ed. Boston: Kluwer Academic Publishers, 2000.

18. STUFFLEBEAM, SHINKFIELD. Systematic evaluation: a self-instructional guide to theory and practice[M]. Boston: Kluwer Nijhoff, 1985.

19. 彼格斯,科利斯. 学习质量评价:SOLO 分类理论:可观察的学习成果结构[M]. 高凌飚,张洪岩,译. 北京:人民教育出版社,2010.

21. CHITTENDEN E, COURTNEY R. Assessment of young children's reading: documentation as an alter native to testing[A]. //STRICTLAND, MORROW. Emergent literacy: young children learn to read and write[C]. Newark, DE: International reading association. 1989.

22. SALINGER T, CHITTENDEN E. Analysis of an early literacy portfolio: consequences for instruction[J]. Language arts, 1994, 71(6): 446－452.

23. VALENCIA. Literacy portfolios in action[M]. [S. L.]: Harcourt Brace College Publishers, 1998.

24. RUIZ-PRIMO M A, SHAVELSON R J. Problem and issues in the use of concept maps in science assessment[J]. Journal of research in science teaching, 1996, 33(6): 569－600.

25. 于志. 概念图评价的试题设计:美国概念图评价研究的新进展[J]. 教育测量与评价(理论版),2009(11):56－59.

26. CODDE J R. Using learning contracts in the college classroom[DB/OL]. [2005－12－08]. http://www. msu. edu/user/coddejos/contract. htm.

27. MONTGOMERY K. Classroom rubrics: systematizing what teachers do naturally[J]. The clearing house, 2000, 73(6): 324－328.

28. 史蒂文斯,利维. 评价量表:快捷有效的教学评价工具:第 2 版[M]. 陈定刚,译. 广州:华南理工大学出版社,2014.

29. 蒙迪,诺埃. 人力资源管理[M]. 葛新权,郑兆红,王斌,等译. 北京:经济科学出版社,1998.

30. 殷雅竹,李艺. 论教育绩效评价[J]. 电化教育研究,2002(9):20－24.

31. 冉隆锋. 绩效评价:基础教育评价的应然选择[J]. 教育测量与评价(理论版),2010(5):24－27.

32. NOVAK, GOWIN. Learning how to learn [M]. New York: Cambridge University Press, 1984.

第六章　案　　例

案例一：跨学科主题学习案例[①]

课题：在线数字气象站

天气预报是人类记录自然现象、从中获取数据继而预测未来数据走势的一个典型应用。对于复杂的天气现象，天气预报能做到越来越准确，这与技术的发展密不可分。早期，人们建立气象观测点，使用各种自制的仪器记录和同步各种数据。随着数据的累积和对大气环流模型认识的不断更新，气象站的作用从记录数据向预测天气走势的方向发展。如今，人们通过物联网环境下的数字传感器，能更好地比对大尺度、高密度、实时更新的数据，借助人工智能等技术方式展开预测，可以获取更长周期、更为细致、更快反馈的天气预报，为人类生活提供更优质的服务。

1. 育人价值

设计在线数字气象站时，学生要综合运用信息科技、数学、物理、地理、艺术等知识，获取不同时空分布的相关数据，综合比照网络数据、学校内部数据以及小区域数据，通过物联网技术同步和积累数据，并进行形式多样的结果呈现。本活动主要体现以下几个方面的育人价值。

（1）在线数字气象站是一个物联网技术的典型应用，是一个综合的、体现信息科技育人价值的项目。学生可以通过项目实践，提升信息意识、计算思维、数字化学习与创新、信息社会责任。

（2）通过抓取在线气象数据和采集校园气象站的数据，学生可以提高分析汇总数据的能力，养成数据管理和价值挖掘的习惯。

（3）学生可以认识传感器在各个场景中的应用，体验计算思维在规划项目中的作用，感受跨学科知识在设计、制作、发布、反思改进等环节中的应用。

（4）通过建立校际在线数字气象站协作网，或采用开放数据集，学生可以感受数据共享过程中系统集成的价值，提高在线协作能力。

2. 活动目标

学生在教师的引导下通过自主、合作探究，达成以下目标。

---

① 该案例引自《义务教育信息科技课程标准（2022 年版）》。

(1)认识传统气象站的各种观测设备，了解电报、电话、互联网、物联网等信息科技在校际在线数字气象站协作网建立过程中所起的作用。

(2)比较数字气象传感器和传统测量设备，搭建真实或模拟的数字气象站数据采集装置，通过物联网设备汇集多个数字气象站。

(3)综合运用信息科技、数学、物理、地理、艺术等知识，在校园内合理选址，搭建多个与周围环境协调的在线数字气象站基站，动态积累数据，并进行数据分析。

(4)建立校际在线数字气象站协作网，进行系统的二次开发和数据共享，在更大的空间尺度上进行数据探究，尝试将人工智能等技术应用在数据分析和预测上，在协作与展示的过程中能主动地对新问题产生新想法和新设计。

3. 实施过程

学习任务	学生活动	教师活动	活动意图
查找气象站的相关资料，从时代发展的角度感受气象站的发展历程。	1. 在找资料，了解气象站获取各种测盘数据的手段。 2. 了解信息科技在气象站应用中的发展历史。 3. 确定稳定可靠的在线气象数据来源。	创设气象站发展变迁的情境，适当准备视频或教具，促进学生完成从感知到认知的过程，激发学生设计、改造或创造一款在线数字气象站的兴趣。	1. 让学生能主动查找资料，提升数字化学习能力。 2. 让学生选择合适的数据源，并进行甄别，提升信息意识。 3. 帮助学生初步建立小组，并进行小组协作。
在线数字气象站基本原理测试。	1. 比较数字气象传感器的测量值，确认数字气象传感器的可靠性。 2. 进行局域网和广域网环境下的数字气象站传感器数据汇总测试。 3. 对数字气象传感器的数据进行初步分析，得出结论，并探讨结论的呈现形式。	1. 提供项目技能清单和知识地图，并根据学生学习情况丰富资源库，给予学生检索词，帮助学生搜索相关知识。 2. 帮助学生选用各种不同的软硬件方案，综合考虑各种因素。 3. 参与小组讨论，给予意见或具体的指导。	1. 组织实验教学和小组合作探究，借助线上线下的学习资源，帮助学生掌握在线数字气象站的基本原理，让学生初步经历气象数据的感知、传输 2. 教师参与到分组项目中，营造师生共创的学习氛围。
综合运用多学科知识，搭建校园在线数字气象站。	1. 与数学、物理、地理、艺术教师协作，确定校园气象站的选址和外观设计风格。 2. 部署物联网气象站，测试整体效果，发现值得研究的新规律。	1. 组织跨学科团队为学生提供指导，并提供有效的课程知识支持。 2. 组织学生撰写数字化工程日志。	通过小组内的协作和小组间的技术分享，提升学生的项目管理能力。

续表

学习任务	学生活动	教师活动	活动意图
反思和改进在线数字气象站的设计，尝试建立校际在线数字气象站协作网。	1. 修改和完善小组的设计，尝试运用人工智能、互动媒体等技术手段优化在线数字气象站的设计。 2. 筹建校际在线数字气象站协作网，探索其可行性。	1. 引导学生绘制一个项目总结的思维导图，从项目缘起、技术清单、实施过程、实施效果、评价反思几个维度进行总结。 2. 召开项目总结分享会。	1. 让学生修正和完善作品，拓展项目的技术深度和应用广度。 2. 以共建项目资源库为纽带，强化学科间教师的协作。

4. 主题设计思路说明

在线数字气象站是以“物联网实践与探索”为核心知识设计的具有过程性、总结性和综合性的跨学科主题学习活动，兼顾“互联网应用与创新”和“人工智能与智慧社会”内容模块，涉及信息科技、数学、物理、地理、艺术等知识。在跨学科主题教学中，教师应有意识地从多个角度收集材料，指导学生开展实验探究，完成在线数字气象站的模拟与测试。在项目展示和反思中，注重新技术应用和项目拓展、项目宣传之间的平衡，提升学生的展示交流和项目管理能力。

在教学过程中，该项目适合安排在 7 ~ 9 年级开展的跨学科主题学习活动中；在课时安排上，建议集中安排 6 ~ 8 课时；在项目的实施上，建议提供不同来源的真实开放数据集，并录制微课作为学习资源。项目实践中，应给学生更多的时间，进行更为多样化的开放设计，增加学生之间互动，加强学习反思。

如图 6.1 所示，该活动有广泛的延伸空间，从传感器、无线传输数据到卫星信号数据等方面都可以很好地融入。教师应当依据核心素养，挖掘其育人价值，融入跨学科主题的教学。在数字化学习和展示交流的过程中，多学科教师和学生共同设计和创造。

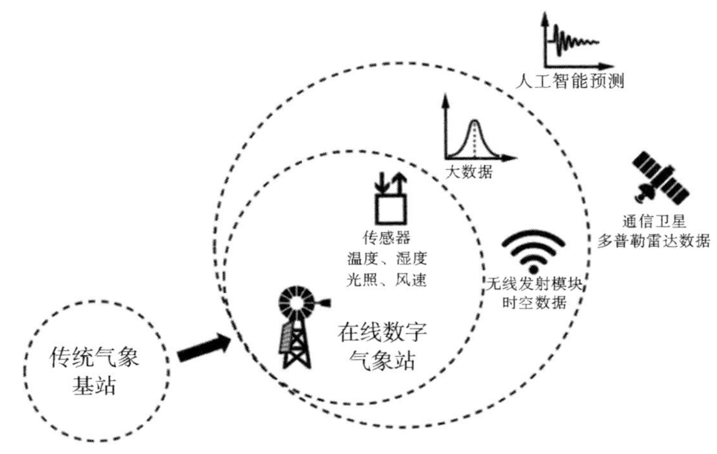

图 6.1　在线数字气象站的活动设计思路

案例二:任务驱动教学案例[①]

课题	认识 IP 地址	课时数	1 课时
教学背景			
教材分析	根据信息技术选修 3 教材编排,学生应在第一单元“双机互连”一课中,按照教材提示的步骤完成两台计算机的对等连接。其间提到了 IP 地址的设置问题,但学生并不了解 IP 地址的内涵。故将两个单元的知识打通,将“认识 IP 地址”与“双机互连”相整合,让学生在学习了 IP 地址的相关知识后,配置两台虚拟主机的 IP 地址,并测试连通性,实现真正意义上的双机互连。		
学生分析	在信息化社会浸润下长大的学生对于“点分十进制”表示的 IP 地址并不陌生,但不了解 IP 地址的内涵,对 IP 地址二进制的表示法、进制间的转换、IP 地址的分类也不了解。学生在学习本节课之前,已经熟悉 Cisco 平台,能够使用终端设备、双绞线等将两台虚拟主机在理论上相连。		
教学组织	1 课时,以“问题引领”“任务驱动”为主导,讲练结合,配合学生学案与 Cisco 软件平台进行本课教学。		
教学环境	计算机教室、教学课件、学案(纸质版)、Cisco 软件平台、Snagit 录制视频。		
教学目标			
教学目标	**一、知识与技能** 1. 理解 IP 地址的格式与构成。 2. 掌握进制间的转换方法与 IP 地址的分类。 3. 知道如何查看 IP 地址,掌握 IP 地址的配置方法。 **二、过程与方法** 1. 学会使用二进制的位权值法,实践二进制与十进制之间的快速转换。 2. 学会利用“操作录屏”等学习资源,自主学习 IP 地址的查询方法、IP 地址的分类。 3. 通过 Cisco 平台,亲历双机互连的整个过程。 **三、情感态度与价值观** 1. 能够理解 IP 地址的格式从二进制到十进制的转变,体会“技术服务于人”的思想。 2. 能够以客观的、科学的态度考虑 IP 地址的分配问题。		

① 该案例选自“第十二届全国信息技术课程教学案例大赛获奖作品”(高中组一等奖,有删减),作者:北京市第十五中学教师杨军。

续表

教学重点	1. IP 地址的分类与进制间的转换;2. IP 地址的配置方法。				
教学难点	IP 地址的分类。				
教学过程					
教学阶段	教师活动	学生活动	设置意图	技术应用	时间安排
课前准备	给学生下发学案(纸质版); 通过极域软件下发“课堂锦囊”。	准备学案、下载“课堂锦囊”。	让学生做好课前准备。	使用极域软件	课前 2min
复习旧知引出新知	**引入:**上节课制作的交叉线可以连接同种设备,实现双机互连,回忆实现双机互连的准备工作。 第一步:安装网卡。 第二步:制作网线(上节课完成)。 **提问:**现在我拿同学们上节课制作好的交叉线直接连接两台电脑,可以实现数据传输吗? 目前只是物理连接,准备工作还需要第三步:分配 IP 地址(本节课任务)。 让学生思考什么是 IP 地址? 如何配置? 引出本节课的教学内容。	回忆双机互连的步骤。 理解以下内容:用网线将两台主机物理相连,无法实现数据传输,还需要网络配置。	通过复习上节课双机互连的步骤,让学生找到关键联系点,引出本节课的主题。	无	2 min
一、IP 地址的含义	**什么是 IP 地址【我是独一无二的】** 1. 举例:在计算机教室里,我们可以利用座位号来定位某个学生的位置。 2. 类比:在计算机网络世界里,想定位某台电脑的位置需要 IP 地址。 TCP/IP 规定,IP 地址是 32 位二进制数。	通过理解计算机教室中座位号的定位作用,来理解计算机网络中,想定位主机需要 IP 地址这个知识点。	让学生通过类比的方法,更好地理解 IP 地址是主机在因特网上的身份标识这个知识点。	使用 Snagit 录屏软件提供查询方法。	5 min

续表

教学阶段	教师活动	学生活动	设置意图	技术应用	时间安排
一、IP 地址的含义	**活动一:**学生查看“课堂锦囊”中“查询 IP 地址”,任选一种方式,查看本机的 IP 地址。 **学生完成学案①【IP 地址的查询与转换】。** 随机选几位同学将 IP 地址写在黑板上。	自主学习查询 IP 地址的方法,任选方法动手查找自己主机的 IP 地址。	让学生通过自主学习掌握查找 IP 地址的方法。	学案 + 操作	
二、进制间的转换	**进制间的转换【位权值法——最快捷的转换法】** 1. 对比同学们在黑板上书写的一组 IP 地址(都是常见的形式),而 IP 地址规定为 32 位二进制数。 提问:为什么同是 IP 地址却“长”得不一样? 明确二进制和“点分十进制”的两种表示方法。 2. 利用位权值,让学生理解二进制包含 0 和 1 和逢二进一的进位原则,动手实践进制间的转换。 3. 提问:猜想每个字节十进制数的范围? 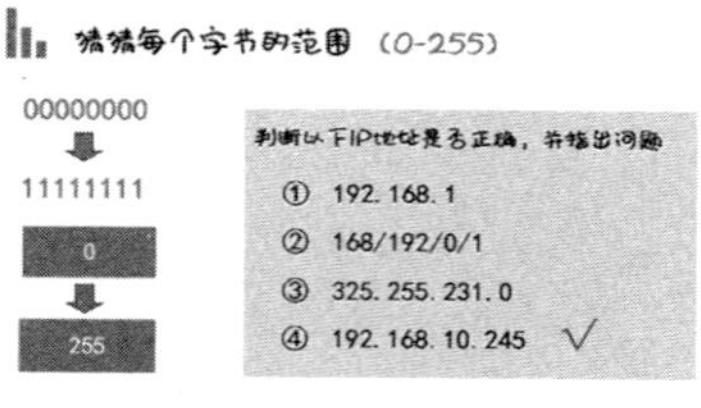 猜猜每个字节的范围 (0-255) 00000000 11111111 0 255 判断以下IP地址是否正确,并指出问题 ① 192. 168. 1 ② 168/192/0/1 ③ 325. 255. 231. 0 ④ 192. 168. 10. 245 √	思考为什么同是 IP 地址,“长”得却不一样?(二进制与十进制表示方法不同)。	让学生自己发现 IP 地址的两种表达方式的不同,理解 IP 地址的标记从二进制到十进制的转变,体会“技术服务于人”的思想。	学案 + 操作	15 min
	活动二:学生将自己主机的最后一个字节转换成二进制数(练习:十进制转换成二进制)。 **学生完成学案①【IP 地址的查询与转换】。** 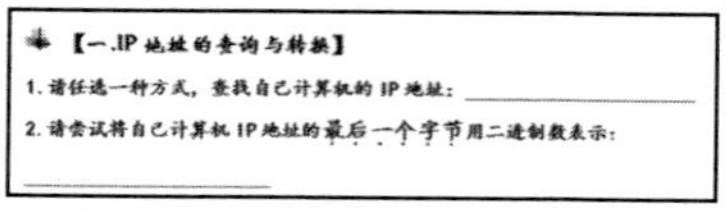 【一.IP 地址的查询与转换】 1. 请任选一种方式,查找自己计算机的 IP 地址:______ 2. 请尝试将自己计算机 IP 地址的最后一个字节用二进制数表示: ______	理解二进制的进位原则,实践进制间的转换。	让学生理解位权值,学会进制间的转换。		

续表

<table>
<tr><th>教学阶段</th><th>教师活动</th><th>学生活动</th><th>设置意图</th><th>技术应用</th><th>时间安排</th></tr>
<tr><td rowspan="2">三、IP 地址的分类</td><td>IP 地址的分类【主机不够用咋办】
1. 让学生观察黑板上学生书写的一组 IP 地址，思考异同？明确网络标识和主机标识。
2. 提问：网络标识一定都是 24 位，主机标识一定都是 8 位吗？
3. 思考：最后一个字节范围为 0—255，如果网络中相连接的主机超过 255 台，怎么办？
引出：决定网络标识和主机标识位数的是子网掩码。</td><td>观察黑板上的一组 IP 地址，提出异同。</td><td>让学生观察一组 IP 地址的异同，引出网络标识和主机标识的概念。</td><td>使用 Snagit 录屏软件提供配置 IP 地址方法。</td><td rowspan="2">20 min</td></tr>
<tr><td>活动三：1. 利用黑板，计算并讲解 C 类 IP 地址的网络标识位数、主机标识位数和子网掩码。
2. 引导学生通过第一字节标识 110，计算 C 类 IP 地址第一字节的范围。
3. 让学生阅读教材，类比 C 类 IP 地址，自主学习，填写表格。
学生完成学案②【IP 地址的分类】。
【二.IP 地址的分类】<table><tr><th>分类</th><th>网络位数</th><th>主机位数</th><th>子网掩码</th><th>网络标识的最高位规定</th><th>★ 第一字节表示的十进制数的范围</th></tr><tr><td>A 类</td><td></td><td></td><td></td><td></td><td></td></tr><tr><td>B 类</td><td></td><td></td><td></td><td></td><td></td></tr><tr><td>C 类</td><td>24</td><td>8</td><td>255.255.255.0</td><td>110</td><td>192-223</td></tr></table>填写 A 类和 B 类 IP 地址的网络标识位数、主机标识位数、子网掩码，利用最高字节标识数，推导第一字节的范围（练习二进制转换成十进制）。</td><td>阅读教材，类比 C 类 IP 地址，自主学习 A、B 类 IP 地址。</td><td>让学生类比 C 类 IP 地址，自主学习 A、B 类 IP 地址，理解 IP 地址的分类。</td><td>学案 + 操作</td></tr>
</table>

续表

教学阶段	教师活动	学生活动	设置意图	技术应用	时间安排
三、IP地址的分类	**活动四:**学生查看“课堂锦囊”中“分配IP地址”视频操作,自主学习,尝试用Cisco平台,配置IP地址(IP地址参考活动一时查找到的自己电脑和同桌电脑真实的IP地址),并测试连通性,从而真正解决双机互连的问题。 **完成学案③【IP地址的配置】。** 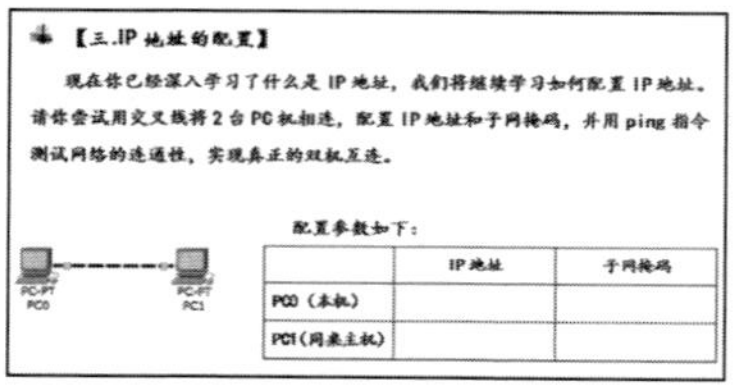 【三.IP地址的配置】 现在你已经深入学习了什么是IP地址,我们将继续学习如何配置IP地址。请你尝试用交叉线将2台PC机相连,配置IP地址和子网掩码,并用ping指令测试网络的连通性,实现真正的双机互连。 PC-PT PC0　PC-PT PC1 配置参数如下: ｜ ｜IP地址｜子网掩码｜ ｜PC0(本机)｜ ｜ ｜ ｜PC1(同桌主机)｜ ｜ ｜	利用Snagit软件录制的“课堂锦囊”自主学习如何配置IP地址,并利用Cisco平台分配IP地址,真正解决双机互连的问题。	让学生自主学习,动手实践利用Cisco平台配置IP地址,解决实现双机互连的问题。		
四、IP地址的发展前景	提问:网络用户不断激增,IP地址严重不足,我们该怎么办? 【播放视频】留下疑问,可课后查阅资料,思考:IPv6会完全取代IPv4吗?	带着疑问观看视频,加深对IPv6的认识。	让学生学会以客观、科学的态度考虑IP地址的分配问题。	视频	2 min
课堂小结	本节课知识点较多,需要对知识点进行归类整理。让学生加深对知识点逻辑关系的认识。 **学生完成学案【课后反思】。** 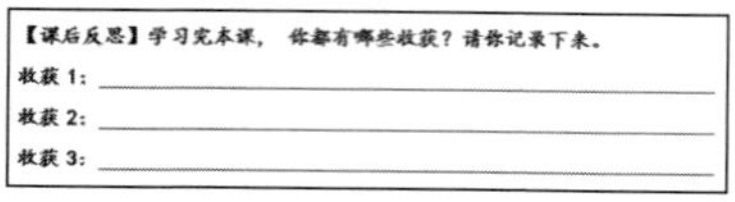 【课后反思】学习完本课,你都有哪些收获?请你记录下来。 收获1:______ 收获2:______ 收获3:______	回顾本节课的知识点。	在时间允许的情况下,课堂小结应由学生自己总结提出。	无	1 min

续表

<table>
<tr><th colspan="2">学习效果评价设计</th></tr>
<tr><td colspan="2">1. 本节课的教学目标设置清晰明确，每个小任务设计具有可执行性，任务之间具有层次性，在辅以板书形式突出呈现教学重点与思维难点，具有指导意义。
2. 本节课的时间分配方面，教师讲授过多，学生练习时间相对较少。应精简知识点，让学生有更充足的操作与思考的时间。
3. 学生软件操作水平不一，应该设计更有层次性的任务。</td></tr>
<tr><th colspan="2">教学反思</th></tr>
<tr><td>教学创新</td><td>（1）教学引入设计巧妙，点明教学重点。
上本节课前，教师先拿出一根上节课“双机互连”时学生制作的双绞线，问学生如果将这根双绞线直接插在两台电脑上，能否实现双机互连，引出双机互连的第三步——配置 IP 地址的问题，从而点明本节课的教学重点。本节课学生将带着这些疑问深入学习。
（2）教学环节衔接得当，利用问题引领、任务驱动落实教学重点。
本节课分为四个环节，每个环节都有任务驱动教学，配合“学案”与“操作录屏”实现重点知识的逐步落实。本节课还特别注意各个教学环节之间的衔接，每个环节之后都有问题引领，环环相扣，讲练结合，循序渐进地落实教学重点。
（3）应用新技术、新软件，提升学生的过程体验。
本节课利用 Snagit 录屏软件来录制操作环节，让学生实现自主学习操作过程；并利用 Cisco 软件来模拟双机互连的过程。该软件可以实现主机的选择、连接线的选择，还能够配置 IP 地址和子网掩码，以及测试网络的连通性，从而提升了学生的过程体验感。</td></tr>
<tr><td>教学改进</td><td>（1）注意时间分配，精简知识点。
本节课知识点比较多，留给学生的时间较少。为了让学生更好地完成学案或实际操作，应该适当精简教师的讲授内容，让学生自己通过更多帮助文件、操作录屏来解决可能出现的问题，从而提高学生自主解决问题的能力。
（2）课堂言语专业度有待提高。
作为一名年轻教师，教师言语的专业度还有待提高。在备课过程中，总希望把全部教学环节设计得尽善尽美，希望能够预知可能在课堂上发生的所有情况。但个人教学经验确实不足，讲授过程中存在有些地方重点没有强调，有些地方言语比较啰唆的问题，还需精练。</td></tr>
<tr><td colspan="2">作者：北京市第十五中学教师杨军。
适用教材：中国地图出版社出版的普通高中课程标准实验教科书《信息技术・选修 3・网络技术应用》。</td></tr>
</table>

案例三:项目式教学与研究性学习组合应用案例①

课题:表格信息的加工与表达

【教学目标】

1. 知识与技能

学会利用 Excel 软件处理表格信息,完成一份数据分析报告。

熟练掌握 Excel 软件中的数据查询、数据分析、图表等相关操作。

2. 过程与方法

采集学生真实数据,引导学生了解数据加工的目的与意义,学会运用 Excel 电子表格工具对数据进行加工处理,解决实际问题,对数据加工处理的结果进行分析,得出结论。

3. 情感态度与价值观

培养学生运用 Excel 处理数据以及分析问题、解决问题的能力,提升学生对数据进行分析的意识,提升学生的认知水平,帮助学生更好地学习与生活。

【教材分析】

表格信息加工与表达是广东教育出版社出版的普通高中信息技术课程标准实验教科书(必修)《信息技术基础》第三章"信息的加工与表达(上)"第二节的内容。该部分给出的教学案例围绕"文明班集体评比"以项目展开 Excel 的相关教学,教材中建议表格信息的加工与表达的课时为 2 课时。根据江苏省信息技术学业水平测试的考试大纲的要求,需提升该部分的操作学习难度,同时增加 1 ~2 课时。

【学情分析】

学生在初中八年级学习过 Excel,但实际调查数据显示,因各种原因导致学生存在层次差异较大的问题。调查中,学生也希望教师能帮助他们重新学习该部分知识。

【教学重点与难点】

重点:Excel 的公式与函数、地址的绝对引用、分类汇总、图表。

难点:公式与函数的区别;分类汇总中隐含的排序操作;字段分类;汇总方式;汇总选项的识别;图表中数据区域的选择。

---

① 该案例选自"第十二届全国信息技术课程教学案例大赛获奖作品"(高中组一等奖),作者:江苏省南京市第十三中学教师高燕。

【教学策略及方法】

教学策略：采集学生真实的数据作为活动素材，引导学生学会运用 Excel 工具对数据进行加工与处理，启发学生从数据结果中分析得出结论。

教学方法：项目教学法、诱思导学法、体验探究法。

学法指导：研究性学习法、协作学习法。

【授课时数】

授课时数为 3 课时。

第 1 课时			
教学环节	教师活动	学生活动	设计意图
课前准备	1. 在服务器上发布“gkk”Web 站点（提供在线学习帮助供学生使用）； 2. 将“学生”文件夹下发到学生机上。		
新课导入	视频导入，观后交流，提出项目工作的需求分析。	了解本单元的学习内容。	让学生明确信息获取、加工、表达的过程以及本节课的学习内容，理解信息加工的目的，掌握信息加工的方法。
采集汇总数据	学生在教师的指导下完成“高中生近视情况问卷调查”，并通过“极域学生端”上传至教师机。 学生近视情况调查 学号　姓名　性别 你的视力　视力（左）　视力（右） 近视情况调查 1 你近视吗？ 2 你是什么时候开始近视的? 3 你左眼近视多少度？ 4 你右眼近视多少度？ 5 你认为你患近视的主要原因是什么？（未近视的同学，可以不选） 6 你认为近视能够预防吗？ 教师汇总学生数据，呈现全班的调查数据，展示要完成的调查分析报告，呈现信息的处理过程： 信息的获取 —信息的加工→ 信息的表达 引出课的主题：表格信息的加工与表达——Excel 数据处理。	完成问卷调查。	

续表

教学环节	教师活动	学生活动	设计意图
学习准备	1. 确定两人一组的学习小组。 2. 要求学生打开"在线帮助",了解学习目标,项目要求,仔细阅读调查分析报告的具体内容,自学一部分 Excel 操作。 3. 将"调查问卷数据汇总. xls"中的数据转换成文本格式,转发给学生。	学生按教师要求确定分组,阅读调查分析报告了解具体内容,自学操作。	让学生对后续学习有所了解并做好相关学习准备工作。
准备工作	在"调查数据统计与分析 - 学生 AABB. xls"工作簿中完成以下任务: 1. 将下发的数据(调查问卷数据汇总. txt)导入"调查数据统计与分析 - 学生 AABB. xls"中的"原始数据"工作表中; 2. 将数据依次复制粘贴到"基本数据统计""何时近视数据统计与分析"等工作表中。 **知识点:Excel 中导入文本数据;数据的选择、复制与粘贴。**	学生学习相关操作并实践完成。	
基础任务	在"调查数据统计与分析 - 学生 AABB. xls"的"基本数据统计表"完成以下任务: 1. 计算出每位同学左、右眼的平均视力; 2. 将平均视力在 4.3 以下的数据标注为红色; 3. 查找出未近视的同学名单,将名单粘贴到"调查分析报告 AABB. xls"中的"未近视名单"工作表中。 **知识点:函数、公式、条件格式、排序、筛选。**	引导学生学会分析问题,选择最佳操作方法解决问题。	通过对实际问题的解决,掌握 Excel 的数据处理相关操作。
本课小节	上传"调查数据统计与分析 - 学生 AABB. xls"和"调查分析报告 AABB. xls"至服务器。 总结: 1. 文本文件导入 Excel 的方法。 2. 函数与公式的区别;条件格式、排序、筛选的区别。	学生回顾本节课的知识与相关操作。	为第 2 课时学习做好铺垫。

<table>
<tr><th colspan="4">第 2 课时</th></tr>
<tr><th>教学环节</th><th>教师活动</th><th>学生活动</th><th>设计意图</th></tr>
<tr><td>导入
(知识回顾)</td><td>回顾第 1 课时的知识点与操作。
1. 导入 TXT 文件;
2. 函数、公式的使用;
3. 查询方法:条件格式、排序、筛选的操作。</td><td>回顾上节课的知识与操作。调整状态进入本节课的学习。</td><td></td></tr>
<tr><td>进阶任务(一)
基本数据统计</td><td>小组合作,运用第 1 课时所学的操作完成“基本数据统计表”。
<table>
<tr><th colspan="6">基本数据统计</th></tr>
<tr><td>总人数</td><td></td><td>近视人数</td><td></td><td>未近视人数</td><td></td></tr>
<tr><td>左眼
平均视力</td><td></td><td>右眼
平均视力</td><td></td><td>视力(左)
最低数</td><td></td></tr>
<tr><td>视力(右)
最低数</td><td></td><td>左眼近视最大
度数</td><td></td><td>右眼近视最
大度数</td><td></td></tr>
</table>
知识点:函数(COUNTA、COUNTIF、MAX、MIN、AVERAGE)。
提醒学生操作方法可看在线帮助。</td><td rowspan="3">学生小组合作完成相关数据统计。</td><td>进一步巩固与提高之前所学的操作。</td></tr>
<tr><td>进阶任务(二)
何时近视数据统计与分析</td><td>在“调查数据统计与分析 - 学生 AABB. xls”的“何时近视数据统计与分析表”中完成以下任务。
<table>
<tr><th colspan="4">何时近视数据统计与分析</th></tr>
<tr><td>各阶段</td><td>近视人数</td><td>占比(%)</td><td rowspan="5">以饼状统计图表表示</td></tr>
<tr><td>上学前</td><td></td><td></td></tr>
<tr><td>小学</td><td></td><td></td></tr>
<tr><td>初中</td><td></td><td></td></tr>
<tr><td>高中</td><td></td><td></td></tr>
<tr><td colspan="4">注:占比是指占近视人数比例</td></tr>
</table>
知识点:分类汇总、公式、地址的绝对引用、图表。
提醒学生操作方法可看在线帮助。</td><td rowspan="2">在合作学习中发现问题、解决问题。</td></tr>
<tr><td>进阶任务(三)
近视情况数据统计</td><td>在“调查数据统计与分析 - 学生 AABB. xls”的“近视情况数据统计”中完成以下任务。
<table>
<tr><th colspan="6">近视情况数据统计</th></tr>
<tr><td rowspan="2">未近视情况</td><td>人数</td><td>比例(%)</td><td rowspan="2">近视情况</td><td>人数</td><td>比例(%)</td></tr>
<tr><td></td><td></td><td></td><td></td></tr>
<tr><td>男生人数</td><td></td><td></td><td>男生人数</td><td></td><td></td></tr>
<tr><td>女生人数</td><td></td><td></td><td>女生人数</td><td></td><td></td></tr>
<tr><td></td><td></td><td></td><td></td><td></td><td></td></tr>
</table>
知识难点:二次分类汇总。
(该部分数据统计根据学生前面知识的学习情况及时间关系机动处理,可安排到第 2 课时完成。)</td></tr>
<tr><td>小结</td><td>让学生回顾今天所学的操作。
教师总结,为第 3 课时的学习做好铺垫。</td><td>学生思考回答。</td><td></td></tr>
</table>

<table>
<tr><th colspan="4">第 3 课时</th></tr>
<tr><th>教学环节</th><th>教师活动</th><th>学生活动</th><th>设计意图</th></tr>
<tr><td>导入
（知识回顾）</td><td>回顾第 2 课时的知识点与操作。
1. 分类汇总（排序在分类汇总中的作用）；
2. 地址的相对引用与绝对引用的区别；
3. 图表。</td><td>回顾上节课的知识与操作。调整状态进入本节课的学习。</td><td></td></tr>
<tr><td>进阶任务（三）
近视情况数据统计（二次分类汇总）</td><td><table><tr><th colspan="6">近视情况数据统计</th></tr><tr><th>未近视情况</th><th>人数</th><th>比例（%）</th><th>近视情况</th><th>人数</th><th>比例（%）</th></tr><tr><td>男生人数</td><td></td><td></td><td>男生人数</td><td></td><td></td></tr><tr><td>女生人数</td><td></td><td></td><td>女生人数</td><td></td><td></td></tr></table>知识难点：二次分类汇总（排序：主要关键字“是否近视”，次要关键字“性别”）。
提醒学生操作方法可看在线帮助。</td><td>学生小组合作完成相关数据统计。</td><td>让学生体验排序在分类汇总中的重要性。</td></tr>
<tr><td>表格编辑
患近视原因数据统计与分析</td><td><table><tr><th colspan="4">患近视原因数据统计与分析</th></tr><tr><th>原因</th><th>人数</th><th>占比</th><td rowspan="5">以柱状统计图表表示</td></tr><tr><td>遗传因素</td><td></td><td></td></tr><tr><td>看电视上网等</td><td></td><td></td></tr><tr><td>看书学习</td><td></td><td></td></tr><tr><td>其他</td><td></td><td></td></tr><tr><td colspan="4">注：占比是指占近视人数比例</td></tr><tr><td colspan="4">以上数据分析结果结合你自己的观点谈一谈当下青少年近视比例之高的原因</td></tr><tr><td colspan="4"></td></tr></table>任务一：尝试制作如上表格，并完成表格中数据的统计与分析；
任务二：尝试对几张表的数据分析，谈一谈你身边的同学近视的分布情况，分析一下当下导致青少年近视比例高的原因。</td><td>根据之前所学的知识完成相关的数据统计。
分析数据，给出个人的观点</td><td>让学生掌握表格的编辑，学会从数据的分析中得出相关结论。</td></tr>
<tr><td>成果展示</td><td>各小组将完成的“调查报告 AABB. xls”和“调查数据统计与分析 - 学生 AABB. xls”上传。
各小组可自行下载别组的调查报告，相互交流。
小组发言，谈一谈本次项目学习的收获与体会。</td><td>合作学习小组发言。</td><td>学会分享自己的学习成果，展示自己的结论。</td></tr>
<tr><td colspan="4">作者：江苏省南京市第十三中学教师高燕。
适用教材：广东教育出版社出版的普通高中课程标准实验教科书《信息技术 · 必修 · 信息技术基础》。</td></tr>
</table>

案例四：项目式教学案例①

课题："使用灯语交流信息"项目活动

【学科核心素养】

(1)针对给定的任务进行需求分析，明确需要解决的关键问题。

(2)能提取问题的基本特征，进行抽象处理，并用形式化的方法表述问题。

(3)运用基本算法设计解决问题的方案，能使用编程语言或其他数字化工具实现这一方案。

(4)针对不同模块，设计或选择合适的算法，利用编程语言或其他数字化工具实现各模块功能。

【内容要求】

必修课程模块1：

在具体感知数据与信息的基础上，描述数据与信息的特征，知道数据编码的基本方式。

掌握一种程序设计语言的基本知识，使用程序设计语言实现简单算法。通过解决实际问题，体验程序设计的基本流程，感受算法的效率，掌握程序调试与运行的方法。

必修课程模块2：

通过分析物联网应用实例，知道信息系统与外部世界的连接方式，了解常见的传感与控制机制。

【学业要求】

(1)学生能够描述数据与信息的基本特征，知道数据编码的基本方式。

(2)依据解决问题的需要，设计和表示简单算法。

(3)掌握一种程序设计语言的基本知识，利用程序设计语言实现简单算法，解决问题。

(4)知道网络的结构，理解物联网的概念，认识与物联网相关的应用。

【情境设置】

小明在电影中看到海军使用探照灯用灯语向其他船只发出信息，自己也想用简单的工具和学过的知识，通过编程的方法来实现。

---

① 该案例选自《普通高中信息技术课程标准(2017年版2020年修订)》。

【项目主题】

使用灯语交流信息。通过手电筒、计算机及网络等器材、设备，实现灯语的识别及信息的交流。

【项目活动】

活动1:用手电筒传递信息

要求:

(1)两人一组，一人控制手电筒开关，按照莫尔斯码发送一组字母，另一人观察手电筒发出的光信号，记录数据，并使用莫尔斯码译出这组字母；

(2)双方核对信息，多次重复实验；

(3)通过分析实验数据，总结该方法传递信息的利弊，提出改进方法；

(4)设计一套自己的灯语，用“密码”传送信息。

活动2:用计算机识别灯语

要求:

(1)设计一个使用手电筒发送灯语、计算机自动翻译的解决方案；

(2)完善方案，并编程实现；

(3)分析实验方法及数据，提出改进方案并实施，提高信息翻译的准确率。

活动3:利用计算机网络实现灯语远程交流

要求:

(1)在计算机单机识别灯语实验的基础上，设计能通过网络实现的灯语远程交流方案；

(2)完善方案，并编程实现；

(3)优化程序，利用网络实现灯语远程交流。

【拓展思考】

(1)如何用计算机实现对发光源的控制，使其发送端信号能发送得更准确？设想一种解决方案。

(2)如何通过移动终端实现灯语交流？谈谈你的设想。

【项目实施说明】

灯语是一种通信手段，用灯光一明一暗的间歇作出长短不同的信号来传递信息。灯语通信需要双方约定的明暗表达方式，这就是灯语编码，目前国际上流行的灯语编码是莫尔斯码。过去，培养一个专业灯语识别人员需要2~3年的时间。即使是专业人员，由于各种条件限制，解码错误或者无法解码的情况是难以完全避免的。如果考虑发送信号的不稳定性，错误发生的可能性就更大。本案例从灯语传递信息的活动出发，让学生设计并通过计算机网络实现灯语发送和解码的自动化,从而学习“根据实际需求,设计方案并用计算机解决问题”的方法。

活动1为学生提供了一个了解灯语的场景:通过两人使用灯语传送和翻译信息,了解人工传送与接收灯语信息的不足,激发学生用计算机解决问题的欲望。活动2是用计算机设计方案、解决问题的过程。可以利用计算机的摄像头捕捉手电筒的光信号,达到信号输入的目的;然后在计算机里将莫尔斯码建库,用计算机实现自动翻译。活动3是在活动2的基础上,通过网络传输,实现远程信息传送和译码。

在难度水平的把握上,可以通过提供程序功能模块的方式加以调节。例如:教师提供“利用计算机的摄像头捕捉手电筒光信号”的模块,供学生编程时直接调用,就大大降低了活动2的难度。采用此类方法调节,该项目适用于学科核心素养要求在水平1和水平2的不同教学场合。

拓展思考(1)的意义在于让学生通过该实验,了解自动控制及远程控制的方法,从而了解物联网概念。拓展思考(2)是为了解移动应用而设计的,条件具备的学生可以将局域网的应用扩展到移动终端。

【课时建议】

活动1和活动2共2课时,建议连堂进行;活动3建议2课时。所列活动可在相应模块内容学习完成后分别进行,同时应配合必要的课外活动时间,让学生能有充裕的时间开展活动。

案例五:演示法与讨论法组合运用案例①

一、教材分析

本节课选自广东教育出版社出版的普通高中课程标准实验教科书《信息技术·必修·信息技术基础》第六章第一节。内容上起到了承上启下的作用,主要是对信息安全各方面的问题做一个总体介绍,引导学生主动地了解更多的信息技术或信息安全知识,树立信息安全意识。

二、学情分析

本次课的授课对象是高一年级的学生,他们乐于动手实践和学习新的知识。本次课理论居多,学生需要重点理解加密和解密技术的原理。虽然学生都有使用密码的经验,但不了解它们的基本原理,因此我将通过问卷、微弹幕、小组讨论、微课等方式,激发学生的学习兴趣,从而掌握本次课的知识要点。

三、教学目标

(一)知识与技能目标:了解对称加密和非对称加密的基本原理和特点及其在生活中的应用及重要性;了解穷举法的原理;总结个人密码设定的方法和技巧,并能在实际生活中合理运用。

(二)过程与方法目标:经历破解密码,并分析案例中典型加密方法的实践活动,体验加密和解密的过程;经历用软件测试个人密码安全性的实践操作以及通过讨论分享密码设定的经验。

(三)情感态度与价值观目标:知道如何提高防范意识,增强网络安全意识。

四、教学重点与难点

重点:对称加密和非对称加密的基本原理;个人密码设定的方法。

难点:加密解密技术中对称加密和非对称加密的特点及应用;穷举法破解的原理。

五、教学方法

教学方法主要采用演示法、讨论法。

六、教学媒体

教学媒体包括多媒体设备、手机。

---

① 该案例选自"第十二届全国信息技术课程教学案例大赛获奖作品"(高中组一等奖),作者:重庆市江北中学教师周灵燕。

七、教学环境

配多媒体设备的机房，教师机需装有微弹幕的客户端。

本节课提倡移动教学，因此允许学生带手机，学生通过手机扫描的二维码进入微弹幕课堂对本节课实时发表评论。

八、教学过程

(一)情境导入

用 PPT 展示现在新闻中经常报道的信息泄露事件，提问：同学们会上当受骗吗？

让同学们打开导学案中的网址。

学生选择网页里的“1. 小测试”，完成调查问卷。教师通过手机实时查看问卷结果，测试他们的信息安全意识，引出今天的主题——密码安全。

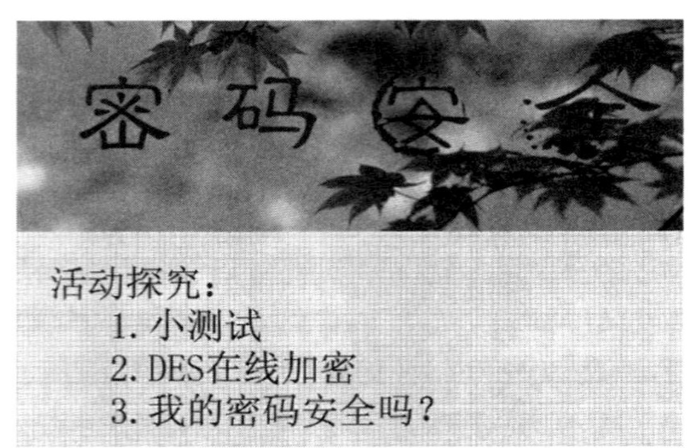

(二)新课探究

师：同学们，生活中在哪些地方我们用到了密码呢？请通过微弹幕的方式分享给大家。

生：银行卡、QQ……

师：太多地方需要密码，导致我们有太多密码需要管理。为了避免忘记，我们一般会选择恰当的方式来存储我们的密码。你会选择什么方法呢？

师：老师一般会选择谐音法(1314)、节日法(端午节0505)、猪圈加密法(替代法，每个字母用字母周围的图形替代)……老师用猪圈加密法存储了密码的纸条丢了，恰巧被同学捡到。请同学们来当一次侦探，根据线索来破解老师的密码。破解出来的同学请通过微弹幕告诉我。

活动一：破解老师的猪圈密码

猪圈密码：亦称朱高密码、共济会密码或共济会员密码，是一种以格子为基础的简单替代式密码。

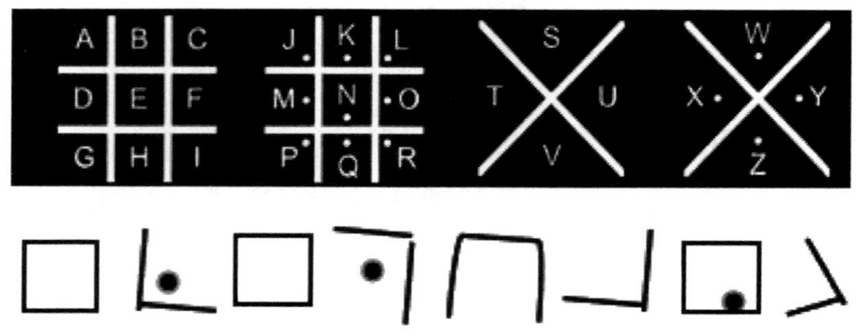

老师的密码纸条

请问：老师的密码是哪个单词？

教师在帮助同学们破解密码的过程中，帮助同学们掌握加密解密技术专业术语及概念：明文、密文、加密、解密、密钥。

活动二：设计加密算法

鼓励同学们设计并分享自己的加密算法，通过老师的引导，促使同学们更深刻地理解什么是密钥。之后，对比同学们常用的加密方法，老师引出计算机常用的加密算法——对称加密和非对称加密。

活动三：对称加密 VS 非对称加密

这个活动中，老师对比讲解计算机常用的加密方法，包括对称加密和非对称加密。

首先讲解对称加密的应用以及优、缺点。同学们可以通过网页里的链接体验对称加密。

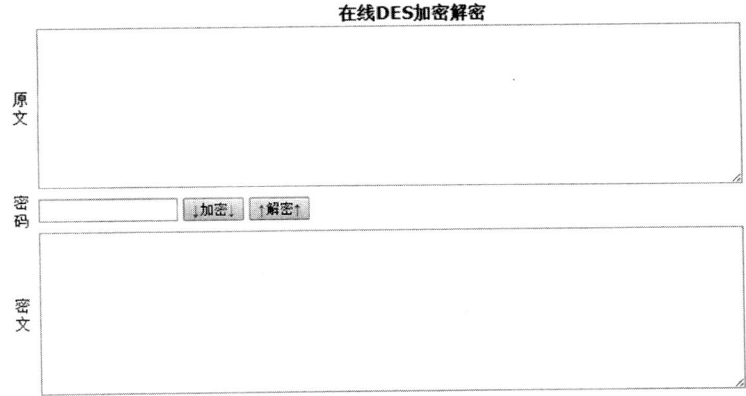

之后，教师列出对称加密所存在的问题，引出安全性更高的非对称加密，然后对比两种加密方式：

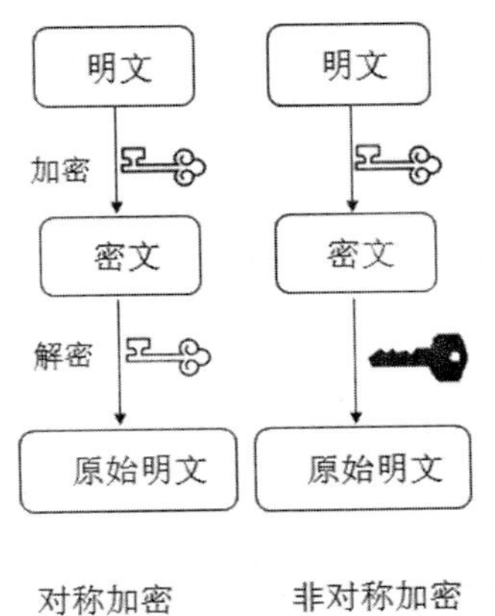

特性	对称密钥加密	非对称密钥加密
加密/解密使用的密钥	相同	不同
加密/解密的速度	快	慢
密钥协定与密钥交换	需要	不需要
所需密钥数与消息交换参与者个数的关系	大约为参与者的平方	约等于参与者
用法	主要用于银行	数字签名，防抵赖。

活动四:计算机破解密码

1. 我的密码安全吗?

师:我们知道了计算机是如何加密的,那它又是如何破解我们的密码的呢?你的密码安全吗?打开网页,选择:3. 我的密码安全吗?

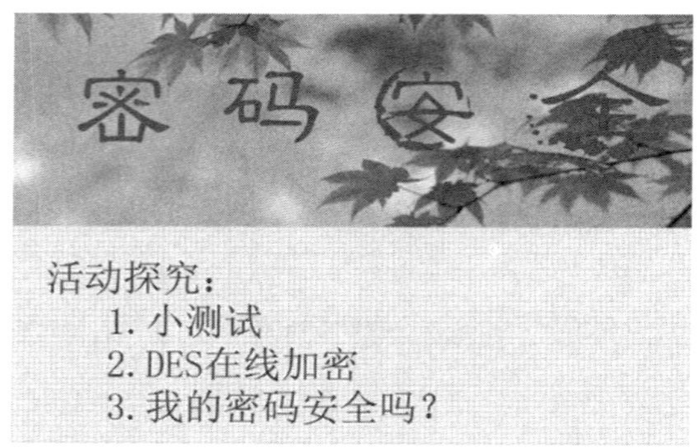

同学们测试自己密码的安全性,并总结应该设置怎样的密码更不容易被破解。

我的密码安全吗?

2. 计算机是如何解密的?

讲解电脑破解密码的方法——穷举法和猜测法。

(1)穷举法:通过播放微课对穷举法的解密过程进行讲解。

穷举法

估计密码的长度范围

1—9, A—Z, a—z……

排列组合所有可能的密码集 + 密钥(公开)= 密文集

密码M + 密钥(公开)= 密文2

明文 + 密钥 = 密文1

然后再演示利用穷举法破解密码的过程。

密钥位数	密钥种类	猜测次数
1	0 1	$2=2^1$
2	00 01 10 11	$4=2^2$
3	000 001 010 011 100 101 110 111	$8=2^3$
4	0000 0001 0010 0011 0100 0101 0110 0111 1000 1001 1010 1011 1100 1101 1110 1111	$16=2^4$
……	……	……
1024	……	2^{1024}

(2)猜测法:播放生活中一男子密码被盗的新闻,引出黑客字典,告诉同学们不要用常见的密码,不要用生日、姓名做密码等。千万不要一个密码走天下。

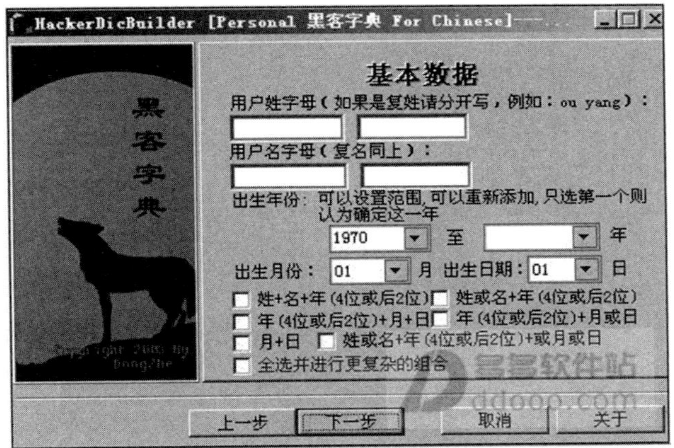

(三)小组探究

活动五:如何设置密码更安全

老师让同学们分小组讨论并总结,将小组讨论的结果通过小组分享或者微弹幕的方式分享给大家,然后再展示老师的《密码安全指南》。

第一,尽量使用“字母＋数字＋特殊符号”形式的高强度密码;

第二,网银、网上支付、常用邮箱、聊天账号单独设置密码,切忌“一套密码到处用”;

第三,按照账号重要程度对密码进行分级管理,重要账号定期更换密码;

第四,避免以生日、姓名拼音、手机号码等与身份隐私相关的信息作为密码,因为黑客针对特定目标破解密码时,往往首先试探此类信息;

第五,不要在电脑上用明文记载任何密码,有的黑客会在电脑上植入木马,然后浏览电脑上的所有 TXT 文件和 Word 文件，从而盗取。

（四）课程小结

1. 加密技术的原理和应用。

2. 设置密码的技巧。

面对信息安全，我们要知道怎么样攻，怎么样守，知道怎么设置密码是安全的。希望同学们能在生活中保护好自己的信息安全。

（五）课后作业

1. 完成以下表格。

对称加密 VS 非对称加密

特性	对称密钥加密	非对称密钥加密
加密/解密使用的密钥		
加密/解密的速度		
密钥协定与密钥交换		
所需密钥数与消息交换参与者个数的关系		
用法		

2. 上交一份关于如何设置密码更安全的报告，字数不限。

九、板书设计

信息安全——密码安全

对称加密（DES）　　VS　　非对称加密（RAS）

破解密码的方法：　　穷举法 + 猜测法

十、教学反思

信息安全是我们每个人都应该谨慎对待的，本节课主要是为了通过对几种常见的加密和解密算法的讲解，来提高学生对信息安全的认识。在课程中，我首先通过问卷调查，来提高学生对信息安全的认识；然后通过破译猪圈密码活动来激发学生对本次课的兴趣，并讲解与之相对应的概念，取得了较好的效果。学生在设计自己的加密算法的时候，通过我的引导，也更加深刻地理解了密钥。

在知道计算机是如何加密之后，计算机又是如何破解我们的密码的呢？学生在测试自己的密码强度的时候，课堂气氛十分活跃，这个学习氛围有助于接下来对课堂难点的突破。然后，我着重讲解本节课的难点之一——计算机破解密码方法穷举法，通过微课的讲解以及后面的具体演示，注重培养学生的算法思维。

在小组探究环节，我让小组将讨论结果通过小组分享或者微弹幕的方式分享给大家，激发了学生的积极性，从而归纳出设置怎样的密码更安全，并播放了密码安全的相关新闻，加强学生的信息安全意识。

在今后的课程中，我将尝试把该课时增至两个课时，在学生独立设计自己的加密算法环节给予更多的时间和引导，以加深学生对相关算法的理解，促进学生计算思维的培养。

案例六：演示法与任务驱动法组合案例[①]

一、教学内容分析

教材选用中国地图出版社出版的普通高中课程标准实验教科书《信息技术·选修1·算法与程序设计》第三单元“算法与问题解决”的第四节“排序与查找”。本学案在教材的基础上使用更加简便、易用的Python语言进行教学和实践。排序是高效查找（如二分查找）的基础，本节先讲授基本的排序算法，为后续查找算法做好准备。排序算法中用到了数组、双重循环、选择结构等基本程序结构，学生可以对前面所学内容进行巩固与加强。排序算法在生活中应用广泛，插入、选择和冒泡排序都是非常经典且简单的算法。本课时包含算法思想、建模仿真实例、程序设计实现。本节内容结合实例，让学生充分了解算法和程序设计在解决问题过程中的地位和作用，培养学生的计算思维和问题解决能力。

二、教学对象分析

本节内容是《信息技术·选修1·算法与程序设计》最后部分的内容，学生已经具备基本数据结构（如数组）、基本程序结构（顺序、选择、循环）方面的知识，具备一定的利用Python语言编程的能力。本节内容中的排序算法是一个使用频率很高、很重要且具有广泛实用性的算法，可以充分结合实际问题，充分激发学生的学习兴趣和热情。学生有基础，但是缺乏实践，对程序的设计与实现还需要详细和逐步深入的指导。因此，循序渐进，逐步形成以学生为主体的合作探究学习，能够使不同基础的学生得到充分学习和提高能力的机会。

三、教学目标

（一）知识与技能

1. 复习巩固数组、循环、选择等基本概念，并理解与应用。

2. 掌握插入、选择、冒泡排序算法的原理，并能够应用排序算法对给定数据排序。

3. 通过小组合作与互惠学习，掌握排序算法的实现过程及在实际生活中的应用。

---

① 该案例选自“第十二届全国信息技术课程教学案例大赛获奖作品”（高中组一等奖），作者：中国人民大学附属中学教师武迪。

（二）过程与方法

1. 通过扑克牌抓牌、理牌的例子，微信步数排行榜的例子，联系学生生活实际，激发学生兴趣，了解排序算法的广泛应用及其重要性。

2. 通过将“微信步数排行榜”实例建模与仿真贯穿算法学习整个过程，培养学生的问题解决能力。

3. 通过图片、动画、视频、实物操作、建模仿真、学案练习等多种方式让学生有效理解算法原理。

4. 通过小组合作学习，提升自主学习和合作交流能力。

5. 通过互惠学习，充分实现不同层次学生的学习效果最大化，通过舞台表演，实现学生多学科素养的创新性培养。

（三）情感态度与价值观

1. 激发学生对于通过算法与程序设计解决实际问题的兴趣与自主探究意愿。

2. 能理解排序算法的概念，了解其实际应用，树立正确的科学技术应用观。

3. 通过小组合作学习和互惠学习，增强学生的自主学习能力、沟通与表达能力。

四、创新思路

1. 结合建模仿真解决实际问题，“微信步数排行榜”问题贯穿整节课，为学生理解问题、解决问题和发展计算思维提供了完整训练。

2. 分组学习与互惠学习相结合。一方面，学生在小组内进行讨论，自主学习新的课程内容，这让每位同学都充分参与其中；另一方面，每一位学生都分别扮演了学生与老师的双重角色，这对于学生的思考、分析、总结及表达能力的提高具有非常大的帮助。

3. 以交叉学科综合学习为指导思想，将展示方式从传统的编程扩展为舞台表演，充分调动学生的想象力和创造力，让学生通过表演的形式把算法展示出来。

4. 让学生自己改变数据量、记录运行时间，形成二维数据表，探索数据关系，发现算法效率的核心要素，鼓励学生自主探索更高效的算法。

五、教学重点及难点

重点：理解排序算法的原理，完成算法的程序设计。

难点：编程实现排序算法并将其应用于更多实际问题。

六、教学方法

学案导学:学案中包括各算法的详细过程图形演示及练习题,整个课程结构清晰明了。

演示法:教师和学生均用扑克牌和纸杯做排序过程演示。

任务驱动:学生从课程开始时就明确自己的学习主体地位,在各个阶段均有明确的学习任务。

分组合作学习:小组合作深入探究一个排序算法,培养高效、快速的团队合作学习能力。

分组互惠学习:学生具有双重角色,不仅要从同伴处学习,还要给同伴讲授。

活动表演(交叉学科综合):最终算法理解的呈现形式为舞台表演,激发学生创造力。

七、教学媒体选择

扑克牌、纸杯、投影仪、演示文稿、视频、互联网。

八、教学过程

教学环节	教师活动	学生活动	设计意图
新课引入	教师拿出扑克牌请同学演示抓牌和理牌的过程,引入并定义排序的概念。 【提问:联系实际生活经验】 同学们都玩过扑克牌,哪位同学愿意上来演示一下抓拍和理牌的过程?大家觉得用哪个词适合描述这个过程?	*学生联系实际生活经验。 *学生演示操作。 *学生回答引出本节课的主题内容——排序。	通过扑克牌抓牌和理牌的过程引入排序的概念。学生联想真实生活中的各种排序做法。

续表

教学环节	教师活动	学生活动	设计意图
新课引入	教师引导学生思考排序在更多领域的应用。 【提问:联系实际】 ● 投票选举榜单:自动计票与统计排序 ● 足球联赛积分榜—球员排行榜:胜负平场次自动排序、球员数据排名大比拼 ● 天猫淘宝:智能排序 ● 科学实验数据统计筛选与处理:排序分析	学生积极讨论,联系实际,解析实际问题的核心——排序。	引导学生思考排序算法在更多高精尖领域的应用,激发学生学习兴趣。
	教师引导学生通过建模与仿真的方法剖析一个实际问题:“微信运动步数排行榜”。 【提问:联系实际】 联系实际生活:微信运动那些事儿——今天你走了多少步,在朋友圈排多少名?朋友圈流行拼步数,那么我们如何设计与实现“步数多少排一排”? 【建模仿真】 教师运行“微信步数”仿真程序,让学生直观地认识排序算法在真实生活中的应用。	学生积极讨论,以解决微信运动步数排行榜这个问题为目标,开展排序算法的学习。	培养学生利用计算思维解决实际问题的能力:将真实世界的问题抽象为模型,明确求解或优化目标及相应的约束条件,通过合适的算法进行求解。
新课学习:三种排序算法	【明确教学策略】 第一步:教师简单、直观地介绍三种排序算法的思路,学生同期操作实践。 第二步:学生合作学习,每组详细研究一种排序算法并完成教案上相应的伪代码,能够用扑克牌熟练演示该排序算法。 第三步:学生互惠学习,重新分组。每个学生在新组中作为教师教授第二步中所学算法。以新组为单位对排序算法进行舞台表演。	学生听讲,明确自己在课程学习中的主体作用。	通过教学策略的介绍,充分调动学生的积极主动性,让他们在算法介绍阶段具有强烈的学习动机。

续表

教学环节	教师活动	学生活动	设计意图
新课学习：三种排序算法	**排序算法：插入、选择、冒泡排序** 【直观认识：播放插入排序小视频】 让学生图形化感受： 插入排序：是每一步都将一个待排数据按大小插入到已经排序的数据中的适当位置，直到全部插入完毕。 选择排序：首先在未排序序列中找到最小（大）元素，存放到已排序序列的起始位置；然后，再从剩余未排序元素中继续寻找最小（大）元素，放到已排序序列的末尾。以此类推，直到所有元素均排序完毕。 冒泡排序：是重复地走访要排序的数列，一次比较两个元素，如果它们的顺序错误就把它们调换过来。 走访数列的工作要重复地进行，直到没有数据要交换。 【讲解算法：与学生整体互动】 将学生分组，以扑克牌为教具，在讲解的同时让学生实际操作排序过程。 假设10是已排序序列的第一个元素 插入6 插入K:13 插入8 插入3	学生听讲、回答问题。 同步以扑克牌为道具按照算法流程实际操作排序过程。 学生观看教师运行 Python 排序示例程序。	算法讲解以现场演示给学生提供直观生动的学习情境，多维感官共同作用，提高学习效果。 在后续合作深度学习与分组合作表演等学习要求下，算法介绍部分为学生提供了整体思路与概念。

续表

教学环节	教师活动	学生活动	设计意图
新课学习：三种排序算法	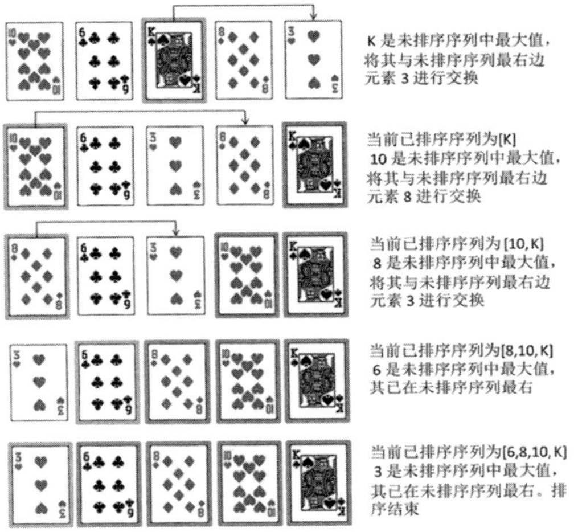 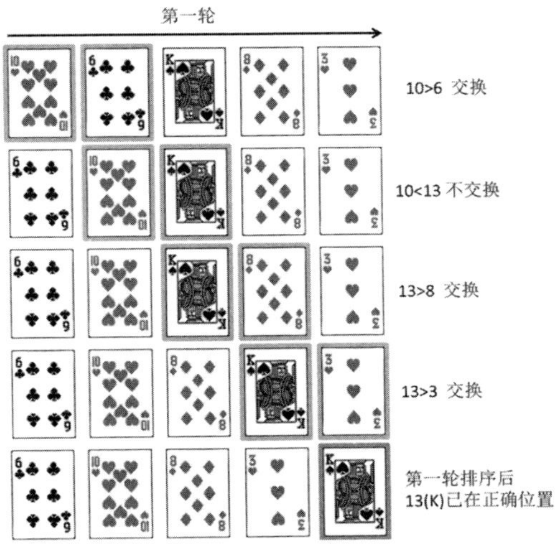 K 是未排序序列中最大值，将其与未排序序列最右边元素 3 进行交换 当前已排序序列为[K] 10 是未排序序列中最大值，将其与未排序序列最右边元素 8 进行交换 当前已排序序列为[10,K] 8 是未排序序列中最大值，将其与未排序序列最右边元素 3 进行交换 当前已排序序列为[8,10,K] 6 是未排序序列中最大值，其已在未排序序列最右 当前已排序序列为[6,8,10,K] 3 是未排序序列中最大值，其已在未排序序列最右。排序结束 第一轮 10>6 交换 10<13 不交换 13>8 交换 13>3 交换 第一轮排序后 13(K)已在正确位置 【小练习】 请学生以扑克牌为道具，按照算法实际操作一遍插入排序过程。序列：7，6，9，8，3。 【演示插入排序的 Python 程序运行】		

续表

教学环节	教师活动	学生活动	设计意图
新课学习：三种排序算法	【小测验】将算法与小视频连线匹配 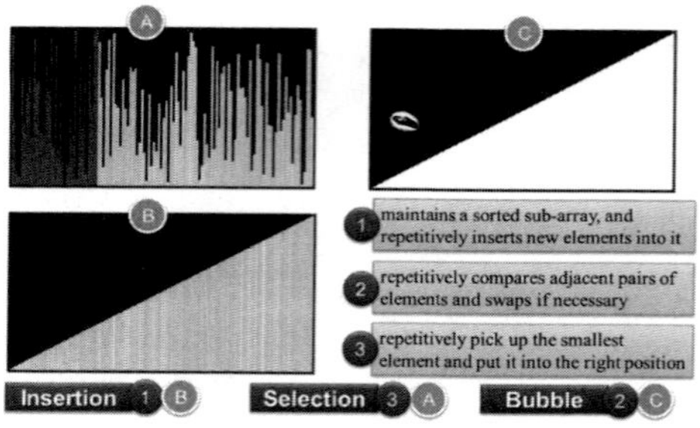 A　C　B 1 maintains a sorted sub-array, and repetitively inserts new elements into it 2 repetitively compares adjacent pairs of elements and swaps if necessary 3 repetitively pick up the smallest element and put it into the right position Insertion 1 B　Selection 3 A　Bubble 2 C	学生回答问题，完成连线。	巩固与检验排序算法概念的直观理解与表示。

学生任务一：合作学习	【明确学生合作学习策略及要求】
	教师查看各组合作学习情况，学生回答问题，教师给予指导。
	// Arr: An Array which is ***one-based***　*Algorithm: Insertion Sort*
	N = LENGTH(Arr)
	FOR i = 2 **TO** N
	　CurValue = ________
	　________
	　WHILE j > 1 **AND** CurValue < Arr[j-1]
	　　Arr[j] = Arr[j-1]　// ________
	　　________
	　ENDWHILE
	　Arr[j] = CurValue　// ________
	ENDFOR
		学生3—5人一组，选择三种排序算法中的一种进行深度学习。
		学生使用扑克牌或者纸杯作为学习道具进行算法演示。
		学生填空补全教案上的伪代码空缺部分。
		学生补全所研究算法的Python代码，并实验运行。
			通过实物操作演示、伪代码理解、Python程序修改与运行多维度理解和应用算法，为下一步教授其他同学做好准备。

学生任务二：互惠学习并以舞台剧表演算法	【明确学生互惠学习策略及要求】 • 学生在新小组中既要迅速向其他同学学习另外两种算法，也要作为教师教授组内其他同学前一阶段所深度学习的算法。 • 每个组有5分钟左右的准备时间，以舞台剧的形式自行编剧、排练并表演一种排序算法。 • 算法表演由学生之间互评。	学生重新组合，使得新的小组内包含来自第一阶段各个不同算法（插入、选择、冒泡排序算法）的学生，在新的小组中，每一位学生轮流对在第一阶段所讨论学习的课题进行算法演示，确保新的小组内所有学生都掌握该部分内容。 学生自行编剧、导演、排练、表演排序算法。	通过学生互惠学习，一方面，学生充分参与其中；另一方面，每一位学生都分别扮演了学生与老师的双重角色，这对于学生的思考、分析、总结及表达能力的提高具有非常大的帮助。

续表

<table>
<tr><th>教学环节</th><th>教师活动</th><th>学生活动</th><th>设计意图</th></tr>
<tr><td>学生任务三：算法实践应用“微信步数排行榜”</td><td>【建模与仿真：微信步数排行榜问题】
请学生运行所提供的 Python 示例程序，输入不同步长序列长度，记录不同算法的运行时间，填入下表。
<table><tr><th></th><th>插入排序所需时间（s）</th><th>选择排序所需时间（s）</th><th>冒泡排序所需时间（s）</th></tr><tr><td>步数序列长度：1000</td><td></td><td></td><td></td></tr><tr><td>步数序列长度：2000</td><td></td><td></td><td></td></tr><tr><td>步数序列长度：3000</td><td></td><td></td><td></td></tr><tr><td>步数序列长度：4000</td><td></td><td></td><td></td></tr><tr><td>步数序列长度：5000</td><td></td><td></td><td></td></tr></table>【提问】
时间—数据长度曲线大致符合怎样的数学函数？当数据量增加到 100 倍、1000 倍甚至更多时，排序算法所需的计算时间会有怎样的变化？如何修改插入、选择、冒泡排序算法使其运行时间能够有效减少？Google、百度这样的互联网搜索引擎，数据量巨大，如何实现高效搜索呢？为什么排序算法对它们特别重要？</td><td>* 学生运行程序，改变参数，记录运行时间。
* 探索并猜测数据规律预测运行时间。
* 运行完整程序，验证数据规律猜想。
* 思考好的算法具有什么特征。</td><td>通过具体实例，探索排序时间和数据量的关系。客观地认识排序算法的基本特征和要素。

通过建模与仿真的方法，让学生深入理解算法及其应用。</td></tr>
</table>

续表

教学环节	教师活动	学生活动	设计意图
学生任务三：算法实践应用“微信步数排行榜”	学生运行示例程序，画出数据量与运行时间的函数关系图，以直观地认识算法效率。 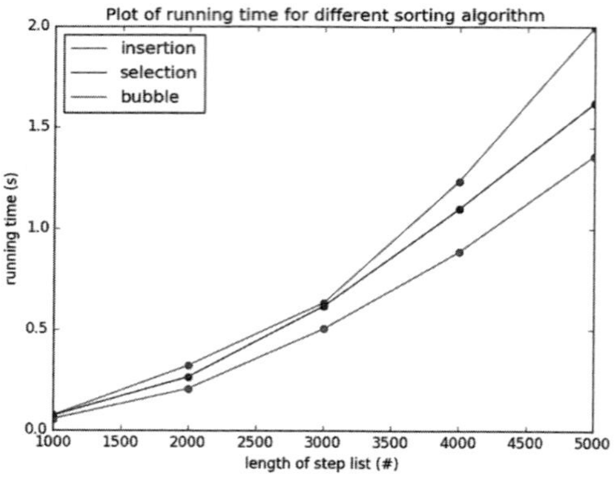 		
归纳总结	【教师：请学生做要点总结】 1. 插入、选择、冒泡三种排序算法的原理。 2. 总结实际问题：微信步数排行榜的建模仿真实例。 教师简要列举排序算法在当代计算机科学和信息技术中的重要作用，鼓励学生自主研究更高效的排序算法，应用所学对实际问题进行建模与仿真，使用 Python 编程实践。 【思考与作业】 引导学生研究实际问题： A. 投票选举榜单：自动计票与统计排序。 B. 足球联赛积分榜—球员排行榜：胜负平场次自动排序、球员数据排名大比拼。 C. 天猫淘宝：智能排序。 D. 科学实验数据统计筛选与处理：排序分析。	学生总结课堂要点。 结合更多的实例，引导学生对算法的原理和应用开展更加深入的研究。	巩固知识，鼓励学生做进一步探索。

九、教学评价设计

过程性评价：对课堂上学生参与讨论和发言的情况进行及时评价，并根据实际情况进行引导；对学生的创造性、团队合作情况、舞台表现使用评价量规进行评价。

终结性评价：对学案的使用及完成情况进行评价。

十、教学反思

整节课进展顺利，反馈非常积极，所有学生都沉浸在课程学习中。教师能够将分组学习、互惠学习、舞台表演、阅读和写作等融入一节课中,更重要的是,能够一直让所有学生全程完全投入。课程目标清晰并且充分实现,所有学生在这节课都有进步。

本节课的亮点之一:成功的差异化教学策略。在教学的各个环节都及时"测试"学生,确保学生都跟上进度。请学生上台做演示和讲解,作为其他学生的榜样,能够起到激励作用。分组与互惠教学自然地鼓励好学生作为教师带领其他学生进入学习,也为学习能力较弱的学生提供了更多的讨论学习途径。

本节课的亮点之二:丰富而有创造性的展示方式。学生在表演环节展示了充分的热情、兴趣与创造力。所有同学都积极参与设计最简单、直观的展示方式。例如:有的组用高矮作为排序标准,元素之间的比较也非常活泼——以舞蹈的形式呈现;有的组以胖瘦为标准;有的组以手中所拿卡片的数值为排序标准,形式活泼生动。学生的表演为学生深刻、直观地理解算法起到了很好的作用。

本节课的亮点之三:建模与仿真的实例应用。一个真实的例子贯穿整节课,让学生对问题解决有着深刻的体验,并且可以很好地迁移到其他实际应用中。学生自主记录数据,发现数据规律,探索并预测结果,提炼出算法时间有效性的概念。不少学生课后自主研究算法有效性的概念和更加高效的算法。

附件:导学案　**Sorting Algorithms: Insertion, Selection, Bubble**

Lesson overview

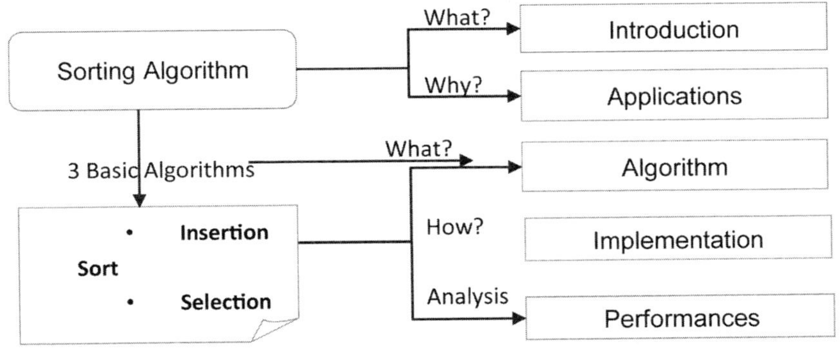

1　Sorting Algorithms

1.1　Introduction of Sorting Algorithms

A sorting algorithm is an algorithm that:

- puts elements of an array (a list)
- in a certain order, e. g. , ascending numerical order

Question [Link with real world cases]: How do you draw & collate cards during a poker game?

1.2 Applications of Sorting Algorithm

- Commercial computing
- Search for information
- Operations research
- ……

Question [Link with real world cases]: Sorting applications in our life?

2 Three Basic Algorithms: Insertion, Selection, Bubble

2.1 Three Basic Algorithms: Algorithms

Insertion Sort: maintains a ***sortedsub-array***, and repetitively ***inserts*** new elements into it

Example: Array {6,5,3,1,8}

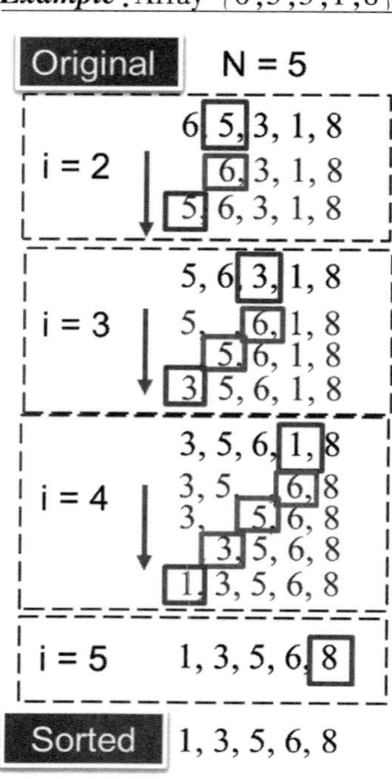

Array {6,5,3,1,8,7,2,4}

6, 5, 3, 1, 8, 7, 2, 4
i = 2
5, 6, 3, 1, 8, 7, 2, 4
i = 3
3, 5, 6, 1, 8, 7, 2, 4
i = 4
1, 3, 5, 6, 8, 7, 2, 4
i = 5
1, 3, 5, 6, 8, 7, 2, 4
i = 6
1, 3, 5, 6, 7, 8, 2, 4
i = 7
1, 2, 3, 5, 6, 7, 8, 4
i = 8
1, 2, 3, 4, 5, 6, 7, 8

Pseudocode// Arr: An Array which is ***one-based*** *Algorithm: Insertion Sort*

```
N = LENGTH(Arr)
FOR i = 2 TO N
  CurValue =

  WHILE j > 1 AND  CurValue < Arr[j - 1]
    Arr[j] = Arr[j - 1]//

  ENDWHILE
  Arr[j] = CurValue// .
ENDFOR
```

Trace Table Example: *Array* {5,4,8,1} *Algorithm: Insertion Sort*

	CurValue	j	j > 1	Arr[j - 1]	CurValue < Arr[j - 1]	Arr[1]	Arr[2]	Arr[3]	Arr[4]
–	–	–	–	–	–	5	4	8	1
2	4	2	TRUE	5	TRUE		5		
		1	FALSE			4			
3	8	3	TRUE	5	FALSE			(8)	
4	1	4	TRUE	8	TRUE				8
		3	TRUE	5	TRUE			5	
		2	TRUE	4	TRUE		4		
		1	FALSE			1			

Group Learning Activity: Algorithm: Insertion Sort

1) Complete the pseudocode

2) Demo how it works with poker cards: Your Array—{7,9,3,2}

3) Complete the trace table

i	CurValue	j	j > 1	Arr[j – 1]	CurValue < Arr[j – 1]	Arr[1]	Arr[2]	Arr[3]	Arr[4]
–	–	–	–	–	–	7	9	3	2
2	9	2	TRUE	7	FALSE		5		
		1	FALSE			4			
3	8	3	TRUE	5	FALSE			(8)	
4	1	4	TRUE	8	TRUE				8
		3	TRUE	5	TRUE			5	
		2	TRUE	4	TRUE		4		
		1	FALSE			1			

Selection Sort: repetitively ***pick up*** the ***smallest*** element and put it into the ***right position***

Example: Array {6,5,3,1,8}

Original N = 5
i = 1 8, 5, 2, 6, 9
MinSub 2 {5, 8, 6, 9}
i = 2 2, 5, 8, 6, 9
MinSub 2, 5 {8, 6, 9}
i = 3 2, 5, 8, 6, 9
MinSub 2, 5, 6 {8, 9}
i = 4 2, 5, 6, 8, 9
MinSub 2, 5, 6, 8 {9}
Sorted 2, 5, 6, 8, 9

Array {8,5,2,6,9,3,1,4,0,7}

i = 1 {8, 5, 2, 6, 9, 3, 1, 4, 0, 7}
i = 2 {0}{5, 2, 6, 9, 3, 1, 4, 8, 7}
i = 3 {0, 1}{2, 6, 9, 3, 5, 4, 8, 7}
i = 4 {0, 1, 2}{6, 9, 3, 5, 4, 8, 7}
i = 5 {0, 1, 2, 3}{9, 6, 5, 4, 8, 7}
i = 6 {0, 1, 2, 3, 4}{6, 5, 9, 8, 7}
i = 7 {0, 1, 2, 3, 4, 5}{6, 9, 8, 7}
i = 8 {0, 1, 2, 3, 4, 5, 6}{9, 8, 7}
i = 9 {0, 1, 2, 3, 4, 5, 6, 7}{8, 9}
{0, 1, 2, 3, 4, 5, 6, 7, 8} 9

Pseudocode// Arr: An Array which is one-based *Algorithm: Selection Sort*

N = LENGTH(Arr)

FOR i = 1 **TO** N – 1

```
        MinSub = i
        FOR j = i + 1 TO N
            IF   A[j] < A[MinSub]
                //
            ENDIF
        ENDFOR
        Temp = A[i]//
        A[i] = A[MinSub]
        A[MinSub] = Temp
    ENDFOR
```

Group Learning Activity: *Algorithm*: *Selection Sort*

1) Complete the pseudocode (refer to 2.1: Algorithm: Insertion Sort Trace Table demo)

2) Demo how it works with poker cards: Your Array—{7,9,3,2}

3) Complete the trace table

i	MinSub	j	A[j]	A[MinSub]	A[j] < A[MinSub]	Arr[1]	Arr[2]	Arr[3]	Arr[4]
–	–	–	–	–	–	7	9	3	2
1	1	2	9	7	FALSE				

案例七:活动单与小组自主探究组合案例①

一、教材分析

“走近物联网”是江苏凤凰科学技术出版社出版的《初中9年级信息技术》第4章的内容,是“物联网技术”学习单元的起始课。本课内容的目的是让学生走进物联网,了解物联网的相关知识以及应用。

二、学情分析

本课的教学对象是9年级的学生,9年级的学生是在互联网的环境中长大的,但是对物联网的概念还是很陌生。其实,物联网在我们身边已经有一定的应用,课堂中可以结合身边的事例让学生感受物联网的强大功能,以及物联网技术给我们的日常生活带来的变革。

三、教学目标

(一)知识与技能

1. 知道物联网的基本概念及特征。

2. 了解物联网在社会各个领域的广泛应用。

3. 团队合作设计智能灯。

(二)过程与方法

1. 通过手机远程控制灯的开关,了解物联网的基本概念和特征。

2. 通过设计智能灯,知道物联网能将不智能的物体变得智能,并建立编程的概念,为后续的学习打下基础。

(三)情感态度与价值观

1. 在活动中深入认识物联网,体验物联网给我们的生活带来的便捷,提高学习物联网的兴趣。

2. 通过小组合作,培养动手能力、解决实际问题的能力和团队合作意识。

四、教学重点与难点

教学重点:物联网的基本概念及特征、物联网的应用。

教学难点:团队合作设计智能灯。

五、教学准备

1. 将摄像头、智能插座、台灯安装在教师办公室,并调试好。

---

① 该案例选自“第十二届全国信息技术课程教学案例大赛获奖作品”(初中组一等奖),作者:江苏省南通市东方中学教师吉红兰。

2. 课前分发仪器、活动导学单。

3. 课前将学生分好组,并讲解网络投票规则。

4. 器材:科睿物联网教育套装 V1.1。软件:Arduino IDE 1.6.5。

六、教学方法

活动单导学、自主探究、小组合作

七、教学过程

教学过程	教师活动	学生活动	设计意图
(一)实物演示,初识物联网	播放视频:《手机百度,神灯搜索》 师:看了视频,你有什么感想? 虽然大家觉得视频上的技术遥不可及,但是我要告诉大家的是这种技术应该很快就能实现,而且一部分功能在我们身边其实已经实现了。 师:今天老师也带来了一盏魔灯,首先我想请大家猜一猜老师的这盏灯放在哪里?(打开摄像头) 大家请看眼前的那盏灯,下面就是见证奇迹的时刻(演示手机远程控制灯的开关)。你看到了什么?(学生回答)你也来试试吧?(邀请2到3位学生体验)你家里的灯有这种功能吗?(学生回答) 手机和灯通过什么连接在一起?(手机和灯通过互联网进行信息传输。) **板书:信息传输** 台灯是如何被互联网识别的呢? PPT:智能插座(内置红外线传感器等)、智能摄像头(内置环境传感器、动作传感器等)。 我们通过在物体上安装各种各样的传感器,它们就像人的感觉器官一样,具有感知物体的能力,从而使普通的物体变得智能。 **板书:感知物体** 在普通物体上安装各种各样的传感器,再通过网络进行信息传输,最后将信息发送到人的手机上实现智能应用,这就是我们今天所要学习的物联网技术。	生:观看视频。 生:回答教师提问(学生的回答往往是"觉得十分神奇""感觉不可思议")。 生:去教师办公室观看智能灯。	通过观看神灯搜索视频,激发学生的学习兴趣,由此引入老师今天所要演示的智能灯。 通过远程控制台灯的开关,让学生了解物联网的特征,从而理解物联网的概念,并且认识到建立物联网,就是要将不智能的物体变得智能。

续表

教学过程	教师活动	学生活动	设计意图
(一)实物演示,初识物联网	**板书:智能应用,物联网** 那什么是物联网呢?(学生用自己的语言概述,教师总结) **板书:物物互联,感知世界** 信息传输、感知物体、智能应用是物联网的三大特征。 **(提醒:每组组长推磨投票,答对的同学所在小组得1票。)**	生:回答教师提问(学生一般能提出互联网的概念)。	
(二)动手实践,理解物联网	师:通过刚才的分析,我们知道传感器能够使普通的物体变得智能。下面我们就通过实验来体验一下传感器强大的功能。 1. 光敏传感器 教师演示光敏传感器的作用。请同学们仔细观察并说出自己的发现? 思路:当光线发生变化时,灯有什么变化? 师介绍:因为它具有感知光的强弱的能力,因此我们把它称为光敏传感器。 (PPT:介绍所需硬件,和接线图) 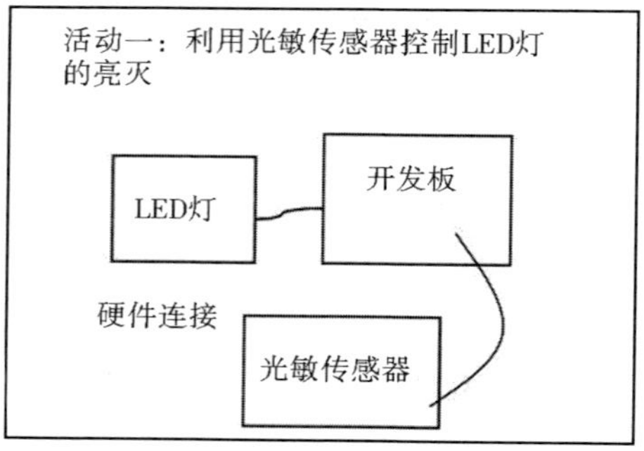 活动一:利用光敏传感器控制LED灯的亮灭 LED灯 开发板 硬件连接 光敏传感器 请大家根据活动单的要求完成活动一。 **活动一:利用光敏传感器控制LED灯的亮灭。** 要求: (1)根据活动单的提示进行硬件的连接。 (2)打开源代码,修改程序。 (3)单击“上载到Arduino”,检验程序的正确性。	生:回答教师提问(教师提示回答思路)。	通过实验让学生理解传感器在整个过程中所起的作用,从而进一步理解物联网。

续表

教学过程	教师活动	学生活动	设计意图
二)动手实践,理解物联网	(4)程序编写完成后小组讨论交流以下几个问题并进行汇报: ①你们采用的传感器名称叫什么? ②这种传感器的作用是什么? ③你觉得这种传感器用在哪里比较适合? **(提醒:已完成的同学可以帮助该组未完成的同学;完成速度最快的一组可得到3票哦!)** 请2到3个小组汇报、交流。 **(进行作品展示的小组可获得3票。)** 2. 人体红外传感器 教师演示人体红外传感器的作用(请一位同学上前配合演示)。通过教师的演示,你有什么发现? 思路:当人经过时,灯、蜂鸣器有什么变化? 这个传感器,我们称为人体红外传感器。 (PPT:介绍所需硬件和接线图) 想实现这个效果吗?请大家根据活动单的提示完成活动二。 **活动二:利用人体红外传感器感知人的移动,实现当有人经过时,灯亮且蜂鸣器报警。** 要求: (1)根据活动单的提示进行硬件的连接。 (2)打开源代码,修改程序。 (3)单击“上载到Arduino”,检验程序的正确性。 (4)思考以下几个问题: ①你们采用的是哪一种传感器? ②这种传感器的作用是什么? ③你觉得人体红外传感器经常用在哪里? 教师邀请两个小组分组展示。 **(提醒组长推磨投票。)**	学生分组活动(组长对组内成员进行合理分工:连接硬件、改写代码、安排组员汇报等)。 学生汇报结果。 生:回答教师提问(教师提示回答思路)。 学生分组活动(组长对组内成员进行合理分工:连接硬件、改写代码、安排组员汇报等)。 学生汇报结果。	给学生建立编程的思想:什么条件下做什么事情。

续表

教学过程	教师活动	学生活动	设计意图
(三)畅谈应用,展望物联网	通过上面的实验,我们发现有了传感器等传感设备,就能实现物与物之间的交流。 1. 请同学们思考:在我们的生活中,除了灯,还有哪些事物运用了物联网技术呢? (预设:如果学生答不出,可稍加引导,比如同学们的胸卡) **(答对的同学所在小组可获得 1 票哦。)** 2. 观看视频,拓展思维 同学们观察很仔细,刚才大家说的,都是我们身边已经出现的技术。那么未来物联网时代的我们会怎么生活呢?请大家观看一段视频。 3. 看完这段视频,相信在座的你们一定会对未来的物联网生活充满着期待。假如物联网时代已经到来,你期望在你的生活中会有哪些意想不到的改变? **(答对的同学所在小组可获得 1 票哦。)**	学生回答教师提问。 小组讨论并回答。	通过刚才的两个实验,让学生回忆生活中哪些事物应用了物联网技术,从而使学生充分体会到其实物联网技术就在我们身边。 通过观看未来物联网生活视频,让学生充分体验物联网技术给我们的生活带来的便利。 通过畅谈自己想象中的物联网生活,从而对未来生活充满憧憬和向往,激发学生学习物联网的兴趣。
(四)教学总结,巩固提升	**小结:** 同学们,今天你们有什么收获? 学生回答,教师呈现思维导图,总结补充。 猜猜哪三个小组会是今天的前三名? (进入投票系统,查看小组排名情况。) 让我们一起为这三个小组鼓掌,表示祝贺。其他两个组也要加油哦,希望下一次幸运的会是你们。 师:同学们,未来的物联网生活由你们掌控,老师期待聪慧的你们一定会创造出更加智能的生活方式!	学生思考并回答。	思维导图总结本课内容,可以让学生将本节课所学知识快速串联,便于记忆和理解。 通过网络投票系统,评出今天的优胜小组,学生的参与度和积极性大大提高,保证了学习效率。

案例八：校本课程教学案例①

一、教材分析

教材的选用

本节课选用湖州四中《Scratch趣味编程——基于“编程猫”学习平台》校本教材七年级第4课的内容。

作用及地位

信息时代的到来，提倡人人学习编程。因此本课内容有着广泛的应用空间，并在教材上有着承上启下的重要作用。

本课主要内容

本课为1课时教学，教材中涉及“重复执行”、角色“造型”切换等内容。

二、学情分析

初一的学生具有很强的好奇心和表现欲望，但他们的学习仍受到生活经验的负迁移和认识的片面性影响，因此教师宜采用鼓励机制，激发其参与意识，培养其自主探索精神。

经过之前的学习，学生已经掌握了Scratch的相关知识，对“编程猫”学习平台有所了解，具有一定的编程基础；“App游戏体验”的情境设计又激发了学生的学习欲望。

而Scratch趣味编程社的学生，自主学习能力强，探索学习兴趣浓厚，但他们的信息素养仍有限，需要教师加强引导教育。

三、教学目标

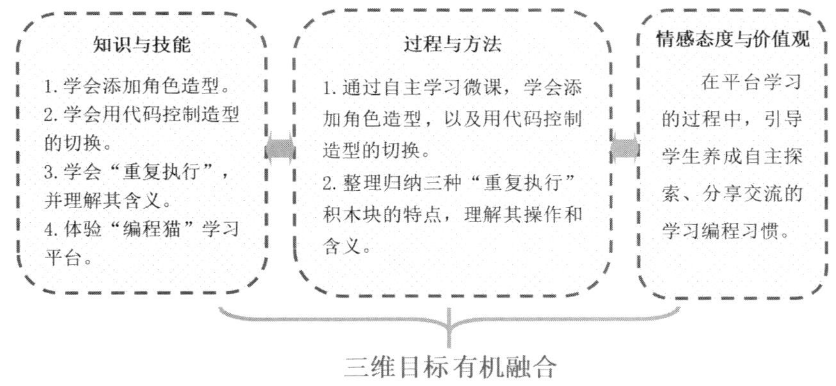

四、教学重点和难点

① 该案例选自“第十二届全国信息技术课程教学案例大赛获奖作品”（初中组一等奖），作者：浙江省湖州市第四中学教师刘欢。对于案例中的程序举例，本书编者根据实际情况做了改动。

重点

1. 学会用代码控制造型的切换。
2. 学会“重复执行”，并理解其含义。

难点

1. 学会“重复执行”，并理解其含义。
2. 培养学生自主探索、分享交流的学习编程习惯。

五、教学方法

师 ⇕ 教学相长 ⇕ 生

教法	具体实施
任务驱动法	利用学习平台公开课视频给出挑战任务，学生自主探索学习。

学法	具体实施
探究学习法	学生先自主探索学习，然后全班交流分享，学生互评点赞。

六、教学流程图

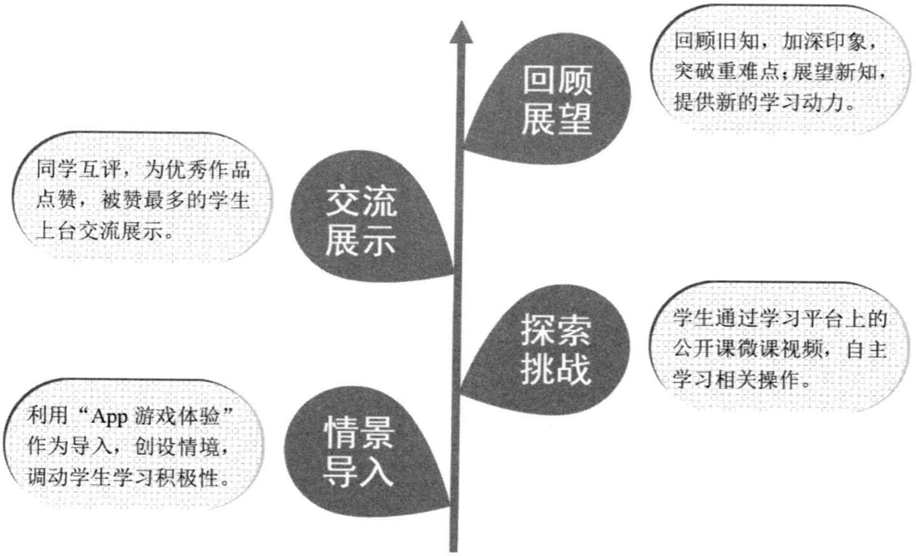

情景导入：利用“App 游戏体验”作为导入，创设情境，调动学生学习积极性。

探索挑战：学生通过学习平台上的公开课微课视频，自主学习相关操作。

交流展示：同学互评，为优秀作品点赞，被赞最多的学生上台交流展示。

回顾展望：回顾旧知，加深印象，突破重难点；展望新知，提供新的学习动力。

七、教学过程

课　前　准　备

【教师活动】

引导学生登录“编程猫”学习平台,并加入“第 X 组学习部落”。

【学生活动】

(1)登录“编程猫”学习平台。

(2)账号设置 -> 修改昵称和真实姓名。

(3)加入小组部落。

(4)介绍《成员卡》的作用。

设计意图

编程猫学习平台提供了一个有趣、完整的学习系统。孩子们可以利用可视化模块,学习学科知识,参与互动式引导教学,自主探索,让编程更简单、更好玩!很多的知识点,学生可以利用课余时间在家完成,而在课堂上与同学、老师交流互动,真正意义上实现了“翻转课堂”。

准备任务于课前布置,请学生利用课余时间完成,为本节课教学任务的顺利开展奠定基础。

环节一：情景导入（5min）

1. 组织教学

【教师活动】

(1)教师组织学生进入机房。

(2)教师向学生问好。

【学生活动】

学生有秩序地进入机房并向教师问好。

2. 导入新课

【教师活动】

创设情境:同学们,你们看老师手机上

其实它们并不是真正的 App，而相当于保存到手机桌面上的快捷方式（免安装）。

有各种各样的 App 小游戏？有没有同学想来试一试、玩一玩？（将手机屏幕投影到电脑上）如果你觉得作品做得好可以为它点赞！

你们觉得这些小游戏好不好玩？

其实这些游戏的设计者跟你们是同龄人，而且不是用复杂的 App 设计软件做出来的，用 Scratch 编程猫就可以实现！你们想设计出这样的作品吗？

如果你设计的作品不仅可以在网站、微信上转发，还可以保存到手机上随时应用，是不是很酷？

【学生活动】

学生在老师的手机上体验“玩”游戏。

设计意图

“App 游戏体验”创意情境吸引学生眼球，让学生切身感受到 Scratch 的独特魅力，和“编程猫”学习平台的强大功能，调动学生学习积极性。

环节二：探索挑战（25min）

【教师活动】

播放微课视频，请同学们认真观看公开课视频，并思考以下问题：范例中达到了什么样的效果？主要运用了什么代码块？

教学微课-重复执行

视频附在文件夹内

布置挑战任务：请模仿视频中的操作，在原有作品（管理中心 -> 修改）的基础上，结合自己的素材，尝试用“重复执行”做出有趣的效果。自学幻影分身，即快速复制角色（微课视频）。

老师巡视、记录，观察学生并适当给予帮助，并记录下学生的常见问题。

引导提高：除了控制角色“造型”的变换，还可以做什么效果？来看看其他同学的作品吧！

完善修改：请继续在作品上修改，你可以模仿，但更期待你的创意！可根据颜色来找代码块，注意：代码不要写错地方哦！

效果名称	截图	代码块	编程猫网络平台网址	编程猫 App 二维码
来回走路		当 开始 被点击 重复执行 移动 10 步 下一个 造型 等待 1 秒 碰到边缘就反弹	https://kitten4.codemao.cn	
鼠标跟随		当 开始 被点击 重复执行 移动 10 步 面向 鼠标指针 下一个 造型 等待 1 秒	https://kitten4.codemao.cn	
忽明忽暗		当开始 被点击 重复执行 重复执行 20 次 将 亮度 特效 增加 1 等待 0.5 秒 重复执行 20 次 将 亮度 特效 减少 1	https://kitten4.codemao.cn	

续表

效果名称	截图	代码块	编程猫网络平台网址	编程猫 App 二维码
忽大忽小		当 开始 被点击 重复执行 重复执行 20 次 将 角色的 大小 增加 5 等待 1 秒 将 角色的 大小 增加 -5	https://kitten4.codemao.cn	编程猫
不停旋转		当 开始 被点击 重复执行 旋转 3 度	https://kitten4.codemao.cn	编程猫
重复抖动		当 开始 被点击 重复执行 抖动 1 秒	https://kitten4.codemao.cn	编程猫

【学生活动】

观看视频，回答老师的问题。

完成挑战任务并分享到学习平台“部落”中。

设计意图

通过观看公开课微课视频，学生主动参与到学习中，在探索过程中培养创新实践能力，获得思维发展，自主构建知识体系。

有趣活泼的教学风格，使学生在游戏中学习，在学习中感受到快乐。

环节三：交流展示（10min）

【教师活动】

引导学生们相互评价：请同学们进入学习部落，欣赏其他同学的作品，为你觉得做得好的作品点赞，但是每位同学只有一个赞，所以要好好选哦。

全班一起来欣赏每组最优秀的作品。

【学生活动】

通过“部落”，学生们相互欣赏作品，并为优秀作品点赞。

设计意图

学生互评能提高自主学习能力、思维语言能力，促进人格发展。同时，这也是课堂最精彩的环节，学生们相互点赞，激发学习积极性。展示者就是小老师，负责把自己的学习成果展示给全班，以生教生，实现“学生为主体，教师为主导”的教学理念。

环节四：回顾展望（5min）

【教师活动】

总结：同学们，今天我们学习了重复执行。在范例中我们实现了：通过“重复执行”来让角色做某一件事。请大家思考一下以下三种“重复执行”积木块的特点。除此之外，你还学到了什么？

展望：如果你对 Scratch 感兴趣，可以继续自主学习，平台上有教学视频和像你一样的学习者。这并不是结束，而是一个开始！

【学生活动】

整理归纳三种“重复执行”积木块的特点。

类型	手动重复	重复执行 N 次	重复执行
对应积木块	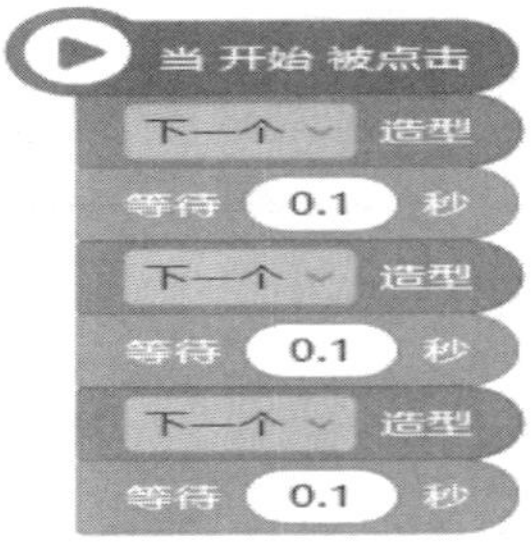 当 开始 被点击 下一个 造型 等待 0.1 秒 下一个 造型 等待 0.1 秒 下一个 造型 等待 0.1 秒	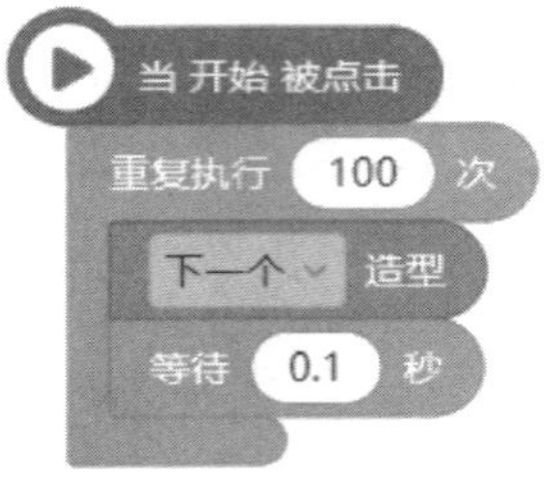 当 开始 被点击 重复执行 100 次 下一个 造型 等待 0.1 秒	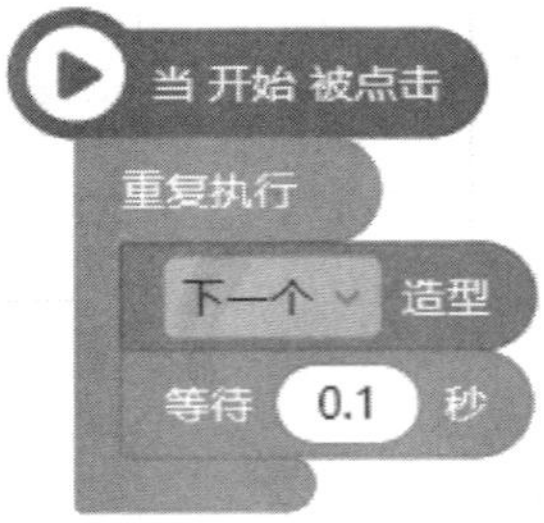 当 开始 被点击 重复执行 下一个 造型 等待 0.1 秒
特点	不断复制太麻烦	内部运行积木并维持指定的次数	内部运行积木并重复不停

你还学到了什么？

什么是 Scratch？

如何使用学习平台？

如何导入背景、角色？

如何搭积木？

…………

设计意图

引导学生整理归纳三种“重复执行”积木块的特点，学生能深入浅出地理解编程难点——“循环结构”的含义，突破了本节课的重、难点。

展望下节课的内容，对学生提出了新的要求，为学生源源不断地学习提供了动力。